"Conosci te stesso" e "divieni ciò che sei"

Percorsi antropologici alla ricerca del Progetto Originario

Un progetto di Giulio Zennaro

Giulio Zennaro

Le peripezie del Progetto Originario

Percorsi di liberazione dalla *Matrix*
del potere sociale
al tempo della Quarantena

Secondo Volume

Scritto e pubblicato da Giulio Zennaro
Edito da Amazon
Prima edizione: ottobre 2020

Le peripezie del Progetto Originario

Introduzione

La riflessione contenuta in questo testo nasce dai pensieri della quarantena 2020, di questo "strano" virus, di questa "peste" 2.0. Non so voi, ma io sono stato subito insospettito e ho visto in questa quarantena una operazione "da matrix" (spiego tra un attimo cosa intendo con questa espressione). E mentre scrivevo alle ragazze con le quali abbiamo elaborato la "filosofia della quarantena" (della quale ci sarà a breve la pubblicazione), parallelamente sviluppavo dentro di me un pensiero "laterale", di cui cerco di dare conto parzialmente. All'interno di questo pensiero divergente sono scaturite idee "disobbedienti" che qui cerco di narrare. Inizialmente, non volevo affatto pensarci: volevo lasciare la quarantena fuori della porta della mia mente e non accettavo che i pensieri morbosi provenienti dall'esterno intossicassero il mio cervello. Ma proprio mentre, mano a mano che la matrix stritolava la psiche di milioni di persone, io mi "tiravo fuori" da questo caos, succedeva, però un qualcosa di imprevedibile, sia a livello personale che collettivo.

1. Per prima cosa, attraverso la didattica a distanza, io diventavo molto più serio nel mio insegnamento: preparavo delle lezioni migliori e valutavo le prove in modo totalmente diverso. Ma, soprattutto, elevavo il livello dell'insegnamento: sempre più dalla pura istruzione verso una più profonda educazione. Contemporaneamente, osservavo che ero molto più lucido e felice io, mentre non avevo più reazioni istintive "da matrix" con la classe. Mi accorgevo che, piano piano, l'isolamento mi stava facendo benissimo, cioè che mi disintossicavo letteralmente dagli elementi velenosi che, senza accorgermi, avevo assorbito fino ad allora dalla matrix. E non importava se per i colleghi, lo desumevo dai rari incontri che si facevano *online* con loro, constatavo che accadeva l'esatto opposto di quello che accadeva per me: mentre

io mi sentivo sempre più libero e professionale, percepivo i miei colleghi sempre più dentro un condizionamento collettivo: per esempio, li vedevo ossessionati riguardo ai mille problemi di valutazione della didattica a distanza (si percepivano per la prima volta molto più ignoranti rispetto ai propri allievi, in questo caso sulle abilità digitali, e scattavano in loro mille ossessioni e paure di essere truffati dai loro studenti).

2. In secondo luogo, percepivo uno straordinario cambiamento nei miei studenti: mentre alcuni proseguivano per i vecchi sentieri, molti altri stavano elevando tantissimo la qualità della loro formazione. Anche per loro, paradossalmente, la quarantena stava funzionando benissimo da "disintossicante". Era come se tutti in massa fossimo andati in una gigantesca SPA a beneficiare delle terapie del benessere interiore e mentale. Era una sensazione meravigliosa, proprio mentre si constatava che per la grande maggioranza degli italiani questo non avveniva, anzi, esattamente era l'opposto. Noi stavamo facendo una esperienza di ritorno alle origini, come se si fosse realizzato qualcosa del "mito del buon selvaggio" coltivato nei circoli illuministici. Molti studenti stavano migliorando enormemente le loro *performances* scolastiche, migliorando nettamente anche i loro voti, ma, soprattutto, la dinamica evolutiva ed educativa del loro apprendimento, molto meno "scolastico" e molto più personalizzato, come dimostrano le "valutazioni qualitative" che ho inaugurato proprio durante la quarantena, nei confronti delle quali gli studenti si sono dimostrati molto aperti e disposti a coinvolgersi.

3. Queste valutazioni qualitative si differenziano da quelle quantitative, che non sono altro che le "misurazioni" dalle quali scaturiscono i voti. In qualche caso, ma sempre più numerosi, alla valutazione quantitativa ne aggiungevo una qualitativa, cioè che, senza inficiare quella precedente, bensì integrandola, andava a discutere di alcuni aspetti concettuali e contenutistici emersi nella prova. Cioè si apriva un dibattito culturale, una riflessione critica, con quello che i ragazzi avevano sostenuto nella prova, dopo che nella traccia li avevo incitati ad esprimere anche riflessioni personali, oltre alle conoscenze di base richieste e previste dal programma. L'esperimento ha avuto un successone ed ha liberato

energie potentissime fino ad allora compresse, se non represse, nei ragazzi. Soprattutto, le ragazze hanno dimostrato di avere una marcia in più, perché hanno desideri più personalizzati di quelli maschili, che sono invece molto più obbedienti ai ruoli imposti dalla società.

Con questi indubitabili successi si faceva strada dentro di me una considerazione completamente diversa rispetto alla diffidenza iniziale: che la quarantena stava diventando, da iattura che effettivamente era, una occasione meravigliosa di rinascita spirituale. Avevo, cioè, sostanzialmente capito due cose. La prima era che la matrix ti entra sotto pelle, ti entra nel cervello, solo se tu glielo permetti. La nostra mente è, certo, come un cellulare immerso in un campo che ti vuole condizionare: ma la matrix entra nel tuo cervello solo se tu lasci in giro le password, solo se ti dimentichi di proteggerti, ti ingannano solo se ti lasci ingannare. Ma se tu chiudi la porta, non entra nessuno: se tu non vuoi, hai il potere di blindare la tua mente. Così ho fatto io, sbarrando porte e finestre per impedire che la matrix entrasse nel mio cervello. Molti storcono il naso di fronte a questa autodifesa perché, dicono, non bisogna isolarsi, non bisogna chiudersi in una cittadella assediata, bisogna aprirsi al mondo. OK è vero, ma se il mondo gioca sporco, se la matrix mi "frega"? No, perché se mi accorgo che qualcuno ci sta provando, se mi accorgo che qualcuno usurpa ed abusa del suo potere, allora mi difendo: è legittimo, come diceva Locke, ribellarsi e difendersi. La prima cosa, allora, è blindare la propria mente ed impedire che la matrix continui ad entrare con il suo potenziale tossico.

La seconda cosa è che, se hai un attimo di pausa, di sospensione, non solo impedisci a nuovo veleno di entrare, ma anche cominci a disintossicarti. Cioè, cominci a liberarti dalla matrix, cominci ad uscire dalla caverna (riferimento al mito platonico). Il successo della matrix è determinato dal ritmo intensissimo che essa riesce ad imporre alla nostra mente piccola, asfissiandola con compiti e prestazioni, aumentando il livello di competitività e, quindi, di *stress*. In questo campo di tensione psichica, le difese mentali si abbassano enormemente così che diventiamo sempre più docili, remissivi e sottomessi alle esigenze della matrix, che sembrano sempre tutte necessarie e utili. E non solo questo, ma anche utilizziamo sempre di meno la Mente Grande, così che siamo sempre più in balia della società, realizzando la metafora, di cui parla Chomski, della "rana bollita". Invece, la quarantena, per alcuni, ha funzionato al contrario di quanto previsto e voluto dalla matrix: invece che essere un fattore di ulteriore sottomissione, è stato, per alcuni, una occasione preziosa di uscita dalla caverna e di liberazione dalla matrix. Alcuni, non solo non si sono lasciati intossicare ulteriormente, ma hanno cominciato a liberarsi dalla matrix.

Ecco, esattamente di cosa parla questo libro e quello gemello, scritto insieme con 11 studentesse, sulla filosofia della quarantena: di come ci si può difendere dalla matrix, blindando le nostre menti e di come ci si può disintossicare e liberare da essa, imparando ad usare tutte le potenzialità del nostro io, mente e corpo compresi.

Matrix e "mito platonico della caverna"

Ho pensato di attingere, per parlare di questo sistema che ci vuole dominare, all'antico mito platonico della caverna e a quello moderno di *The Matrix*. Del mito platonico parlo nell'altro libro gemello, in questo vorrei soffermarmi sulla metafora di *The Matrix*, il film americano uscito nel 1999. *The Matrix* è la versione moderna più efficace del mito platonico. Riporto un brano di un dialogo tra Morpheus e Neo: il primo è il capo della resistenza che combatte la guerra contro la Matrix; Neo è il predestinato che dovrà salvare il mondo e l'umanità alla fine della guerra. In questo dialogo viene spiegato perfettamente in cosa consiste la Matrix.

"…Matrix è il mondo che ti è stato messo davanti agli occhi per nascondere la verità. Quale verità? Che tu sei uno schiavo… nato in una prigione che non ha sbarre, che non ha mura, che non ha odore. Una prigione per la tua mente. Ma nessuno di noi può descrivere Matrix agli altri. Devi scoprire coi tuoi occhi che cos'è".
Morpheus: Immagino che in questo momento ti sentirai un po' come Alice che ruzzola nella tana del Bianconiglio.
Neo: L'esempio calza.
Morpheus: Lo leggo nei tuoi occhi: hai lo sguardo di un uomo che accetta quello che vede solo perché aspetta di risvegliarsi. E curiosamente non sei lontano dalla verità. Tu credi nel destino, Neo?
Neo: No.
Morpheus: Perché no?
Neo: Perché non mi piace l'idea di non poter gestire la mia vita.
Morpheus: **Capisco perfettamente ciò che intendi. Adesso ti dico perché sei qui. Sei qui perché intuisci qualcosa che non riesci a spiegarti. Senti solo che c'è. È tutta la vita che hai la sensazione che ci sia qualcosa che**

non quadra nel mondo. Non sai bene di che si tratta, ma l'avverti. È un **chiodo fisso nel cervello, da diventarci matto. È questa sensazione che ti ha portato da me. Tu sai di cosa sto parlando...**

Neo: Di Matrix.

Morpheus: Ti interessa sapere di che si tratta, che cos'è? **Matrix è ovunque, è intorno a noi, anche adesso nella stanza in cui siamo. È quello che vedi quando ti affacci alla finestra o quando accendi il televisore. L'avverti quando vai al lavoro, quando vai in chiesa, quando paghi le tasse. È il mondo che ti è stato messo dinanzi agli occhi, per nasconderti la verità.**

Neo: **Quale verità?**

Morpheus: **Che tu sei uno schiavo. Come tutti gli altri sei nato in catene, sei nato in una prigione che non ha sbarre, che non ha mura, che non ha odore, una prigione per la tua mente. Nessuno di noi è in grado purtroppo di descrivere Matrix agli altri. Dovrai scoprire con i tuoi occhi che cos'è. È la tua ultima occasione: se rinunci, non ne avrai altre. Pillola azzurra: fine della storia. Domani ti sveglierai in camera tua e crederai a quello che vorrai. Pillola rossa: resti nel paese delle meraviglie e vedrai quanto è profonda la tana del Bianconiglio. Ti sto offrendo solo la verità, ricordalo. Niente di più.(....)**

Morpheus: Hai mai fatto un sogno tanto realistico da sembrarti vero? E se da un sogno così non ti potessi più svegliare, come potresti distinguere il mondo dei sogni da quello della realtà? (...)

Neo (toccando una poltrona): Questo non è reale?

Morpheus: Che vuol dire reale? Dammi una definizione di reale. Se ti riferisci a quello che percepiamo, a quello che possiamo odorare, toccare e vedere, quel reale sono semplici segnali elettrici interpretati dal cervello. Questo è il mondo che tu conosci (Morpheus accende un televisore e mostra immagini del nostro mondo): il mondo com'era alla fine del XX secolo e che ora esiste solo in quanto parte di una neurosimulazione interattiva che noi chiamiamo Matrix. Sei vissuto in un mondo fittizio, Neo. Questo è il mondo che esiste oggi (Morpheus mostra le immagini di città distrutte, oscurate da una spessa coltre di nubi). Benvenuto nella tua desertica, nuova realtà. (...) Un corpo umano genera più bioelettricità di una batteria da 120 volt ed emette oltre 6 milioni di calorie. Sfruttando contemporaneamente queste due fonti le macchine si assicurarono a tempo indefinito tutta l'energia di cui avevano bisogno. Ci sono campi, campi sterminati, dove gli esseri umani non nascono, vengono coltivati. A lungo non ho voluto crederci, poi ho visto quei campi con i miei occhi, ho visto macchine liquefare i morti affinché nutrissero i vivi per via

endovenosa. **Dinanzi a quello spettacolo, potendo constatare la loro limpida raccapricciante precisione, mi è balzata agli occhi l'evidenza della verità. Che cosa è Matrix? È controllo. Matrix è un mondo creato al computer per tenerci sotto controllo al fine di convertire l'essere umano in questa (una pila).**
Neo: **No! non è possibile! Io non ci credo!**
Morpheus: **Non ho detto che sarebbe stato facile: ho detto che ti offrivo la verità".** (dal film *The Matrix*)

"Che cosa è Matrix? È controllo. Matrix è un mondo creato al computer per tenerci sotto controllo al fine di convertire l'essere umano in questa (una pila)". Se si leggono le dichiarazioni fatte alla televisione francese da Jacques Attali si vede quanto il mondo di Matrix è realmente e pienamente attuato. Attali è un uomo potentissimo, espressione di una delle banche più potenti e ricche al mondo, che stanno portando avanti il programma del controllo totale dell'umanità, esattamente come prefigurato nella *fiction*. Quello che lì è mostrato si sta attuando pienamente: in una intervista concessa il 9 giugno 2017 alla televisione francese Attali, il padre dell'Euro, rivela quale è la Matrix che oggi domina il mondo e quali sono i suoi obiettivi, per nulla difformi da quelli enunciati come *fiction* nel film: "Attali: "Il mercato si estenderà a settori dove fino ad oggi non ha accesso: per esempio la sanità, l'istruzione, la polizia, la giustizia, gli affari esteri – e contemporaneamente, nella misura in cui non ci sono regole di diritto, il mercato si estenderà a settori oggi considerati illegali, criminali: come la prostituzione, **il commercio degli organi**, delle armi, il racket eccetera. **Quindi si avrà un mercato che dominerà sempre più, determinando una concentrazione di ricchezze, una diseguaglianza crescente, una priorità data al breve termine e alla tirannia dell'istante e del denaro. Fino, alla fine, alla commercializzazione della cosa più importante: ossia la vita, la trasformazione dell'essere umano in una merce di scambio: lui stesso divenuto un clone e un robot di se stesso."** (https://www.maurizioblondet.it/lorribile-avvenire-ci-promette-attali/)

Foucault definiva questo tipo di controllo "biopotere" e Byung-Chul Han lo definisce "psicopotere", del resto perfettamente descritti nei libri di Orwell e di Huxley. C'è poco da aggiungere o da commentare: c'è solo da rabbrividire e da sentirsi agghiacciare il sangue nelle vene. Siamo nel pieno di questo processo che si sta realizzando con velocità ed estensione impressionante. E senza che nessuno se ne accorga, perché la matrix inocula, insieme al suo controllo, anche il sedativo che non ti permette di accorgerti che qualcuno ti sta succhiando il sangue, come accade, ad esempio, nelle sanguisughe: "Le sanguisughe si servono di dentelli calcarei per incidere la cute della vittima e nutrirsi del sangue che ne fuoriesce. Questa operazione è facilitata da un anticoagulante ed un **anestetico che allevia il dolore della preda**". (Wikipedia) Addirittura, questo anestetico può essere scambiato per una sensazione piacevole, per cui la preda, quasi, si sente felice, mentre qualcuno la sta divorando. E' la situazione in cui ci troviamo tutti senza accorgerci di quello che ci stanno facendo, al massimo accusando una "moderata infelicità", come la chiamava Freud.

Ebbene, alcuni hanno deciso di dire basta, di dire no, come nella canzone di Vasco Rossi *C'è chi dice no.*

C'è qualcosa che non va
In questo cielo
Quanta gente comunque ci sarà
Che si accontenterà
C'è qualcuno
Che non sa
Più cos'è un uomo
C'è qualcuno
Che non ha
Rispetto per nessuno
C'è chi dice no
Io non ci sono
Io non ci credo
C'è chi dice no
Io sono un uomo

Ho cominciato a scrivere queste pagine pensando di descrivere la situazione che Vasco prefigura: c'è qualcosa che non funziona in questa situazione, ma io non ci sto, mi ribello perché sono un uomo e voglio conservare la mia umanità, non accetto che qualcuno mi rubi la mia essenza. Nel film *The Matrix* questo stato della mente è ben descritto in Neo: "**Adesso ti dico perché sei qui. Sei qui perché intuisci qualcosa che non riesci a spiegarti. Senti solo che c'è. È tutta la vita che hai la sensazione che ci sia qualcosa che non quadra nel mondo. Non sai bene di che si tratta, ma l'avverti. È un chiodo fisso nel cervello, da diventarci matto. È questa sensazione che ti ha portato da me**". Dunque, in queste ragazze è presente un antidoto, un anticorpo che si manifesta sotto forma di domande, di inquietudine, di attesa di una liberazione, di desiderio, di presentimento che c'è qualcosa di strano in questo mondo. Un gruppo di persone che non gira la testa dall'altra parte e non scaccia il pensiero come una preoccupazione inutile: ne fa, invece, uno strumento di lavoro su di sé e l'inizio di un percorso di liberazione da questa matrix subdola.

Questo testo è il "supporto" culturale, storico e filosofico, dell'altro gemello scritto in simbiosi con le 11 ragazze. In esso ho cercato di ricostruire la genesi storica di questa matrix potentissima, che, nonostante numerose trasformazioni, domina l'umanità da più di duemila anni, sotto varie forme. Ho cercato anche di individuare le astuzie di questa matrix, cioè i sofisticati e subdoli meccanismi di camuffamento che essa usa per non farsi riconoscere come parassita e per sedare le coscienze. Infine, ho cercato di individuare e descrivere alcuni "antidoti" storici, cioè alcuni (dieci) codici di liberazione. Vale a dire, da dieci esempi storici ho cercato di studiare dieci vie di liberazione dalla matrix. In questi esempi sono nascosti dieci "manuali", scritti in codice, per questa liberazione. C'è una costante: da questi manuali scritti in codice nasce una Comunità di Resistenza alla matrix e di Rinascita Spirituale, esattamente come quella descritta nell'altro testo gemello, oppure, nei casi più clamorosi descritti nel *Decamerone* di Boccaccio e nella *Prima Lettera ai Corinti* di Paolo di Tarso.

Queste comunità utopiche ma reali, proprio come la resistenza descritta nel film, non fanno altro che opporre alla matrix il progetto originario. In realtà la matrix è molto astuta: quando si accorge che qualche sotto-matrix al proprio servizio dà segni di logorio, prepara subito una contro-matrix che le si opponga, in modo che l'umanità si divida in conservatori-tradizionalisti e progressisti-rivoluzionari che si combattono tra di loro. In realtà, queste due opposizioni non sono altro che le tenaglie della stessa super-matrix che controlla, con le finte opposizioni, la società, in piena realizzazione della dialettica hegeliana di tesi, antitesi e sintesi. In realtà, la lotta tra sotto-matrix e tra le loro ideologie che le sostengono, non è altro che un abile marchingegno inventato dalle *élites* dominanti per rimanere sempre al potere, come ha fatto notare Dezzani. L'unica via di uscita non è mai contrapporre una sotto-matrix ad un'altra sotto-matrix, ad una ideologia un'altra ideologia: il risultato è sempre un nuovo camuffamento della super-matrix ed un suo nuovo rafforzamento e rinascita. L'unica via di uscita dalla matrix è la ricerca del progetto originario, l'uscita dalla caverna: ecco perché il progetto originario viene sempre contrapposto, anche nel sottotitolo, alla matrix.

E il progetto originario è esattamente quello cercato e perseguito come antidoto nei dieci esempi storici di "manuali" di uscita dalla matrix. Volevo dare in questo testo l'appoggio a quanto sentito vero da parte delle undici ragazze, esattamente come Neo: supporto culturale che sostenga il fragile tentativo di consapevolezza di queste giovani e che mostri come l'uscita dalla matrix sia stata cercata da moltissimi nella storia. Non siamo soli a desiderare di essere felici e liberi. Questo ci conforta e ci sostiene. Soprattutto ci fa capire come, in realtà, il risveglio della coscienza e la successiva liberazione, siano un evento difficilissimo e facilissimo nello stesso tempo. E' difficilissimo se non c'è risveglio della coscienza, ma è facilissimo se la mente si accorge della sua potenza (ovviamente in relazione con il corpo, con la natura e gli altri), e segue il percorso di liberazione inscritto nel progetto originario. Dunque, se avete la mente di Neo e di queste undici rare studentesse, buona lettura e buona avventura!

Capitolo Primo

La generazione della matrix

Tra il 305 d. C. e il 380 d. C. si decide qualcosa di molto importante (negativamente) per la povera umanità. Fino al 305 la più potente via di accesso al progetto originario che era mai stata donata alla umanità (il messaggio originario di Gesù Cristo) veniva, ovviamente, ferocemente perseguitata, come, del resto, perfettamente previsto dal suo fondatore. La via del messaggio originario di Cristo, contenuta grossomodo per noi oggi, in ordine di chiarezza e profondità, nel vangelo di Giovanni, nelle Lettere di San Paolo, nel vangelo di Matteo e in quello di Marco, era stata ferocemente perseguitata innanzitutto dall'*élite* sacerdotale della religione più elevata, evoluta e sofisticata dell'antichità (non dimentichiamo che una religione dovrebbe essere una via di accesso al progetto originario), l'ebraismo. Il simbolo più emblematico e sintetico di questa persecuzione feroce è la croce, vera concretizzazione di ogni cosa più infamante, degradata, disprezzabile e disgustosa che poteva esistere nell'area mediorientale e mediterranea nel mezzo dell'età alessandrina. Il cristianesimo nasceva connotato da questa idea di assoluta aberrazione, come se fosse una cloaca di tutti gli abomini più orrendi di cui l'umanità potesse macchiarsi.

Infatti, i primi trecento anni di vita del cristianesimo furono, da una parte, una meravigliosa avventura di cambiamento dell'essenza stessa dell'umanità per chi la scopriva nella sua autentica verità, i tanto famigerati e odiati discepoli di Gesù, e, dall'altra parte, furono un inferno di odio ideologico e di accanimento persecutorio messo in atto dal potere sociale del progetto privato che assume la forma della *matrix*. La *matrix*, termine che, come detto, si desume dal film omonimo, è il potere del progetto privato che vampirizza l'essenza dell'umano che è depositaria di quello che resta, le poche tracce ancora persistenti, del progetto originario, dal momento stesso in cui Dio, dopo avere creato il mondo, come dice Simone Weil, si è ritirato per lasciare l'uomo libero di aderire al progetto originario oppure di tradirlo per perseguire il proprio progetto privato (mi riferisco al concetto di "decreazione", così chiamava Simone Wiel il ritrarsi di Dio per lasciare spazio alle leggi fisiche naturali e alla libertà dell'uomo: cfr. S. Weil, *Quaderni,* Vol. II, Adelphi, Milano 1985, pp. 193, 197,199 *passim*). Ovviamente, la maggior parte degli uomini avrebbe fatto questa ultima scelta: ma cosa si aspettava, del resto, Dio? Il progetto privato, da allora, ha imparato ad organizzarsi e ad aumentare il suo potere, riuscendo a confinare i discepoli del progetto originario sempre più negli interstizi e nei nascondigli che la *matrix* non riesce ancora a dominare.

La religione ebraica, identificata nella sua classe sacerdotale-rabbinica, rappresentava la forma più evoluta di *matrix* religiosa, perché nel corso dei secoli della storia del popolo scelto da Dio, Israele, era riuscito a svuotare completamente il progetto originario contenuto inizialmente nella rivelazione divina ad essa concessa. In pratica, Dio era corso ai ripari, dopo che si era accorto che il suo piano di lasciare completa libertà all'uomo di seguire il progetto originario che Dio aveva in mente sul mondo, era completamente fallito. Infatti, la storia del mondo secondo la rivelazione biblica è una storia di solitudine totale: chi persegue il progetto originario come Noè, Abramo, Mosè si trova sempre ad essere isolato, solo, in contrapposizione e perseguitato dalla *matrix* del potere che di volta in volta domina (Noè è solo rispetto alla umanità del diluvio, Abramo è solo in una terra straniera, Mosè è solo a lottare contro il più grande impero della storia, rappresentato dal Faraone d'Egitto. I profeti, poi, non sono altro che il proseguimento di questa solitudine all'interno di una religione che si è sempre più identificata come una *matrix* di potere teocratico affidato alla classe rabbinica, l'unica interprete auto-autorizzatasi a conoscere il pensiero e i comandi di Dio. Gesù Cristo non farà altro che scontrarsi con questa immensa *matrix* per cercare di strapparle una certa quantità di discepoli fedeli alla sua via di ricerca e di ripresa del progetto originario, venendone letteralmente annientato con la più infamanti delle forme di "*damnatio memoriae*", la crocifissione.

L'impero romano, d'altra parte, era la forma di *matrix* politica più potente, più evoluta e più sofisticata che il mondo antico avesse mai prodotto dal punto di vista non solo politico, ma anche militare, giuridico, sociale e religioso, in quest'ultimo ambito con la astutissima, convenientissima e subdola strategia del *pantheon* romano. Il cristianesimo avrebbe potuto tranquillamente trovare posto in questo accogliente *pantheon*, vera anticipazione della *"open society"* di Soros, dove tutte le religioni, le filosofie e le ideologie dell'antichità e della era ellenistica potevano trovare tolleranza e legittimità. Ma la *matrix* non tollerava un'unica cosa: che la si mettesse in discussione come assoluto. Tutto poteva essere tollerato all'interno della *matrix*, in quanto ammetteva di essere relativo all'interno di un assoluto, rappresentato dalla *matrix* stessa. Invece i discepoli di Gesù disobbedivano alla *matrix* proprio su questo specifico punto, proprio mentre erano del tutto obbedienti ed ossequiosi in tutti gli altri aspetti sociali, ad esempio la schiavitù e la sottomissione della donna. I discepoli di Gesù erano dei solitari, dei ribelli e dei disobbedienti terribili riguardo all'essenza stessa della *matrix*, il suo essere, cioè, progetto privato sostitutivo del progetto originario. Cioè mettevano a nudo l'unico punto debole e vulnerabile della *matrix*, la sua pretesa di sostituirsi al progetto originario e, quindi, di diventare un assoluto di sostituzione dell'unico assoluto possibile, il progetto originario stesso.

Quando con san Pietro prima (42 d. C.) e con san Paolo dopo (62-64 d. C.) i discepoli di Gesù si trasferiscono a Roma, simbolo della diffusione del cristianesimo fuori del ristretto ambito dell'ebraismo, comincia subito la sistematica lotta della *matrix* contro questi solitari e ribelli irriducibili. Come la *matrix* ebraica, anche la *matrix* romana si scaglia contro i poveri malcapitati discepoli di Gesù. Ovviamente, la *matrix* romana procede con una energia, una potenza, una sistematicità incredibilmente efficace e determinata, fino a quella che doveva essere la "soluzione finale" della questione cristiana, la persecuzione di Diocleziano del 303-305. Ma all'apice di questa persecuzione, che avrebbe dovuto sterminare completamente i cristiani, avviene un fallimento che induce la *matrix* a cambiare totalmente strategia. Infatti, più si accaniva a sterminare i cristiani e più questi si moltiplicavano (famosissima è in questo senso la frase di Tertulliano: "Il sangue (dei martiri) è il seme dei cristiani". Da *Apologeticum*, 50, 13). Per una mentalità pratica ed opportunistica come quella romana, nonostante la propria ideologia di potere, questo è veramente troppo: la *metis* (astuzia pratica) romana non avrebbe tardato ad accorgersi che questa strategia avrebbe solo affrettato la propria autodistruzione. Piuttosto che svenarsi per combattere questo nemico interno (molti cristiani erano nei quadri dirigenti dell'esercito, della classe aristocratica e giudiziale e, addirittura, a corte), conveniva farselo alleato. Il ripensamento continuò negli anni successivi fino al fatidico 313 con l'Editto di Costantino. Con Costantino i discepoli di Cristo cominciano ad essere tollerati dalla *matrix* romana: "«Noi, dunque Costantino Augusto e Licinio Augusto, essendoci incontrati proficuamente a Milano e avendo discusso tutti gli argomenti relativi alla pubblica utilità e sicurezza, fra le disposizioni che vedevamo utili a molte persone o da mettere in atto fra le prime, abbiamo posto queste relative al culto della divinità affinché sia consentito ai Cristiani e a tutti gli altri la libertà di seguire la religione che ciascuno crede, affinché la divinità che sta in cielo, qualunque essa sia, a noi e a tutti i nostri sudditi dia pace e prosperità.» (Lattanzio, *De mortibus persecutorum*, capitolo XLVIII)

Nei decenni successivi avviene un profondo dibattito all'interno della classe intellettuale romana, ovviamente telecomandato, neanche da tanto distante, dallo stesso imperatore trionfante: Costantino. Questo dibattito si concluse con la creazione della ortodossia di una nuova religione ufficiale, istituzionale, cerаropapistica, vero e proprio *instrumentum regni*: tutto ciò venne realizzato con il Concilio di Nicea nel 325 dal 20 maggio al 25 luglio. Tutto si giocò in questi due mesi e il destino dell'occidente (e dell'umanità in senso lato) si decise in queste otto settimane. Ritornerò con uno specifico approfondimento su questo epocale tornante storico, perché è di fondamentale importanza; ma devo proseguire la narrazione per non interromperne il filo e poterne cogliere la ferrea logica del progetto privato che vi viene esposta, che determina la genesi della più potente forma di *matrix* che ha ereditato quella antica, cioè la attuale *matrix* neoliberista, neocon (neoconservatrice) e massonica.

Ci vollero sessant'anni per "digerire" tutte le novità introdotte da Nicea e volute fortissimamente da Costantino, ma i risultati non si fecero attendere con il suo successore Teodosio che nel 380, il 27 febbraio, emanò l'Editto di Tessalonica: "«GLI IMPERATORI GRAZIANO, VALENTINIANO E TEODOSIO AUGUSTI. EDITTO AL POPOLO DELLA CITTÀ DI COSTANTINOPOLI. Vogliamo che tutti i popoli che ci degniamo di tenere sotto il nostro dominio seguano la religione che san Pietro apostolo ha insegnato ai Romani, oggi professata dal Pontefice Damaso e da Pietro, vescovo di Alessandria, uomo di santità apostolica; cioè che, conformemente all'insegnamento apostolico e alla dottrina evangelica, si creda nell'unica divinità del Padre, del Figlio e dello Spirito Santo in tre persone uguali. Chi segue questa norma sarà chiamato cristiano cattolico, gli altri invece saranno considerati stolti eretici; alle loro riunioni non attribuiremo il nome di chiesa. Costoro saranno condannati anzitutto dal castigo divino, poi dalla nostra autorità, che ci viene dal Giudice Celeste. DATO IN TESSALONICA NEL TERZO GIORNO DALLE CALENDE DI MARZO, NEL CONSOLATO QUINTO DI GRAZIANO AUGUSTO E PRIMO DI TEODOSIO AUGUSTO». (*Codice teodosiano*, XVI. 1. 2)

Nell'Editto di Tessalonica ancora non si prevedevano persecuzioni contro i culti pagani, ma negli anni successivi, con i Decreti Teodosiani del 391-392, vennero imposte aspre sanzioni ai culti pagani ed iniziarono le vere e proprie persecuzioni del paganesimo. In modo sorpendentissimo, in soli 75 anni la situazione si è completamente ribaltata: prima, i cristiani erano perseguitati ferocemente, dopo, ad esserlo altrettanto ferocemente, sono i pagani. Non vi suona strano? Non c'è qualcosa che non quadra? Qualcuno è cambiato radicalmente o ha ragione il Gattopardo che dice che «Se vogliamo che tutto rimanga come è, bisogna che tutto cambi» (anche se nel romanzo non è pronunciata dal principe di Salina, il vero e proprio Gattopardo, ma dal figlio Tancredi), (che corrisponde al detto popolare "il lupo perde il pelo ma non il vizio")? Chi è cambiato, i discepoli di Gesù che, invece di agnelli mansueti disposti al sacrificio e al martirio, sono diventati lupi feroci? O il potere che da feroce persecutore dei cristiani e alleato del paganesimo è diventato violentissimo nemico dei pagani e alleato del cristianesimo? Non vi sembra una situazione del tutto anomala? Qualcuno vi ha spiegato questa strana inversione di strategia? Cosa è avvenuto nella *matrix* romana che cambia il proprio alleato religioso in 75 anni e ne rovescia le sorti, da perseguitato a unico alleato? E cosa è avvenuto nei confronti del paganesimo da farlo diventare da alleato a perseguitato? E che ne è della proverbiale religiosa tolleranza romana e del tanto decantato *pantheon*? Che fine ha fatto la mansueta umiltà e nonviolenza dei discepoli di Gesù? Io trovo questi cambiamenti del tutto stupefacenti come se fossero i famosi misteri della fisica quantistica buttati là in faccia ai sostenitori delle leggi classiche galileiane, newtoniane e einsteiniane: una rivoluzione del tutto sovvertitrice che cambia la natura e il DNA sia della *matrix* romana che della religione degli ex discepoli di Cristo.

Un ultimo fatto, secondo me estremamente significativo, è da segnalare: dopo sei anni dall'editto di Tessalonica il giovane Agostino si converte al cristianesimo, diventandone il più grande e geniale interprete intellettuale e il difensore più efficace. Il cristianesimo con Costantino, Teodosio e Agostino, in solo 73 anni, diventa la religione ufficiale, istituzionale, la religione civile più potente ed influente della storia, dopo essere stata fino a 73 anni prima la religione più malfamata, disprezzata e perseguitata della storia. E la *matrix* romana che prima aveva il cristianesimo come suo più terribile nemico e il paganesimo (inteso come *pantheon* romano delle religioni) come il suo più fedele alleato, inverte, nel giro di questi settant'anni la sua strategia. Perché tutto ciò? Quali cambiamenti genetici sono avvenuti? E' fondamentale capirlo perché altrimenti non si capiscono le evoluzioni della *matrix* da antica a moderna. Una cosa è certa: i discepoli di Gesù da disobbedienti, solitari e ribelli rispetto alla *matrix*, diventano i più ossequiosi, numerosi e ortodossi difensori ed alleati della *matrix*! Certamente è avvenuto in entrambi, *matrix* ed ex-discepoli di Gesù, una mutazione genetica. Ma, vedremo, con una importante differenza.

Capitolo secondo

Le astuzie della *matrix*

Anticipo la mia tesi: il cambiamento della *matrix* è stato tattico, quella della religione cristiana è stato strategico. La riprenderò più avanti: per il momento abbiamo due trasformazioni, ma diverse. Intanto, bisogna evidenziare le sei astuzie della *matrix* (mi collego idealmente, per giustificare questo termine, ad Hegel che parla di astuzie della ragione in *Lezioni sulla filosofia della storia*). La *matrix*, come si sarà ben capito, è molto astuta e, soprattutto, si è sempre più perfezionata nel corso dei secoli, sempre accumulando *metis* e mai azzerando le proprie conquiste. Il suo è un procedere strategico che cambia la tattica di volta in volta, secondo la convenienza, ma mai la strategia di fondo. Le sei astuzie sono state elaborate in 2500 anni circa di storia, da quando si sono affermate le *matrix* più evolute e raffinate, da quella ebraica a quella romana, passando per quella greca post-socratica ed alessandrina, ma senza tralasciarne altre molto sofisticate ma inferiori come intelligenza pratica (*metis*). Le astuzie della matrix sono:

1. la dialettica tra proibizione e trasgressione
2. la dialettica tra eresia e ortodossia
3. il "risucchio" mentale del passato e il "risucchio" mentale del futuro
4. la morte come demarcazione tra aldiqua e aldilà
5. la dialettica tra distinguere-misurare-ragionare e pensare-intuire-immaginare

6. la dialettica tra fase-situazione normale e fase-situazione rivoluzionaria

Hegel ci ha aiutato profondamente a capire questo funzionamento della matrix, quando ha individuato il procedimento dialettico come la forza motrice della storia. Nella dialettica hegeliana, tesi ed antitesi sembrano contrapposte (e in un certo senso effettivamente lo sono) ma, sostanzialment,e stanno recitando il loro copione nella messinscena del gioco delle parti (come diceva acutamente Pirandello). Infatti, la dialettica tra tesi ed antitesi (più o meno reale e più o meno controllata dalla ragione) è totalmente funzionale al trionfo della sintesi, vero capolavoro della Ragione o Idea hegeliana (nel nostro caso questa teoria si attaglia perfettamente anche alla *matrix*).

1. La dialettica tra proibizione e trasgressione è quella più elementare; non a caso viene subito invocata nel manuale più antico e potente di indirizzamento umano al progetto originario o al progetto della matrix: il racconto della tentazione di Adamo ed Eva nella *Genesi*. La dialettica p/t (proibizione/trasgressione) si basa tutta su un equivoco fondamentale: creare una trappola mentale per cui il controllo di p/t non dipende più dalla propria mente, ma da un potere esterno. In tal senso, diventa fondamentale il rimorso e il senso di colpa, unitamente alla relativa punizione. In questo modo nasce una scissione tra la mente e la legge, cioè tra la morale, che è ancora una funzione della mente, e la società che gestisce la legge e che è esterna alla mente. Questa trappola viene attribuita al nemico stesso di Dio, cioè all'autore stesso della *matrix* e del progetto privato, ma con l'avvallo e la legittimazione data da Dio stesso. Così la *matrix*, in modo estremamente astuto, attribuisce alla approvazione di Dio stesso la creazione di questa trappola. E' una grande astuzia del nemico del progetto originario attribuire al creatore del progetto stesso questa scissione tra la mente e la gestione del senso di colpa affidata alla società, quando è, in realtà, una brillantissima invenzione del nemico del progetto originario. La più grande astuzia del Satan (la parola ebraica che sta per nemico e accusatore) è fare credere che esso non esiste e attribuire a Dio le invenzioni più subdole del suo progetto privato. In realtà, questa scissione tra la mente e la società è voluta dal nemico con la sua *matrix* ma non è nel progetto originario, perché la mente ha come guida al progetto originario il corpo, la natura e la mente stessa che sono immagine e somiglianza di Dio. Dunque, non ha bisogno di trappole mentali per perseguire il progetto originario.

Evidentemente questa situazione anomala p/t è creata apposta per fuorviare il povero uomo.

2. La dialettica tra eresia e ortodossia è una potente trappola creata dalla *matrix* per allineare le menti al suo progetto privato. La dialettica e/o (eresia/ortodossia) funziona come trappola sia per chi è eretico che per chi è ortodosso: entrambi sono prigionieri di un meccanismo il cui controllo è sempre di tipo sociale, in funzione di una *matrix* sociale e mai di un progetto originario. Ne è dimostrazione il modo (non il contenuto) in cui si è svolto il Concilio di Nicea (ma si potrebbe dire lo stesso del Concilio di Trento e di quello Vaticano II). Anche in questo caso la trappola funziona imponendo alla mente uno schema di conformazione, che viene poi puntualmente trasgredito, secondo l'oscillazione e/o, imposto sempre dall'esterno e controllabile dalla *matrix*, sia per chi acconsente sia per chi dissente. Insomma, funziona perfettamente come strumento di potere, di manipolazione e di controllo delle menti. In realtà, anche questa è una grande astuzia del nemico del progetto originario perché tutte le fonti del progetto originario stesso non si riferiscono mai a questa dialettica e/o, bensì alla dialettica tra progetto originario stesso e progetto privato, che è la vera e unica dialettica che esiste secondo queste fonti del progetto originario (Gesù *in primis*, ma anche molti altri, spesso insospettabili, maestri come, ad esempio, Nietzsche). Insomma, il problema non è mai una *doxa*, un credere, una credenza, ma il corretto funzionamento della mente e la ricerca del progetto originario secondo il meraviglioso detto agostiniano: "Ama e fai ciò che vuoi". Non a caso Gesù, il fondatore della religione dei suoi discepoli, è stato considerato il più pericoloso eretico dalla *élite* sacerdotale della religione più sofisticata, elevata e considerata affidabile della storia. E' molto strano che i suoi seguaci, dopo solo qualche secolo, si siano completamente dimenticati di questo e siano diventati fedeli custodi di un'ortodossia e feroci persecutori della eresia, se non per un equivoco e una trappola ideologica in cui sono caduti, ingannati ancora una volta dalla *matrix* di turno e ricompensati lautamente con il potere sociale che derivava dal collaborare attivamente a questo inganno generale.

3. Il "risucchio" mentale del passato e il "risucchio" mentale del futuro sono le due micidiali componenti della trappola della alienazione religiosa, così radicalmente e spietatamente criticata da Feuerbach. Per essere precisi, Feuerbach, di per sé, si riferiva al "risucchio mentale" del futuro, laddove definisce Dio come "ottativo" del cuore umano e la religione come "oppio dei popoli", perché distoglie lo sguardo dei credenti dai problemi storici, economici e politici e li proietta in una situazione paradisiaca, cioè in un progetto originario, al di là della materia, al di là della storia, al di là della vita. In realtà, la dialettica vera e propria, per essere completa, deve comprendere anche il risucchio rivolto verso il passato, come giustamente rileva Nietzsche, quando parla delle due vie che si aprono al di là del cancello "istante-attimo", una rivolta verso un indefinito e irrecuperabile passato e l'altra rivolta ad un indeterminato, astratto ed irraggiungibile futuro. La dialettica rp/rf ("risucchio del passato"/"risucchio del futuro") funziona come un potente attrattore sviante, che risucchia, magnetizzandola, la mente in una fuga comoda e deresponsabilizzante, in un rifugio mentale, in una *confort zone* alienante. Questa può essere rivolta al passato o al futuro. Paradossalmente, un ruolo importante in questo senso lo svolge la immaginazione quando viene messa al servizio non del progetto originario, ma della ideologia. Se si va a visitare una opera stupenda come il Sacro Monte di Varallo, il risucchio mentale in tutte e due le direzioni è potentissimo. In realtà, l'opera aveva esattamente lo scopo opposto: attualizzare e rendere presente come una conoscenza per esperienza personale e secondo tutti i fattori dell'io (immaginazione, emozione, sentimento) il proprio incontro con Gesù e come suo discepolo, soprattutto nella esperienza, da lui subita, del rifiuto da parte della *matrix* del suo tempo. Per generazioni questa opera è servita per questo scopo, cioè, per aiutare discepoli veri a seguire il loro maestro e per liberarsi più dalla ideologia del momento (XVI-XVII secolo) che dal peso dei propri peccati. Però, la tentazione e l'utilizzo di questa opera anche nel senso della ideologia rp/rf era potente anche allora ed è potentissima ancora di più oggi. Per quanto riguarda allora, la ho percepita potente da questo fatto: le 44 cappelle trattano soprattutto della passione di Gesù. Manca la Resurrezione alla quale è dedicata la chiesa principale; ebbene nella chiesa principale non si trova la resurrezione di Gesù, bensì, appunto, il risucchio verso il cielo, il paradiso materializzato visivamente sia con la pittura che con la scultura nell'abside e nella cupola. L'idea della resurrezione non è nel presente ma nell'affascinante risucchio del cielo e dell'aldilà. Così, anche tutta la rappresentazione del passato diventa un potente risucchio, convalidato dall'appropriazione dell'opera da parte della *matrix* dell'arte, ufficializzata con l'elevazione dell'opera a Patrimonio dell'Umanità dell'Unesco. La *matrix* dell'Unesco gestisce il "risucchio del passato" e la *matrix* tridentina gestisce il "risucchio del futuro". Una cosa è certa: la *matrix* favorisce la dialettica rp/rf e la premia lautamente, purché non si competa con lei nel controllo del presente, il famoso cancello di Nietzsche o la sua concezione circolare-puntuale del tempo.

4. La morte come unica demarcazione tra aldiqua e aldilà è un potentissimo trucco. utilizzato frequentemente dalla matrix. per prendere possesso del mondo materiale. Essa lascia ben volentieri l'aldilà alla religione ufficiale, in una suddivisione dei compiti utilissima ad entrambe. Ciò significa che tutto ciò che è materiale viene sottoposto al potere della *matrix*: economia, politica, scienza, diritto, cultura, tecnologia, divertimento (industria dell'*enterteinement*). Il resto viene lasciato alla *matrix* dell'aldilà. Guai a volere importare la logica dell'aldilà nell'aldiqua, perché, per definizione, lo spartiacque è solo la morte e, dunque, un confine che una volta valicato in un senso non si può più valicare in senso opposto. Chi nel regno della *matrix* dell'aldiqua volesse portare degli elementi dell'aldilà che non siano stati espressamente permessi dalla *matrix* dell'aldilà viene subito demonizzato e scomunicato, come, ad esempio, è successo con le streghe. Il risultato è un perfetto costrutto ideologico fondato su un radicale e totale materialismo, camuffato di pseudospiritualismo tutto proteso non alla innervazione reciproca di materia e spirito, ma alla rigida demarcazione e divisione dei domini. L'esito più estremo lo si raggiunge oggi, tempo in cui il divino e lo spirituale vengono sostituiti dal mondo digitale e dall'*internet* tecnologico. Il dio in terra è lo stesso dio tecnologico: al dio in terra originario è riservato solo l'aldilà *post mortem*. In realtà, sono moltissimi i fenomeni dell'aldilà che possono avere un riscontro nell'aldiqua, ben prima della morte: il "centuplo quaggiù" di cui parlava Gesù; gli elementi "sottili" di cui parlava Paracelso; gli stati di coscienza alterati di cui erano esperte le donne chiamate streghe; la potenza femminile con la sua profonda intuizione della vita; il pensiero divergente (Nietzsche) e l'intuizione che si connettono a ciò che sta oltre di ciò che è sensibile fisicamente; i vari stati e fenomeni della fisica quantistica (sovrapposizione di stato, *entaglement*, collasso della funzione d'onda, coerenza quantistica, delocalità quantistica, coerenza elettromagnetica quantistica): tutti fenomeni che la *matrix* dell'aldiqua deve sopportare nel suo dominio e che cerca instancabilmente di ignorare, ma che demonizza non appena escono dai confini che la *matrix* ha loro assegnati (come nel caso della memoria dell'acqua e della fusione fredda); la meditazione e la preghiera; i miracoli che sono dichiarati impossibili dalla scienza e che pertanto non vengono da essa considerati, bensì presi in carico dalla *matrix* religiosa; la potente ispirazione di artisti e poeti che usano la immaginazione e la intuizione per liberare le parole dalla gabbia ideologica in cui le ha costrette la *matrix*; le grandi teorie scientifiche, che risolvono i problemi dell'aldiqua dopo avere attinto, con la Mente Grande, alle connessioni dell'aldilà e dopo averle portate nell'ambito dell'unico linguaggio ammesso nell'aldiqua, la matematica. E così enumerando, la lista diverrebbe veramente lunghissima, ma a tutto questa la *matrix* ha assegnato l'etichetta di esoterismo e di paranormale, che ha una esistenza ammessa come quella del folklore, ma di cui non si può assolutamente parlare a livello istituzionale. Il sistema crea un così forte assetto di potere su tutto ciò che è materiale e collocato nell'aldiqua che qualsiasi fuga fuori da questo confine è considerato pazzia: stati diversi di coscienza e livelli mentali diversi da quelli ammessi dalla *matrix* sono considerati malattie psichiche e isolati, demonizzati, emarginati.

5. La dialettica tra distinguere-misurare-ragionare (dmr) e pensare-intuire-immaginare (*pii*) si preoccupa di dominare tutto il mondo del linguaggio. La *matrix* ha una particolare attenzione a questa dialettica *dmr/pii* perché, condizionando il mondo delle parole e quello delle immagini, la *matrix* detiene il controllo pressoché totale delle menti delle masse. Le parole sono una prigione micidiale per la mente, la quale è costretta a muoversi esclusivamente all'interno dei significato e degli intenti ammessi dal linguaggio comunemente imposto. Il linguaggio ufficiale è quello *dmr*, mentre quello *pii* viene relegato in ambiti molto ristretti, specifici ed isolati e subito demonizzato qualora tenti di dire qualcosa nell'orizzonte del linguaggio *dmr* della *matrix*. Nel linguaggio *dmr* prevale nettamente la quantità e la misurazione. Tutto ciò che è significato è ridotto a numero e viene confrontato e relazionato con altre quantità ed altri numeri. Prevale nettamente la divisione e l'analisi: la misurazione è un confronto tra una grandezza ed un'altra in cui una delle due è stata scelta arbitrariamente ed in cui è stata riposta tutta la validità di significato. Questa procedura *dmr* pone dei limiti pesantissimi al pensiero, ma, del resto, offre alla *matrix* tutto il sostegno della scienza ed alla scienza tutto il sostegno della *matrix*, con vantaggio simbiotico per entrambi. Vico aveva bene individuato il duplice movimento della mente incluso nei due sistemi *dmr* e *pii*: aveva chiamato *cogitare* il primo e *intelligere* il secondo: "In latino – scrive in apertura del primo capitolo del *De antiquissima Italorum sapientia ex linguae latinae originibus eruenda* (*Sull'antica sapienza degli Italici da trarre dalle espressioni originarie della lingua latina*) – *verum* e *factum* sono termini reciproci, cioè, per dirla alla maniera delle scuole, si convertono; e in quella lingua *intelligere* equivale a «leggere perfettamente», «conoscere apertamente». Si diceva invece *cogitare* nel senso in cui noi adesso diciamo «pensare» e «andar raccogliendo»". In pratica, per Vico *cogitare* è il meccanismo *dmr* e *intelligere* è il meccanismo *pii*. Per Vico erano equivalenti ed avevano un peso uguale. In realtà la *matrix* ammette ufficialmente solo il primo mentre considera fallimentare e ben poco gradito il secondo procedimento, perché, ovviamente, quest'ultimo renderebbe le menti troppo elevate ed autonome rispetto alle esigenze della *matrix* e del suo bisogno di dominio sociale.

6. La dialettica tra fase-situazione normale e fase-situazione rivoluzionaria è adatta ad imbrigliare anche i portatori di speranza rivoluzionari. Ovviamente la *matrix* sa bene che non può contare su un periodo illimitato di dominio sulla società, perché, comunque, tramite individui speciali, l'aldilà, l'oltre che si comunicano attraverso il pensiero e la intuizione, cioè le armi più potenti della Mente Grande, continuano a mandare messaggi che rinnovano le vedute acquisite e vetuste della *matrix*. Si generano, dunque, i periodi rivoluzionari (prendo in prestito, come è evidente, la terminologia kuhniana sulle rivoluzioni scientifiche). La geniale astuzia della *matrix* è di fare combattere le due fasi-situazioni, finché non maturano le condizioni per il grande passaggio di fase da quella normale a quella rivoluzionaria, che diviene, poi, inevitabilmente, normale pure essa. Così la *matrix,* abbandonando con le sue astuzie i sostenitori di uno dei due sistemi, vince sempre, perché, fino ad un certo punto, li sostiene entrambi e li lascia scontrarsi, finché, quando sono maturi i tempi, cioè quando il profitto è massimo per la *matrix*, decide di abbandonarne uno e di sponsorizzare l'altro, alleandosi con questo. E' esattamente quello che è accaduto tra la *matrix* romana e le autorità cristiane, una volta che il potere romano decide, con Costantino, di cambiare tattica e di cambiare la considerazione del cristianesimo da nemico ad alleato. A questo punto, si comprende meglio che il cambiamento di strategia avviene per entrambi i paradigmi, quello della *matrix* romana e quello della *matrix* cristiana, ma che le modalità sono diverse. La *matrix* romana cambia tattica non strategia: infatti il suo obiettivo strategico generale è sempre il potere e il controllo e cambia solo l'alleato momentaneo, cioè la scelta tattica. Invece la *matrix* cristiana diventa tale nel momento in cui accede al potere sociale. Il suo cambiamento è strategico non tattico perché prima era tutta la discepolanza di Gesù ad essere perseguitata. Adesso, dopo la alleanza con il potere, i seguaci di Gesù si dividono in due grandi schieramenti: quelli che si alleano con il potere e diventano *matrix* religiosa e quelli, molto minoritari, che scelgono di essere critici nei confronti di ogni *matrix*, come erano i discepoli di Gesù fin dalle origini.

Queste mie tesi hanno il vantaggio che non hanno nessun bisogno di dimostrazione perché si collocano totalmente al di fuori delle sei dialettiche. Non possono minimamente sperare di convincere nessuno che non sia già convinto. Non convincono nessuno che è all'interno della *matrix* perché è impossibile, con il linguaggio normale, uscire dalla prigione delle parole, in quanto la ideologia creata dalla *matrix* è del tutto autoreferenziale e non ha bisogno di nessuna dimostrazione se non quella ammessa all'interno del proprio dominio. Lasciate che i morti seppelliscano il loro morti, direbbe il vangelo. Le mie tesi sono solo un'illustrazione migliore, accettabile da persone che hanno già capito dentro di loro e che possono trovare nelle mie parole delle risonanze, degli echi di cose che essi hanno già sentito, intravvisto e pregustato, ma di cui, probabilmente, non hanno ancora gli strumenti intellettuali e linguistici per poterle elaborare personalmente. Hanno le intuizioni ma sono ancora imprigionati nelle gabbie linguistiche delle parole create dalla *matrix* attraverso le sei dialettiche.

Un'ulteriore osservazione è quella che le varie dialettiche (ad esempio fase normale e fase rivoluzionaria) creano, nella grande *matrix*, delle nicchie in cui tutte le parti possono sopravvivere, seppure all'interno della grande *matrix* ed avendo accettato le sue dialettiche e il suo linguaggio, anche successivamente alla loro sconfitta e neutralizzazione. Quando una componente è stata ridotta alla *matrix* non è più nociva e può svolgere, anzi, una importante funzione di catalizzare il dissenso per cui esistono infinite sette, vere nicchie all'interno della grande *matrix,* con un loro ruolo che è sostanzialmente quello di creare confusione e caos linguistico, fare apparire la *matrix* tollerante e democratica e, infine, gestire il dissenso, manipolando con qualche privilegio e vantaggio anche queste nicchie minori. Pensiamo, ad esempio, ai comunisti che, sconfitti nel 1989, continuano a sopravvivere e sono tollerati e sostenuti dalla *matrix* per i tre scopi appena descritti. Pensiamo anche ad esempio al movimento antiglobalismo finanziario "Occupy Wall Street" o al Movimento 5 stelle: una volta che hanno finito la loro funzione sovvertitrice raccogliendo attorno a sé il dissenso, vengono inondati di potere e di prestigio dalla *matrix* e totalmente asserviti ai propri scopi.

Inizia il tempo dei solitari e dei disobbedienti

Perseguitati e felici: questa è la situazione dei disobbedienti all'interno della *matrix*. Ovviamente, sono e saranno sempre una piccola minoranza, un "resto di Israele", un gruppo di "senza patria". Sarebbe allarmante se diventassero massa ed avessero un successo in termini quantitativi: significa che le *élites* che guidano questi discepoli stanno tradendo il progetto originario e si stanno allineando con la ideologia della *matrix*. Solovev ha perfettamente delineato questa situazione ne *Il racconto dell'Anticristo*. Non c'è descrizione migliore della situazione dei solitari e dei disobbedienti e del conformismo all'interno della *matrix*, che tralascio, perché penso che sia perfettamente conosciuta. I discepoli di Gesù, da solitari e disobbedienti nei confronti della *matrix* ebraica ai tempi di Gesù, e gli Apostoli, dopo la Pentecoste, diventano solitari e disobbedienti verso la *matrix* romana, fino alla fine della persecuzione con Costantino (anche qui, aspettando la realizzazione di una *matrix* donata dall'alto, chiamata "fine dei tempi"). Con l'Editto di Costantino e quello di Tessalonica i discepoli di Gesù si scindono in due: quelli che accedono ai benefici della *matrix* religiosa concessi loro dalla *matrix* romana e quelli, sempre più solitari e disobbedienti, che rimangono ostinatamente fedeli al progetto originario. Insomma, i primi si istituzionalizzano, gli altri rimangono solitari e disobbedienti. Inizia l'era del viandante solitario, dell'eremita, della comunità di resistenza e di rinascita, il tempo dei santi ribelli e rivoluzionari che per seguire Gesù disobbediscono alla istituzione e rifiutano tutti i vantaggi che la istituzione offre loro per attenuare la loro opposizione ed includerli come nicchia all'interno della *matrix*. Pensiamo, ad esempio, a San Francesco, a Sant'Antonio, ai monaci eremiti russi delle Isole Solovki, a Giordano Bruno, a Nietzsche, preceduti da anticipatori come Socrate e Platone.

Alberto Maggi è un biblista che ha colto questa forte contrapposizione di Gesù con la matrix ebraica dominante al suo tempo e o ha costantemente sottolineato nei suoi commenti ai testi evangelici e biblici. In questo brano, ad esempio, insiste sulla polemica di Gesù con l'élite ebraica e sul drammatico rifiuto da Lui subito: "Naturalmente, chi accoglie questo messaggio di Gesù, viene considerato come un pazzo, viene rifiutato da una società che deve la sua esistenza a questi valori di obbedienza, a questi valori sacri. Allora comincia la persecuzione. Ecco perché Gesù, ed è la prima volta che appare nel vangelo, afferma: "chi non prende la propria croce". La croce non viene data da Dio, la croce non va accettata, la croce va presa dall'uomo. Gesù si riferisce all'asse orizzontale, il patibolo, che il condannato, al momento della condanna, metteva sopra le spalle, per poi essere condotto nel luogo dell'esecuzione. La croce significava il rifiuto da parte di Dio, da parte del popolo, quindi, significa la perdita totale della propria reputazione. Ebbene Gesù vuole persone libere, capaci anche di perdere la propria reputazione".(https://www.studibiblici.it/VideoOmelie/ trascrizioni/Commento%20al%20Vangelo%20di%20P.%20Alberto %20Maggi%20-%2028%20giu%202020.pdf)

Capitolo terzo

La solitudine degli uomini primi

Nietzsche descrive la dinamica del disobbediente solitario che non cerca consensi nella massa, non desidera il successo come in modo ossessionato si impone oggi. Ammiro questa figura ideale di uomo libero. "Avanti dunque, sulla via della saggezza, e ben fiducioso! Comunque tu sia fatto, cerca d'esserti una fonte inesauribile di esperienza". La solitudine coincide con l'esperienza, cioè con il conoscere per esperienza. La *matrix* non sopporta la conoscenza per esperienza, ma ama la conoscenza per sentito dire, quella dei luoghi comuni, quella che ti fa sfuggire la tua unicità. Invece, chi cerca il progetto originario fa l'esperienza della solitudine, un po' come accade ai numeri primi: si potrebbe dire che, come questi numeri che non si possono dividere per nessun altro, così anch'essi sono soli nella loro unicità. Come i numeri primi i cercatori del progetto originario sono gli eremiti della ricerca della conoscenza per esperienza. Il viandante in montagna, prosegue Nietzsche, parla con se stesso e dice: "il tuo cammino adesso potrà essere più solitario e comunque più pericoloso rispetto a quello che seguivi prima": il solitario, l'eremita sociale ama il pericolo che proviene dal non seguire sempre strade già percorse. Cercare nuove vie e nuovi viaggi per la mente è il carattere distintivo dell'eremita. Egli va in direzione del deserto, se è in orizzontale e va in direzione dell'alto, se si tratta di scalare una altura: questa ricerca della solitudine del deserto o della solitudine dell'altezza è la fattispecie della ricerca di ciò che è originario, unico, naturale e non artificiale.

"Ci sono degli indizi sicuri a comprovare che sei andato avanti e sei salito sempre più in alto": là in basso la *matrix* regna su una nebbia mentale che impedisce la conoscenza, qui nella ricerca della Mente Grande "lo spazio si è fatto più grande, soffia intorno un'aria più fredda, il tuo passo si è fatto più vivace e saldo, coraggio e assennatezza si sono fusi crescendo". L'altezza della montagna è simbolo del progetto originario: sul monte avvengono le più grandi rivelazioni, quella di Zarathustra e quella più rivoluzionaria di tutte, il Discorso della Montagna di Gesù. "Nel frattempo ho imparato una cosa che oggi in pochi comprendono, cioè sopportare la solitudine, - "capire" la solitudine: e oggi lo annovererei addirittura tra i caratteri distintivi di uno "spirito libero", che preferisca camminare da solo, volare da solo, e che, qualora abbia le gambe inferme, preferisca comunque trascinarsi da solo. La solitudine è parte di un'arte medica difficile e pericolosa. Ma è certo che qualora riesca a guarire, rende l'uomo più sano e più autonomo di quanto possa mai esserlo in società, o di quanto un albero possa esserlo nella foresta". La solitudine è un'arte che può uccidere o può guarire: "La solitudine uccide, quando non riesce a guarire: è vero; la solitudine è parte di un'arte medica difficile e pericolosa". Nietzsche ha creato il prototipo dell'uomo che cerca di divenire quello che è disobbedendo alle convenzioni sociali e preferendo la solitudine e l'eremitaggio all'interno di una città, come se fosse un eremo dentro se stesso o chiuso in se stesso. Ma questa scelta difficile e pericolosa non nega la relazione ma ricerca poche e sostanziali relazioni autentiche: pone chi fa questa scelta nella condizione del discepolo del progetto originario che rifiuta le offerte allettanti della *matrix*. (Le citazioni sono tratte da *Umano troppo umano, I, 5/292; II, 1/237 e da Frammenti Postumi, agosto settembre 1885, 40/59*)

Per Nietzsche la solitudine è la conseguenza relazionale della mancanza di comprensione. In Nietzsche c'è la comprensione del mistero, del progetto originario, ma non c'è la stessa comprensione negli altri, non riesce a condividere con altri questa comprensione; pertanto, a livello relazionale, manca la comunione, la condivisione della comprensione. La solitudine è la conseguenza, a livello di rapporti tra le persone, della mancanza di condivisione della conoscenza di ciò che sta al di là di un certo "velo di Maya", al di là di una certa soglia fenomenica. Il valore etico che Nietzsche dà a questa solitudine è positivo. Non certo perché in sé sia piacevole o positiva, ma perché, nonostante la sua intrinseca negatività, non comporta una dimenticanza del progetto originario. Se non in tutti, almeno in qualcuno, il progetto originario è cercato e compreso. Poiché la *matrix* tiene tutti nella ignoranza e trascuratezza del mistero originario, il fatto che qualcuno lo comprenda e lo cerchi ancora è altamente positivo. La solitudine di questo cercatore non dice della sua indole misantropa, anche se così la *matrix* tenderà a farlo apparire, bensì dice della difficoltà dell'impresa (tenere viva la ricerca del progetto originario in un contesto in cui questo viene oscurato) e della audacia del cercatore (che non teme di sfidare la impopolarità e la solitudine).

In una situazione del tutto simile si era trovato Gesù in diverse occasioni: anzi era la sua una situazione normale di solitudine. Egli era spesso circondato da una folla di persone assetate di conoscenza della verità (simbolicamente chiamata "vita eterna" o "regno dei cieli"), ma che non avevano la chiave di comprensione della via e del percorso mentale ed etico che era necessario intraprendere per realizzare effettivamente questa conoscenza o, meglio, questa conoscenza per esperienza. Due ostacoli lo impedivano: uno era di tipo oggettivo, l'altro di tipo soggettivo. L'ostacolo oggettivo era costituito dal contesto sociale in cui il messaggio di Gesù veniva a porsi: si trattava di una *matrix*, quella giudaico-rabbinica, particolarmente chiusa ed ostile alla ricerca del progetto originario che Gesù proponeva. Questa *matrix* chiudeva ed offuscava tutte le chiavi di comprensione. Il secondo ostacolo è di tipo individuale: la risposta di ognuno era molto debole e subordinata a mille variabili: disponibilità altalenante, indecisione, distrazione, persecuzioni, paura di impopolarità, dubbi e incertezze varie.

Per questo, Gesù era costretto a tenere tre livelli di comunicazione e di rivelazione di questa ricerca del progetto originario. Il primo livello era quello della folla per la quale egli destinava una comunicazione simbolica, semplificata, estremamente allusiva e metaforica in grado di suscitare interesse, ma che aveva bisogno di un corso di approfondimento, altrimenti la comunicazione e la comprensione sarebbe stata parziale. Il secondo livello è quello della comprensione attraverso la sua persona stessa, con la condivisione, cioè, della sua presenza fisica che costituiva essa stessa la chiave di lettura e di comprensione dei misteri legati al difficile cammino di elevazione iniziato e di decodificazione degli elementi impliciti e simbolici, con cui il primo livello di comunicazione era stato attivato con le folle. Questo è il tipo di conoscenza che Gesù intrattiene con i suoi discepoli: se si è discepoli si può avere nella sua stessa persona presente la chiave di comprensione per esperienza della via proposta da lui. La stessa via di comprensione che è preclusa alle folle. Dal punto di vista, dunque, della relazionalità di questa comprensione, anche se Gesù era circondato da folle, era solo, mentre era molto più unito con i suoi discepoli. In realtà anche con loro la solitudine era spesso acre e dolorosa perché nemmeno i discepoli erano in gradi di comprendere e condividere appieno quello che accadeva. Infine, il terzo livello di comunicazione è quello con la *matrix*: con essa Gesù è polemico e provocatorio, ad eccezione di alcune persone aperte al suo messaggio come Nicodemo, Natanaele, Giuseppe d'Arimatea, ecc... E, insieme, anche il livello di comunione era conseguente al livello di condivisione e di comprensione del suo messaggio.

Questa relazione tra comprensione e solitudine emerge chiaramente nell'episodio del vangelo di Matteo in cui Gesù espone alla folla la parabola della semente e del seminatore, in cui il seme rappresenta il suo messaggio e in cui la accettazione di questo messaggio risulta a livelli diversi a seconda di disposizioni sia soggettive che del contesto. I discepoli, però, chiedono il perché di questo linguaggio cifrato che Gesù utilizza. Gesù spiega che la codifica del linguaggio è necessaria in base al livello della comprensione: bassa comprensione alta codifica; alta comprensione alto livello di esplicitezza del messaggio. Dunque, chi ha la chiave della comprensione, che è data dalla sua stessa persona che i discepoli avevano davanti agli occhi e che ascoltavano personalmente ("occhi che vedono" e "orecchi che sentono") ha anche la chiave della comprensione profonda del messaggio ("Vedete, ascoltate e capite"). Chi, invece, come la folla o come i farisei, non ha la comprensione, cioè la chiave per comprendere il messaggio, o perché lo detesta o perché non ne è capace o non ha la necessaria determinazione per seguirlo, non può averla e tenderà o a fraintendere o a rifiutare il messaggio. E, dunque, ci sarà anche la solitudine come conseguenza.

In questo contesto Gesù fa la affermazione più clamorosa: "a chi ha sarà dato e a chi non ha sarà tolto anche quello che ha". Frase che suona blasfema e incomprensibile a chi ha una comprensione superficiale del messaggio di Gesù. La frase suona totalmente assurda a chi vive all'interno della *matrix*, a chi pensa e intende dentro la concezione della realtà promossa dalla *matrix*. La stonatura della frase dovrebbe o servire a risvegliare, oppure a tenere ancora di più chiusi gli occhi dentro il sogno confortante della *matrix* (vedi il mito della caverna). Gesù, in realtà, sta dicendo che per capire il suo messaggio bisogna prima diventare suoi discepoli ed avere così la chiave della comprensione nella sua stessa presenza e nella conoscenza per esperienza. Altrimenti si rimane nella *matrix* ("a chi non ha sarà tolto anche quello che crede di avere") e a quelli che la amministrano, i farisei, sarà tolta anche quella comprensione che credono di avere, o alla folla che li segue, accecata dal loro messaggio manipolatorio come quando viene convinta dai farisei a chiedere la crocifissione di Gesù.

Nella liturgia della domenica XV il vangelo è proposto in forma breve o in forma integrale (*Mt* 13, 1 - 23 la forma integrale e *Mt* 13, 1 - 9 la forma breve). La forma breve riporta solo la parabola, la forma integrale anche la spiegazione fornita da Gesù. Il sacerdote ha rinunciato alla forma integrale lasciandola alla iniziativa e alla riflessione personale. La predica si è così ridotta ad una zuccherosa rassegna dei modi più o meno aperti di accettazione del messaggio di Gesù. Cioè, programmaticamente e intenzionalmente la predica si è tenuta al primo livello, quello della folla. Il prete e la chiesa rinunciano ad entrare nel livello dei discepoli perché è troppo stridente e troppo disobbediente il messaggio di Gesù, troppo intrigante, troppo provocatorio. Non sta bene per una religione che non vuole avere problemi con la *matrix*. Una religione della tranquillità e della pace sociale con una *matrix* che pretende obbedienza e sottomissione anche a costo di rimanere in una superficialità imbarazzante e in una sequela da pecoroni, Ma allora perché è venuto Gesù e ha fatto quella morte orribile? Per riportarci nella stessa situazione delle folle al suo tempo tenute in ostaggio dalla *matrix* rabbinica? Si è riattualizzata la stessa situazione. La chiesa oggi o è la *matrix* o è la folla: di discepoli neppure l'ombra, oppure stanno o sono tenuti nell'ombra e sono in piena e totale solitudine. Nascosti e impotenti, seguono il maestro che si trova oggi nella stessa situazione di allora. Il "Racconto dell'Anticristo" di Solovev descrive perfettamente questa situazione che rende il sacrificio di Gesù totalmente inutile perché riporta la situazione esattamente ad allora. La *matrix* funziona ancora perfettamente. Come si vede la nicchia ebraica della *matrix* è stata momentaneamente sostituita dalla nicchia cristiana, ma entrambe le nicchie servono benissimo al progetto generale della *matrix*. Gesù e i suoi veri discepoli sono ancora incompresi, soli, emarginati e con loro lo stesso messaggio autentico di Gesù.

La solitudine fa rima con libertà

Andiamo a comprendere questo stretto legame tra la ricerca del progetto originario nelle più svariate forme (che vanno dalle fattispecie più estreme come quella dei discepoli di Gesù), la disobbedienza alla *matrix* e la solitudine, e spesso persecuzione, che ne consegue. Ovviamente, come si sarà capito, non seguo affatto una logica storica, perché il tempo storico, in questo dramma, non conta niente, perché la *matrix* è sempre la stessa e il progetto originario è sempre lo stesso. Il resto serve solo a confondere la mente a tutto favore della *matrix*. Vorrei prendere in considerazione alcuni altri casi di disobbedienti eccellenti per capire la logica interna che c'è in questa particolare situazione. In realtà, si tratta di un esilio a casa propria. Cioè, mentre si è a casa propria e non si fa altro che desiderare di vivere a casa propria, cioè dentro al progetto originario o di ricercarne il ritorno (quella che Gesù chiamava "rinascita dall'alto" nel suo dialogo con Natanaele), un usurpatore è entrato nella propria casa e se ne è impossessato (il Nemico) istituendo un regime dispotico (la *matrix*) ed esiliando chiunque ricerca ancora il progetto originario. Costoro, i discepoli del progetto originario, appaiono così come degli stranieri, esuli e reietti là dove, invece, propriamente parlando, dovrebbero essere considerati i veri abitanti di questa casa o di questo paese. Il nemico che se ne è impossessato con la sua *matrix*, il vero usurpatore, sembra essere l'unico legittimo abitatore di questo luogo e dichiara estranei e blasfemi i veri inquilini. Questa è la situazione ribaltata su cui si regge, almeno da circa quasi tremila anni, il rapporto tra il progetto originario e il progetto privato che è riuscito a ribaltare completamente i rapporti, così che l'usurpatore appare il legittimo proprietario e il legittimo proprietario l'usurpatore. Conseguenza è che l'usurpatore dichiara il legittimo proprietario eretico, pericoloso e blasfemo e lo perseguita, lo costringe alla fuga e alla solitudine. In termini timologici, ricordo solo fuggevolmente, che questa situazione si chiama "inversione funzionale": ciò che è normale appare strano e ciò che dovrebbe essere strano appare, invece, normale.

Oltre all'esempio dei discepoli di Gesù, vorrei parlare di diversi protagonisti di ricerca del progetto originario come disobbedienti alla *matrix* che si sono succeduti nel corso dei secoli. Si tratta di un elenco assolutamente arbitrario e personale, legato alle mie preferenze e inclinazioni intellettuali, alle mie conoscenze ed alle mie amicizie. Qualsiasi contestazione non solo è legittima, ma avrà anche sicuramente mille ragioni ragionevoli, ma, proprio perché ha mille argomenti in grado di inchiodare le mie argomentazioni, si presenta con i caratteri inconfondibili della perfetta ideologia: un sistema perfettamente razionale e coerente che ha perfettamente ragione e che non si può non riconoscere "vero". Ma, proprio per questo, non mi interessa, perché a me interessa unicamente ciò che sta aldilà dell'ideologia; e non combatto la *matrix* con ragioni altrettanto ideologiche di quelle della *matrix* stessa, ma semplicemente me ne disinteresso, lasciando che i morti seppelliscano i loro morti. Infatti, negli esempi che porterò cercherò unicamente tracce di ricerca del progetto originario del tutto esenti da ideologia della *matrix* per farne tesoro e per metterle come frecce nel mio arco, come bagaglio di esperienza per la mia ricerca del progetto originario. Ecco il mio personalissimo elenco dei disobbedienti alla *matrix* in quanto cercatori del progetto originario (come meglio è riuscito loro) e nei quali mi rispecchio e desidero immedesimarmi sempre più e con i quali chiedo solo di essere lasciato in compagnia e in pace, secondo il mio motto: "ASSIME KIETO" (lasciami tranquillo):

1. gli eremiti delle Isole Solovki e la tecnica di meditazione della mistica esicastica;
2. la comunità di resistenza e di "rinascita spirituale";
3. la disobbedienza suprema: il capitolo sesto del vangelo di san Giovanni;
4. La "Oneness" e la disobbedienza scientifica di Preparata e Del Giudice;
5. Lo spirito e la magia umana di Neumarkt.
6. sant'Antonio di Padova completa l'intuizione originaria di San Francesco: il bicchiere di Aleardino;
7. il pittore *marketless* Americo Mazzotta e la comunità di resistenza e di rinascita spirituale dei suoi discepoli artisti;
8. la comunità dei dieci giorni e dei dieci giovani (nel *Decamerone* di Giovanni Boccaccio);
9. la comunità paolina di Corinto;
10. i Diggers: la dipendenza dal progetto originario rende liberi dalla matrix;

Capitolo quarto

I disobbedienti primi(tivi) del gelo russo

Gli eremiti delle Isole Solovki sono per me qualcosa di ancestrale che, in modo del tutto primitivo, ricerca la situazione originaria dell'eden primordiale. Essi per me sono i disobbedienti per antonomasia, confinati nella solitudine congelata del Mare Bianco, così detto perché per la maggior parte dell'anno le sue acque, invece di essere blu sono bianco-gelate. Come mai gli eremiti delle Solovki sono capitati in questo santuario del freddo e della solitudine? Esattamente per questo: per l'isolamento e il nascondimento che la lontananza dalla civiltà di queste isole garantiva. Gli eremiti delle Solovki cercavano la differenza, amavano la loro diversità, non si vergognavano affatto della loro stranezza: erano ribelli nati, ribelli totali che non sopportavano la *matrix* del loro tempo, e questo visceralmente, al punto che il freddo e la lontananza erano per loro i più grandi alleati.

L'interesse per questo esperimento straordinario della storia della disobbedienza mi è stato generato dal fatto che, dopo 40 anni di insegnamento della storia, mi imbatto in un manuale che ne parla, anche se con fuggevole accenno. In un capitolo dedicato alla nascita della Russia zarista, il testo scolastico così si esprime: "Il XV secolo fu un periodo di grande risveglio religioso e spirituale, che diede vita al cosiddetto movimento degli eremiti. Infatti, tra i monaci e i cristiani più sensibili si diffuse l'idea secondo cui il mondo era completamente immerso nel male: chiunque avesse voluto salvarsi, cioè guadagnare il paradiso, avrebbe dovuto fuggire il più lontano possibile dalla comunità degli uomini e ritirarsi in assoluta solitudine. Con il passare del tempo, intorno agli eremiti più celebrati per la loro santità, si crearono delle nuove comunità monastiche, che infine diedero vita a veri e propri monasteri: fra questi finì per spiccare l'insediamento delle isole Solovki, nel mar Bianco, il cui grandioso complesso architettonico centrale venne eretto a partire dal 1552. Sei anni dopo, nel 1558, iniziò la costruzione della chiesa della Trasfigurazione, che a quell'epoca era la più alta di tutta la Russia". (F. M. Feltri – M. M. Bertazzoni – F. Neri, *Scenari 1*, SEI Torino 2018, pp. 398-399)

Quando ho letto il brano sono saltato sulla sedia: non solo mi stupiva che un manuale ne parlasse, ma che definisse in modo così chiaro e netto il problema della disobbedienza e della solitudine. In effetti, negli eremiti delle Solovki si evidenzia in modo eclatante il peculiare legame tra la disobbedienza e la separazione, anche geografica. La *matrix* viene presentata come "il mondo completamente immerso nel male": perfetta definizione della *matrix* dal punto di vista del progetto originario. Per salvarsi da questa fonte di corruzione bisognava ritornare ad una sorta di progetto originario: la solitudine dei luoghi primitivi nei quali ritirarsi per potere prendere le distanze dalla *matrix* (chiamata "la comunità degli uomini"), fonte di corruzione. Nel manuale è presente anche l'equivoco-trappola estremamente usato nella *matrix* post-costantiniana, di identificare questo progetto originario in un "paradiso" collocato oltre la morte ("cioè guadagnare il paradiso"), cioè quanto di più lontano dal messaggio originario di Gesù; infatti, il paradiso sarebbe piuttosto l'eden originario, cioè il momento iniziale in cui l'uomo è stato "inventato", cioè estratto dal nulla, da parte di Dio. Dunque, di per sé il paradiso è la ri-creazione dell'eden originario pre-nascita nella vita presente ed attuale (definito da Gesù, come già detto, "vita eterna", "regno dei cieli", "rinascita dall'alto"), e non la costruzione di uno stato perfetto dopo la morte. Poi, il manuale riesce incredibilmente a fare notare che il luogo di solitudine diventa un luogo estremamente affollato e frequentato, cioè l'esatto contrario di quello che doveva essere in teoria all'inizio. La ricerca della solitudine viene abolita dallo straordinario successo di questo esperimento di disobbedienza.

Ma, allora, cosa è cambiato? I monaci sono diventati obbedienti, per cui tutti si sono uniti a loro nel grande abbraccio della *matrix*, oppure il flusso di persone che cominciò a gravitare attorno agli eremiti fuggiaschi era proprio di tutta quella gente che non ne poteva più della *matrix* e che cercava in questo modo di liberarsene? In questo caso si ricreerebbe la stessa situazione che si era creata attorno ai discepoli di Gesù: una folla assetata di disobbedienza e di tregua dalla *matrix* si assiepava attorno a Gesù, anche se non capiva molto del vero suo messaggio di liberazione. Il monastero diviene simbolo di disobbedienza alla *matrix* e la sua solitudine ne garantisce la libertà. Ma nello stesso tempo diventa potente attrattore di tanti disobbedienti, anche se meno consapevoli, che cercano sollievo. Proprio così il monastero diviene il contrario di quello che voleva essere all'inizio: da luogo isolato a luogo frequentato proprio per ciò che lo rendeva separato, la sua stessa disobbedienza alla *matrix*. La diversità, invece che motivo di infamia, diventava il suo contrario, motivo di successo e di ricerca. Quando ci sono masse che si muovono, però, la *matrix* se ne accorge e se ne interessa subito; così il monastero comincia ad attrarre subito le "premure", non proprio disinteressate, della *matrix*, così che si crea un movimento opposto a quello iniziale: mentre erano gli eremiti che scappavano dalla *matrix* adesso è la *matrix* che cerca e insegue gli eremiti. Un bell'esempio di inversione funzionale se si guarda al successo architettonico del monastero e all'interesse dimostrato dal potere? Quasi. Ma vediamo come le cose sono andate in modo più preciso. Intanto, appuriamo che già il manuale segnala strani movimenti attorno a questi monaci eremiti che in realtà, all'inizio, non chiedevano altro che di essere ignorati!

Le origini dell'eremitaggio sulle isole Solovki si collocano nel 1435 con il monaco eremita e fuggiasco Savvatij. "La storia della vita eremitica sulle isole inizia, nel 1435, con il monaco Savvatij, discepolo di san Sergio di Radonež e monaco del monastero di San Cirillo di Belozersk che, preso dal desiderio di una vita eremitica, scappò dal monastero di Valaam, sul lago Ladoga, dove risiedeva: "San Savvatij, sentitosi preso dal desiderio di silenzio, volle andarvi ricordandosi i versetti del *Salmo*: 'Ecco, errando, fuggirei lontano, / abiterei nel deserto. / Riposerei in un luogo di riparo / dalla furia del vento e dell'uragano' (*Sal* 55 (54), 8-9), e cominciò a chiedere all'igumeno (*nda*: igumeno significa "abate", cioè priore di un monastero della Chiesa Ortodossa) e ai confratelli di lasciarlo andare su quell'isola». I monaci non acconsentirono e Savvatij fuggì di nascosto e di notte. Fuggì come "la gazzella dalla mano del cacciatore, come l'uccello dalla mano dell'uccellatore" (*Pr* 6,5). E fu molto felice".

Durante il tragitto verso le isole, Savvatij, così come fecero poi i suoi successori, attraversò il mare a bordo di una piccola imbarcazione; alcuni abitanti del luogo, probabilmente pescatori provenienti da altre terre avevano già informato il monaco che per raggiungere le Solovki sarebbero serviti due giorni, che l'isola era grande e che per fare il giro completo sarebbero serviti molti giorni di cammino, che c'erano molti laghi pieni di pesci e che l'isola era boscosa. Approdando alle Solovki dopo un lungo e disagevole viaggio, sin da subito, dopo il suo arrivo, il monaco considerò santa quell'isola, priva di animali rapaci ma sospesa tra mondo e aldilà grazie ad un clima di silenzio e di pace, nella quale era avvolta e accolta.

Le uniche fonti d'informazione sulla storia del primo periodo del monastero sono le agiografie relative ai fondatori, opere di grande importanza per la storia della letteratura antico-russa. In quella scritta dal monaco Dositeo, fondatore della biblioteca del monastero delle Isole Solovki si legge che i monaci alla vita contemplativa preferivano l'operosità, si alzavano anche prima dell'alba e lavoravano fino a sera, amavano accudire gli animali domestici e coltivavano ortaggi di prima qualità, costruivano serre per fare crescere le rose, sviluppavano la pesca e, con il passare dei secoli e dei decenni, apparvero anche i primi mulini per il grano. A Savvatij, in particolare, sembrava necessario ridurre al minimo qualsiasi attività umana compreso il mangiare, il dormire, il riposo e ogni distrazione dall'arduo lavoro che lo avrebbe portato alla vera somiglianza con Dio; "Dio si è fatto uomo" si legge sulle Sacre Scritture, allora, secondo il principio seguito dai padri della Chiesa anche l'uomo poteva diventare Dio.

Il monaco, quando prese la decisione di cambiare vita trasferendosi alle isole, era ormai anziano e appariva fisicamente magro con un viso leggermente allungato, baffi ormai bianchi e una barba lunga e incolta che arrivava fino al petto, una tonaca stracciata e rattoppata. Egli visse in una capanna che si costruì da sé sulle rive del fiume Vyg e lì incontrò German, un giovane eremita semianalfabeta che aveva già vissuto in quei luoghi per un'intera estate e, insieme a lui si trasferì nell'isola creando la prima fondazione di quello che sarà poi il monastero proprio sulle rive del lago, ai piedi del monte Sekira, un luogo da cui potevano orientarsi prendendo come punto di riferimento il mare e dove piantarono una croce sulle rive del grande lago". (Caterina Boscolo Bielo, *Solovki: da isole di santità a luogo di martirio attraverso gli inferi del Gulag*, Tesi di Laurea, Università Ca' Foscari di Venezia, a. a. 2014/2015, pp. 33-34)

Subito emergono i caratteri dei disobbedienti, fuggiaschi e uomini liberi che cominciarono a trovare in queste isole il loro eden originario. Come si vede dalla descrizione, gli ingredienti della vita nuova che San Savvatij, il primo fondatore, cercava erano la solitudine rispetto alla comunità religiosa e civile, la purezza selvaggia della natura e la sua bellezza armonica, la difficoltà climatica del luogo. Il posto doveva avere caratteri di primitività tali che si potesse iniziare di nuovo a vivere come intuito nel progetto originario. Questi isolati iniziatori di una cosa nuova cercavano un luogo di totale libertà in rottura con la propria comunità monastica, diventata nel frattempo per loro una *matrix* religiosa.

La via mistica al progetto originario (esicasmo, di cui parlerò più avanti) si accompagnava, però, ad un intenso lavoro materiale. Questo può sembrare molto strano, perché di solito si pensa che la via contemplativa sia opposta alla via attiva: o si lavora nel mondo civile o si prega nel mondo ecclesiastico. Questi monaci strani rifiutavano questa impostazione: esisteva per loro sia la vita attiva che la vita contemplativa fuori dalla *matrix* e dentro la prospettiva del progetto originario. Tutte e due erano vie unite nel progetto originario; era la *matrix* che le opponeva tra loro e San Savvatij cercava di sfuggire alle distrazioni ma non al lavoro duro fino a sera. I primi due monaci creano luoghi simbolici con riti di fondazione come facevano gli antichi patriarchi biblici che erigevano altari nei luoghi del loro incontro con il mistero. Essi usano le tecniche di orientamento cosmico del luogo sacro, affinché esso sia come un talismano che cattura con la sua risonanza specifica la grande risonanza cosmica.

Questi gesti fondativi hanno una potente energia attrattiva che noi, immersi nell'onnipervasivo materialismo dominante oggi, non percepiamo più, ma che non doveva certo sfuggire alle popolazioni di allora, molto più sensibili e vicine al mistero, nonostante la loro rozzezza e primitività, anzi, si potrebbe dire, proprio grazie ad essa. Il semianalfabetismo di German non gli impedisce, anzi, lo aiuta a vedere nella via tracciata da San Savvatij un percorso di risalita al progetto originario del tutto più corrispondente alla sua dietetica esistenziale di ricerca del suo particolare equilibrio nel suo benessere integrale. Il risultato di questa intensa vita attiva-contemplativa era una trasformazione della vita sociale, una comunità umana del tutto nuova che esercitava una potente attrazione sulla popolazione che non poteva non vedere la convenienza, la felicità, l'efficacia di un modello di vita basato sulla ricerca del progetto originario.

Il racconto prosegue con l'illustrazione della vita del successore di San Savvatij, il santo monaco Zosima: "Alla morte di Savvatij la vita monastica riprese con un altro eremita, Zosima, originario della repubblica di Novgorod, nato vicino al lago Tolvuj, non lontano dal lago Onega, il quale, completata la sua istruzione, si mise alla ricerca di luoghi solitari, percorse le coste del Mar Bianco e incontrò German che gli raccontò delle isole Solovki e di Savvatij. Egli fu un perfetto organizzatore della vita economica del monastero, assieme alle preghiere e al digiuno si preoccupava della coltivazione delle piante e di arare i terreni, si narra però che il suo insediamento alle isole non fu tranquillo e che il monaco dovette soffrire la fame e attacchi dagli spiriti maligni che vinse con l'assidua preghiera e con la piena fiducia in Dio; fu intorno a lui che si formò la prima comunità organizzata, alla quale si deve la fondazione della Cattedrale della Trasfigurazione, nel luogo in cui si pensa che il Santo ebbe la visione di una grande chiesa sospesa nel cielo."

Per la consacrazione dell'edificio appena eretto, l'arcivescovo di Novgorod elesse igumeno di quella comunità, composta da ventidue confratelli, un suo accompagnatore che però non riuscì a resistere a lungo alle difficoltà dell'isola; lo stesso avvenne con il suo successore che presto ritornò sulla terraferma; così i monaci delle Solovki elessero igumeno proprio Zosima, del quale si narra un episodio miracoloso: durante la celebrazione di una messa il suo volto si illuminò come quello di un angelo e la chiesa iniziò a riempirsi di aromi profumati e dopo la benedizione, un pezzo di pane benedetto caduto a terra prese fuoco, simbolo che un miracolo era appena accaduto.

Quando Zosima morì, il 17 aprile 1478, il monastero era ormai diventato uno dei più ricchi e importanti di tutta la Russia e possedimenti terrieri si allargarono con grandissima rapidità, i monaci accumularono saline sparse per tutto il nord, pescaie e terre e, dal momento che l'agricoltura dei loro terreni non poteva più soddisfare tutte le esigenze del monastero, si iniziò a comprare anche pane, olio, miele. Non si può non fare un accenno alla ricca biblioteca presente all'interno nel monastero e fondata, come già detto in precedenza, dal monaco Dositeo. In questo luogo di pace i libri non venivano solo conservati e distribuiti in prestito ma si gestiva anche il processo della ricopiatura per la vendita o le donazioni, si potevano trovare libri speciali con rilegatura in pelle utilizzati per gli inventari, documenti d'archivio conservati con grande cura. Nel grande libro delle donazioni viene citato Eleazaro che riuscì a raccogliere molti manoscritti di diversi racconti sacri e tre libri scritti direttamente da lui, depositò tutta questa raccolta nella chiesa, comprò nuovi volumi e raccolse donazioni in libri. In quel periodo, per i novizi monaci, era stato istituito anche un cammino di formazione ed educazione mistica: ad ogni monaco veniva affidato un *starec* per educarlo alla vita monastica, il discepolo viveva nella cella del maestro in completa obbedienza e imparava le regole della vita eremitica con la preghiera, l'anziano accompagnava il monaco anche in chiesa e al refettorio dove gli venivano insegnati i comportamenti da assumere durante il momento del pranzo. Più tardi tutta l'organizzazione del monastero fu presa sotto il controllo di German, nuovo igumeno di Novgorod, seppellito poi accanto alle reliquie di san Savvatij e tuttora commemorato insieme a lui nel mese di agosto".

Con Zosima appare evidente il forte contenuto propulsivo di civiltà che il cristianesimo contiene se in esso è presente la ricerca del progetto originario, esattamente come era successo con il monachesimo benedettino. Il monastero diventa un potente volano di civiltà, senza essersi dovuto sottomettere alla *matrix*, anzi, potremmo gridarlo ai quattro venti, proprio per non essersi sottomesso alla *matrix* e per essersene il più possibile allontanato. E con lo sviluppo economico, va di pari passo anche lo sviluppo culturale con la fondazione della biblioteca e di tutte le attività connesse, come lo *scriptorium* per la creazione dei libri. La cultura libera non dominata dalla *matrix* è profondamente consona al cristianesimo perché una fede vissuta integralmente si esprime naturalmente e fecondamente in tutti gli ambiti della vita, compresi quelli culturali. Da notare anche le difficoltà di adattarsi a questo originale cristianesimo primitivo per i sovrintendenti inviati dalla *matrix* ecclesiale russa, al punto che questi resistevano nelle isole per qualche mese, fino a che lo stesso Zossima fu nominato igumeno, riconoscendo la natura delle cose.

"Le due componenti del movimento ascetico russo sono: quella eremitica e quella sociale, della cui sintesi si è comunque poi nutrita l'anima religiosa russa, intensamente contemplativa, appunto, ma al tempo stesso profondamente ecclesiale. La prima è fondata piuttosto sull'elemento personale e carismatico e vedrà il suo culmine con la mistica esicastica; la seconda si caratterizza per la sua attenzione sociale, l'accento sulla povertà e il lavoro". (*Iconografia dell'anima*, a cura di L. Mirri e R. Zugan, Edizioni Paoline, Milano 2007, p. 18) La bella pubblicazione delle Paoline evidenzia le due anime della spiritualità russa, entrambe al di fuori della ideologia della *matrix*. Lo testimonia il grande scrittore russo Dostoevskij che coglie l'essenza del movimento eremitico e monastico russo con altrettanta efficacia storica e con grande pregnanza evocativa: "Al monaco si rimprovera il suo isolamento… Ma guardiamo ancora una volta: chi ha maggior zelo per la fratellanza? Giacché l'isolamento non è in noi, ma in loro, sebbene essi non lo riconoscano. Da noi, invece, anche in antico sono usciti gli uomini che hanno agito col popolo… Dal popolo verrà la salvezza della Russia. E il monastero russo *ab immemorabili* è stato con il popolo. E se il popolo cade nell'isolamento, allora anche noi cadiamo nell'isolamento. Il popolo crede come noi crediamo… Custodite dunque il popolo e preservate il suo cuore. Educatelo in silenzio. Ecco la vostra missione di monaci; giacché questo popolo è portatore di Dio". (F. Dostoevskij, *I fratelli Karamazov*, I Vol. Milano 1974, p. 398) E' l'unione di queste due anime nella stessa vita monastica eremitica a rendere il monastero un fortissimo punto di attrazione sociale per il popolo russo. Sia il popolo che i monaci sono affascinati ed attratti dal progetto originario e non hanno paura di cercarlo.

Questo provoca un "isolamento" rispetto alla *matrix* sociale, sia religiosa che politica: lo testimoniano le persecuzioni scatenate nel XVII secolo contro il monastero: "Nel XVII secolo l'influenza politica e spirituale del monastero sulla vita della Russia crebbe così tanto che, nel periodo tra il 1668 e il 1676, il suo spirito si rivelò particolarmente fiero e guerresco con lo scopo di difendersi alzando uno scudo contro gli attacchi delle riforme della chiesa ortodossa attuate dal patriarca Nikon per contrastare lo scisma dei vecchi credenti, di cui il monastero si era eretto difensore. La restaurazione che il patriarca aveva messo in atto, nonostante fosse giustificata da un punto di vista filologico, incontrò un grande ostacolo da superare: "Se i testi sacri, in tutte le loro versioni e in tutte le lingue erano opera diretta di Dio, come si poteva cambiarli? Ma – peggio - se essi contenevano errori, tutti coloro che per secoli li avevano letti e ripetuti nelle loro preghiere, avevano dunque letto e pronunziato parole "false" ed erano dannati?"

Ciò che portò a questa una profonda e radicale rottura fu il fatto che Nikon, pur non toccando la sostanza di professione del credo, ne modificò in modo radicale la forma e arrivò ad abolire, una dietro l'altra, molte delle pratiche tradizionali, adottando una serie di innovazioni liturgiche. Uno dei motivi fondamentali di questo dissenso era il modo di farsi il segno della croce che fino a quel momento veniva eseguito congiungendo due dita, dopo la riforma però si dichiarò legittimo segnarsi con tre dita, non esistevano differenze sostanziali, se con le due dita unite si indicava la natura divina e umana di Cristo e le tre dita rimaste indicavano la Trinità, con il nuovo modo di farsi il segno della croce si faceva esattamente il contrario ma molti dei vecchi credenti, pur di non modificare il loro modo di segnarsi preferivano farsi mettere al rogo, si attaccavano alla tradizione e al fatto che quello era un esempio tramandato dai Santi e non avevano intenzione di tradire il loro insegnamento". (Caterina Boscolo Bielo, *Solovki: da isole di santità a luogo di martirio attraverso gli inferi del Gulag*, Tesi di Laurea, Università Ca' Foscari di Venezia, a. a. 2014/2015, pp. 39-40) La lotta tra la *matrix* (in questo caso sia religiosa che politica) e i monaci dissidenti finì in tragedia con l'intervento dell'esercito e il massacro dei monaci: "La resistenza dei monaci che, visti i cospicui rifornimenti di acqua e viveri avrebbe potuto continuare ancora, terminò solo a causa del tradimento di uno di essi e le truppe dello zar riuscirono ad irrompere e conquistare il monastero nella notte fra il 21 e il 22 gennaio 1676 , la punizione per i monaci fu spietata, dei 700 difensori solo 14 rimasero in vita, la maggior parte di loro fu sgozzata, arsa viva o impiccata e i pochi sopravvissuti vennero deportati in altri monasteri. Questa insurrezione aveva dimostrato che il movimento dei vecchi credenti era non solo contro la Chiesa dominante ma anche contro il governo e, questa pagina sanguinosa di storia, circondò il monastero delle Solovki di un'aura di eroismo, per aver difeso la fede antica e consolidò i focolai di resistenza dei vecchi credenti sparsi nei territori della Russia Settentrionale". (*Ivi*, p. 48-49)

La pericolosità di quel tipo di discepoli di Gesù che erano gli eremiti delle isole Solovki consisteva nella potenza attrattiva che esercitava sul popolo, abbandonato a se stesso dalla *matrix* nelle sue esigenze fondamentali. Tale forza di attrazione non era frutto di una ideologia, di un progetto di potere, ma era la conseguenza di un amore alla vita e all'umano che sorgeva dall'essere discepoli di Gesù, cioè l'attenzione al lavoro, la passione per le cose ben fatte, il disinteresse per l'arricchimento egoistico, la sensibilità alla comunione, alla condivisione e alla solidarietà tra le persone aderenti alla comunità. Tutto ciò da una parte scatena l'odio della *matrix* perché non può controllare queste persone libere, dall'altra scatena l'invidia perché vede che queste comunità prosperano al di fuori del suo ombrello protettivo. Così come era successo nei primi tre secoli del cristianesimo e con Gesù e i suoi primi discepoli, la *matrix* del potere assoluto russo si riversò con tutta la sua violenza e ferocia contro questo esperimento proibito di libertà e di felicità.

La speciale tecnica di meditazione per uscire dalla matrix: l'esicasmo

Eppure, la sorgente di questo potente dinamismo sociale così temibile per il potere da scatenare una persecuzione così feroce, era una tecnica di meditazione e di preghiera che questi monaci praticavano regolarmente: l'esicasmo. Sembra impossibile che una rivoluzione sociale così importante possa nascere da una pratica ascetica che si presume sia quanto di più intimo e individuale possa esistere e, soprattutto, quanto di più staccato da ciò che è materiale e corporeo e che, dunque, non possa preoccupare la *matrix*.

"Divulgata da Evagrio Pontico (IV secolo) e da altri maestri spirituali tra cui nel VI secolo spicca Giovanni Climaco autore della *Scala del Paradiso*, la pratica dell'esicasmo è ancora viva sul Monte Athos e in altri monasteri ortodossi. Sull'Athos essa ricevette un impulso decisivo dall'opera di Gregorio Palamas (morto nel 1359) e nei secoli successivi dagli scritti di teologi e mistici raccolti nella Filocalia. Ma la descrizione più dettagliata della "preghiera del cuore" è contenuta in uno scritto anonimo, probabilmente opera di un monaco dell'Athos, Niceforo il Solitario (XIV secolo): il *Metodo della preghiera e dell'attenzione sacre*. In questo testo – noto in tutto l'Oriente cristiano semplicemente come *Methodos* – si raccomanda:

1. di rifugiarsi in un luogo solitario e tranquillo e
2. di concentrarsi, senza lasciarsi distrarre da pensieri vani:
3. «Posa il tuo mento sul petto,
4. sii attento a te stesso con la tua intelligenza e i tuoi occhi sensibili.
5. Trattieni il respiro il tempo necessario
6. perché la tua intelligenza trovi il luogo del cuore e vi resti integralmente.
7. All'inizio tutto ti sembrerà tenebroso e molto duro, ma col tempo e con l'esercizio quotidiano scoprirai in te una gioia continua».
8. «Esicasta», scrive Giovanni Climaco, «è colui che cerca di circoscrivere l'incorporeo nel corporeo...
9. La cella dell'esicasta sono i limiti stessi del suo corpo: al suo interno c'è una dimora di sapienza».

10. Gli esicasti praticano la cosiddetta preghiera di Gesù o *preghiera del cuore*, che consiste nella ripetizione incessante della stessa formula, secondo il ritmo del respiro (*"Signore Gesù Cristo, figlio di Dio, abbi pietà di me peccatore"* in greco *Kyrie Jesù Christé, Üié Theù, eléisòn me tòn amartolòn*).

11. La parola esicasmo deriva dal greco *hesychia, calma, pace, tranquillità, assenza di preoccupazione"*. (Fonte web: https://it.wikipedia.org/wiki/Esicasmo)

Analizziamo i capisaldi di questo movimento mistico che ha anticipato la *mindfullness*. Esso ha degli straordinari insegnamenti da trasmetterci anche al di là del tempo e dello spazio così grandi e diversi rispetto a noi; ma siccome corpo e mente sono così da sempre, checché ne dica la *matrix*, ciò che gli eremiti russi delle Solovki hanno imparato si può trasmettere direttamente a noi superando ogni barriera frapposta dalla *matrix* per impedirci di liberare la nostra mente.

1. **"Rifugiarsi in un luogo solitario e tranquillo"**: l'esicasmo è un grande viaggio che comincia immergendosi nella natura; è, quindi, il viaggio nella natura originaria e selvatica, il primo viaggio alla ricerca della condizione originaria e sappiamo, ad esempio, quanto era bella, selvaggia e difficile la natura delle isole Solovki. Non si tratta di un isolamento come rifiuto o come fuga, generata da odio o disgusto verso la comunità umana, ma come collegamento con ciò che ci manca e che non ci appartiene più, ciò a cui non siamo più abituati ad appartenere. L'immersione in una natura originaria e selvatica ha due obiettivi: sconnettere il mistico dalla connessione esterna sociale (*matrix*) e connetterlo a quella cosmica.

2. **"Concentrarsi, senza lasciarsi distrarre da pensieri vani"**: è questo il secondo viaggio della mente ascetica del mistico, è il secondo *step*, quello della tecnica di meditazione dell'esicasmo. Questo viaggio è dentro se stessi: per farlo, è necessario sconnettersi dalla *matrix*, isolarsi dai "pensieri vani", raggiungere lo stato di silenzio interiore, sospendendo il rumore di fondo del linguaggio comune, quell'assordante *tsunami* di parole, suoni, modi di dire, frasi fatte, concetti ripetuti per sentito dire, luoghi comuni che risuonano dentro il nostro cervello senza che ne abbiamo nessun controllo, in modo automatico dentro d noi, ma estraneo a noi. Smettere di ascoltare questo chiacchieratore e parlatore a vanvera esteriore e cominciare ad ascoltare il proprio corpo, imparando a recepire e decodificare il suo linguaggio. Il proprio corpo è un compagno di viaggio

molto più utile del brusio assordante della *matrix* e conviene mille volte di più avere la sua complicità che non quella della società. Shakespeare dice che le chiacchiere della *matrix* sono come due chicchi di frumento in uno staio di pula: impieghi tante ore per trovarli che la fatica non ne vale la pena. Concentrarsi su se stessi equivale, come condizione della socratica conoscenza di se stessi all'agostiniano "Non uscire fuori, rientra in te stesso: nell'uomo interiore abita la verità. E se scoprirai mutevole la tua natura, trascendi anche te stesso. Tendi là dove si accende la stessa luce della ragione". (Agostino di Ippona, *De vera religione*, 39, 72)

3. «**Posa il tuo mento sul petto**»: unire mente e petto significa in modo gestuale unificare la mente e il cuore, cioè il centro del pensiero e il centro emotivo; significa, cioè, portare unificazione nell'io e non separazione, come, invece, hanno portato i razionalisti seicenteschi come Cartesio e Spinoza, così influenti nella mentalità moderna, i quali, pure, erano arrivati così vicini alla verità con la loro teoria delle emozioni e delle passioni. Essi, invece, si sono lasciati travolgere ed influenzare dal pensiero della divisione che risultava molto più gradito al potere.

4. "**Sii attento a te stesso** con la tua intelligenza e i tuoi occhi sensibili". Per chiarire adeguatamente questa operazione così importante mi appoggio alla definizione interessantissima che dà dell'attenzione Igor Sibaldi e mi identifico totalmente in essa: "ATTENZIONE. La mia definizione di «attenzione» è simile a quella che ne dà qualsiasi dizionario: un particolare grado di concentrazione su un qualsiasi oggetto esterno o contenuto psichico. Solo, attribuisco a questo particolare grado di concentrazione un significato maggiore del consueto, e considero l'attenzione un sinonimo di quel che nella psicologia attuale si chiama «coscienza»; e ciò richiede qualche precisazione. Secondo la maggior parte degli psicologi, la coscienza non è, a differenza dell'attenzione, una funzione del tutto volontaria: andrebbe paragonata, diciamo, più al senso dell'udito che non a quello della vista – poiché su quest'ultima possiamo esercitare maggior controllo, che non su quello. Secondo me, invece, l'attività della nostra coscienza è sempre intenzionale: in ogni istante noi scegliamo, cioè, di percepire alcune cose e non altre – proprio come in ogni istante scegliamo di vedere o non vedere qualcosa, o magari di chiudere gli occhi. Certo, su queste nostre continue scelte intervengono diverse forze, non tutte consapevoli, ma, a mio parere, anche il rapporto tra tali forze e il nostro io dipende da ciò che l'io vuol sapere di sé, e rientra dunque nell'intenzionalità. Da un lato, tali forze sono quelle dei

cosiddetti ALTRI, i quali influiscono su di noi sia attraverso ciò che dicono di vedere attorno, sia attraverso ciò che a nostro parere essi vedono, sanno e presumono di noi. Dall'altro, vi è l'influsso di quello che io chiamo «l'Io grande», cioè l'elemento trascendente della psiche – che attraverso la nostra attenzione cerca di manifestarsi e di agire nel mondo. È infatti la nostra attenzione a stabilire che cosa il mondo è per noi, e di conseguenza che cosa noi siamo per il mondo, poiché non vi è, per noi, occasione o avvenimento che non dipenda da ciò che fino a quel momento eravamo riusciti a vedere e considerare. In tal senso, molti teologi amano ripetere che la vita di ognuno sia il campo di battaglia tra due forze avverse – quelle che Gesù, nei Vangeli, chiama «il MONDO» e «il Padre celeste» – e quale sia l'esito della battaglia, è ognuno di noi, in ogni istante, a deciderlo". (da VOCABOLARIO ediz. Anima) (https://www.facebook.com/igorsibaldiofficial/posts/380843535296347/)

5. **"Sii attento a te stesso con la tua intelligenza e i tuoi occhi sensibili.** Trattieni il respiro il tempo necessario: questo è il tipo di intelligenza che viene chiamata "intelligenza del cuore". Si tratta sempre della connessione interiore e della unificazione dei campi, quello della mente e quello del cuore: una vera e proprio sintonizzazione del campo cerebrale (mento), del campo cardiaco (torace) e del campo viscerale (il respiro e il movimento del diaframma), così come avviene nella meditazione orientale con la sintonizzazione dei *chakra* tra di loro e tra loro e il cosmo circostante.

6. **"Perché la tua intelligenza trovi il luogo del cuore e vi resti integralmente".** Riporto un lungo ma interessantissimo articolo che rendiconta in modo molto aggiornato sulle più clamorose e recenti scoperte che riguardano l' "intelligenza del cuore" e le connessioni tra il "cervello della mente", quello "del cuore" e il "cervello dell'intestino", tutti e tre implicati nel sistema delle emozioni e del pensiero stesso. Infatti, il nostro corpo è un tutto unico e inscindibile: il dualismo cartesiano che vive e vegeta ancora in modo dominante nella *matrix* è stato, invece, definitivamente scalzato dalla conoscenza scientifica. Se, per la *matrix,* dividere mente ed emozioni, cuore da cervello e intestino, significa dominare le menti della massa, per noi, unificare questi centri e nuclei di cui l'io è costituito, significa acquistare la piena padronanza di noi stessi e immetterci nella sinergia con il cosmo, liberandoci dalle manipolazioni del potere sociale. I mistici eremiti delle Solovki, con le tecniche meditative e di preghiera dell'esicasmo, avevano pienamente

capito a livello intuitivo quello che la scienza oggi dimostra sperimentalmente e che la *matrix* vorrebbe sottrarre alla dalla nostra conoscenza per abusarne e per continuare ad esercitare il suo potere nefasto sulle menti delle persone.

*"Tutti dicono che il cervello sia l'organo più complesso del corpo umano, da medico potrei anche acconsentire. Ma come donna vi assicuro che **non vi è niente di più complesso del cuore**, ancora oggi non si conoscono tutti i suoi meccanismi. Se nei ragionamenti del cervello c'è logica, nei ragionamenti del cuore ci sono le emozioni."* (Rita Levi Montalcini, premio Nobel per la medicina nel 1986) "Per secoli il cuore è stato dichiarato sede di emozioni, coraggio e saggezza, sinonimo di vita e di virtù rigeneratrice. (…) Nonostante questa tradizionale tendenza, negli ultimi tre secoli il mondo occidentale ha relegato il cuore a semplice pompa sanguigna, congegno meccanico atto al funzionamento del resto del corpo. Questa convinzione ha cominciato ad incrinarsi negli anni Sessanta, quando John e Beatrice Lacey hanno condotto uno studio ventennale sul ruolo del cuore nei processi cognitivi, comportamentali e d'apprendimento. In seguito sull'ondata di queste ricerche diversi scienziati cominciarono a fare studi ed esperimenti nello stesso ambito.

Anno di svolta fu il 1991: da una parte il Dr. Andrew Armour introdusse per primo il concetto di cuore come mente funzionale; dall'altra Doc Lew Childre Jr, autorità internazionale nel campo della riduzione dello stress e della costruzione della resilienza personale, fondò l'HeartMath Institute (HMI), l'istituto di matematica del cuore. Nato come un'organizzazione no profit l' HearthMath Institute oggi è un vero e proprio centro di ricerca con sede a Boulder Creek, in California e collabora con diverse università americane tra cui Stanford e Princeton. Durante le loro ricerche gli scienziati dell'HMI si sono posti domande quali l'implicazione delle ramificazioni psicologiche di quelle esperienze emozionali che derivano dal cuore, o da dove provenga l'intelligenza necessaria ad avviare e regolare il battito cardiaco. Basandosi sui loro esperimenti e sulla base di nuove scoperte scientifiche i ricercatori sono stati in grado di confermare che all'interno del cuore si insedia un autentico piccolo cervello, composto da circa 40.000 cellule di tessuto neuronale.

Questa scoperta è stata ben sintetizzata da Pao L. Chang, nel suo volume *Staradigm*: **"Circa il 65 % delle cellule del cuore sono cellule neuronali e** non muscolari. **Una serie di esperimenti hanno permesso di provare non solo che il cuore lavora in maniera simile al cervello, ma anche che sotto certi aspetti si rivela persino superiore ad esso. Questa potrebbe essere la ragione per cui il cuore è il primo organo ad entrare in funzione dopo il concepimento. Il cuore si attiva, infatti, circa venti giorni dopo il concepimento, mentre la mente non inizia le sue funzioni prima del novantesimo giorno dal concepimento."** Questo cervello di dimensioni ridotte (40.000 cellule neuronali nel cuore contro circa 100 miliardi all'interno del cranio) è sufficiente non soltanto perché il cuore svolga le sue funzioni meccaniche, ma gli dà anche la capacità di impartire comandi imperativi al cervello del cranio: il cuore è infatti la sede delle cosiddette intuizioni, che spesso sono alla base dei più importanti ragionamenti.

Un'altra illuminante scoperta fatta tra le mura dell'HMI e in collaborazione con l'Università di Princeton si basa sull'ormai accettata teoria che **la coscienza sia fatta di energia e che questa energia sia in continua connessione con il campo elettromagnetico della terra**. Per arrivare a questa conclusione è innanzitutto importante considerare che il cuore genera il campo elettromagnetico più forte di ogni altro organo nel corpo umano, con un diametro che si estende tra i 2 e i 3 metri. È nettamente più grande di quello del cervello nel cranio, infatti il campo elettrico misurato dall'elettrocardiogramma(ECG) è circa 60 volte più grande, in ampiezza, di quello generato dalle onde cerebrali registrate da un elettroencefalogramma (EEG). Questo campo ha una forma peculiare definita *toroidale*, che è considerata la più unica e primaria dell'universo.

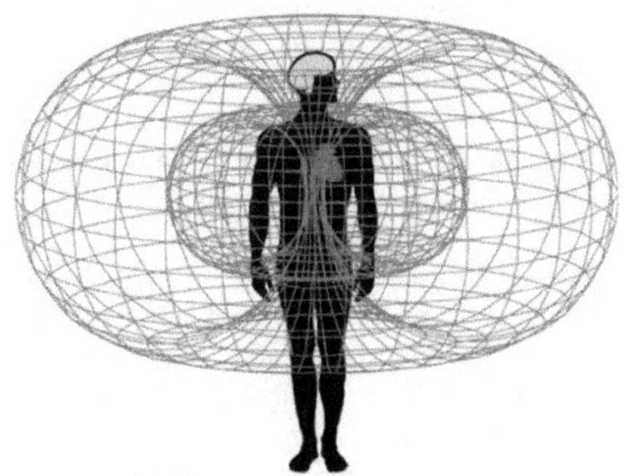

Molti sono gli scienziati che si sono lasciati affascinare da queste idee e tra essi la Dott.ssa Erica Francesca Poli e il suo team, che studiano i campi magnetici cardiaci e loro influenza nell'infinitamente grande (l'universo) e nell'infinitamente piccolo (le cellule del nostro corpo). Nello studiare le relazioni tra gli individui e le interazioni dei loro campi elettromagnetici, la Dott.ssa Poli ha scoperto che due persone che **provano amore** l'una per l'altra subiscono un vero e proprio cambiamento a livello quantistico: **l'amore modifica l'espressione cellulare e il livello di vibrazione delle cellule**, che in seguito alle emozioni provate sono portate a muoversi alla stessa frequenza. La sovrapposizione delle onde di due persone che si amano, l'accavallamento dei loro stati quantici, permette ai due campi elettromagnetici di vibrare all'unisono sia nella relazione duale sia nei confronti del mondo esterno. Si crea così un *entanglement*, un legame tra i due amanti tale per cui un cambiamento nell'uno crea immediatamente un cambiamento nella coscienza quantica dell'altro, a prescindere dalla distanza fisica che divide i due corpi. L'*entanglement* quantico era già stato teorizzata da Paul Dirac nel secolo scorso. Dirac ne costruì l'espressione matematica, la famosa **equazione dell'amore**:

"Se due sistemi interagiscono tra loro per un certo periodo di tempo e poi vengono separati, non possono più essere descritti come due sistemi distinti, ma in qualche modo, diventano un unico sistema."

Una volta compreso il campo elettromagnetico del cuore è il momento di considerare l'interazione che questo ha con gli **strati dell'atmosfera terrestre**: le frequenze generate da questi strati si muovono secondo una "sinfonia" compresa fra 0,01 e 300 Hertz e alcune di queste frequenze si sovrappongono a quelle che genera il cuore mentre comunica con il cervello. È questo fenomeno che, sulla base delle ricerche degli scienziati dell'HMI, provoca la possibilità che **un'intensa emozione collettiva eserciti un impatto misurabile sul campo geomagnetico della Terra. (...)**

L'intensa complementarietà di cuore e cervello, che a noi occidentali suona così olistica, è invece assolutamente comune nelle discipline orientali. In esse i cervelli che guidano il corpo umano sono addirittura tre: **mente, cuore e intestino.** Lo conferma Micheal D. Gershon, esperto di anatomia e biologia cellulare presso la Colmbia University, che scrive: **"Basti pensare che l'intestino, pur avendo solo un decimo dei neuroni del cervello, lavora in modo autonomo, aiuta a fissare i ricordi legati** alle emozioni e ha un ruolo fondamentale nel segnalare gioia e dolore. Insomma, l'intestino è la sede di un cervello vero e proprio. E non a caso le cellule dell'intestino producono il 95% della serotonina, il neurotrasmettitore del benessere". Sulla base di queste considerazioni Grant Soosalu e Marvin Oka hanno preso in prestito e rivoluzionato alcune tecniche di Programmazione Neuro Linguistica per creare un metodo che riesca ad allineare i nostri tre cervelli: il metodo di *mBraining*, che permette di equilibrare le energie del nostro corpo e incanalarle verso i risultati desiderati. Infine, diceva Milan Kundera (scrittore, poeta e drammaturgo ceco, autore del romanzo *L'insostenibile leggerezza dell'essere*): *"Quando il cuore parla, la mente trova indecente opporsi."* Come se la mente riconoscesse la **supremazia del cuore** e si facesse da parte, per lasciare spazio alla realizzazione di sogni e di progetti che se si fermassero al puro ragionamento cerebrale non vedrebbero mai la luce. **E' il cuore che qualche volta deve prendere il sopravvento e renderci capaci di inimmaginabili traguardi"**. (Chiara Vescovi. Fonte web:) http://www.egoformazione.it/lintelligenza-del-cuore.html

7. «All'inizio tutto ti sembrerà tenebroso e molto duro, ma col tempo e con l'esercizio quotidiano scoprirai in te una gioia continua». Tenebra e durezza: sono le sensazioni conseguenti alla fatica di strappare da noi la *matrix* con i suoi traumi radicati nel nostro inconscio fin dall'infanzia e provenienti da un passato ancestrale di quasi tremila anni. Tenebra significa ostile e contrario alla comprensione (luce); durezza rappresenta la fatica di strappare il nostro corpo alla *matrix*, cioè espugnare il linguaggio del corpo dal linguaggio della *matrix*, la fatica di espropriarlo per riappropriarsene. **Tempo ed esercizio**: significa che è in atto nella tecnica esicastica una conoscenza per esperienza e non per sentito dire; la prima comporta una concezione del tempo secondo una espansione dell'io che ha i suoi tempi propri, mentre l'altra comporta tempi affrettati e necessariamente frettolosi a tutto vantaggio della *matrix*. **Gioia continua**: è, insieme alla calma (esicasica), lo stato originario, quello della vita uterina, quello dell'eden; ciò significa che originariamente noi siamo fatti per la gioia continuativamente e non saltuariamente o per la "moderata infelicità" di cui parla Freud.

8. «Esicasta», scrive Giovanni Climaco, «è colui che cerca di circoscrivere l'incorporeo nel corporeo…»: è il viaggio nell'aldilà fatto dentro il corpo. La linea di demarcazione tra aldiqua e aldilà si supera dentro il corpo tutte le volte che si vuole. Si tratta di un Viaggio A/R, di andata e ritorno, e non una fuga: non si tratta di una fuga dal corporeo, bensì di una immissione dell'incorporeo nel corporeo. Questa linea di demarcazione si può superare in un senso e nell'altro opposto non solo una volta con la morte, come vuole la mentalità della matrix, bensì ogni volta che si vuole con viaggio di andata e ritorno e, pure, con prenotazione del posto.

9. "La cella dell'esicasta sono i limiti stessi del suo corpo: al suo interno c'è una dimora di sapienza»: Il corpo è concepito come cella monastica, come monastero (contemporaneamente unità abitativa e Tempio sacro). Il corpo è concepito come Tempio, cioè dimora del divino, come santuario e come talismano: esattamente che ha chiamato Gesù il proprio corpo: Tempio ("Questo Tempio io lo distruggerò e lo ricostruirò in tre giorni: ma non compresero che parlava del suo corpo"). I limiti del corpo sono la materia e lo spazio, nei quali si tratta di immettere l'energia e lo spirito. Si tratta, cioè di integrare lo spazio con l'energia (vibrazione) e il tempo (inteso come dilatazione dell'io) e la musica (canto). Si tratta di fare le cose non dividendole una alla volta (cioè raccogliere in superficie – cogitare, pesare, misurare – *pensare*, secondo la acuta analisi terminologica di Vico), ma si tratta di immaginare e di *intus-legere* (*intelligere*, cioè di andare in profondità e raccogliere ciò che si trova nel fondo delle cose). Si tratta di **abitare la dimora interiore:** arredare, cioè la casa interiore in modo diverso da quello che dice la matrix. Si tratta, cioè, di conoscere e disporre le sette funzioni della mente in modo diverso da come impone la matrix. **Al suo interno c'è una dimora di sapienza:** la sapienza è connettersi con il pensiero pre-matrix. La sapienza è la realizzazione dell'evangelico "cercate e troverete". E' la comprensione di cui parla Gesù nella parabola del seminatore e che lui chiama "vita eterna", "regno di Dio", "Padre celeste": è il progetto originario, l'eden primordiale, la vita intrauterina. Per questo, a chi ha la chiave di comprensione della vita, sarà data sempre più comprensione e a chi non ha la chiave di questa comprensione (cioè a chi è nella *matrix*) verrà tolto anche quella comprensione che crede di avere, cioè i suoi pregiudizi e la sua ideologia verranno distrutti. La chiave di comprensione di quei discepoli di Gesù che erano gli esicasti eremiti della isole Solovki non è altro che Gesù stesso, frequentato costantemente con questi viaggi A/R, fatti frequentemente, passando a discrezione e *ad libitum* (cioè a piacere) il confine tra aldiqua e aldilà e viceversa.

10. "Gli esicasti praticano la cosiddetta preghiera di Gesù o *preghiera del cuore*, che consiste nella ripetizione incessante della stessa formula,

secondo il ritmo del respiro (*"Signore Gesù Cristo, figlio di Dio, abbi pietà di me peccatore"* in greco *Kyrie Jesù Christé, Üié Theù, eléisòn me tòn amartolòn)"*. La giaculatoria recitata costantemente dagli esicasti ha le stesse funzioni del mantra ripetitivo. Esse sono cinque:

a) **hanno un effetto ipnotico**, che ha la funzione di sospendere il pensiero vigile ed favorire l'attivazione della Mente Grande (il sistema parasimpatico, quello utilizzato nell'intuizione e nei "viaggi" della coscienza alterata);

b) **hanno una funzione vibrazionale** (sonora), mettendo così in vibrazione il corpo;

c) **favoriscono la sintonizzazione del desiderio con l'ambiente cosmico circostante** (come si può scientificamente constatare oggi con la "cimatica" e con la tecnica della memoria dell'acqua di Masaru Emoto;

d) **demoliscono, con queste forme di linguaggio corporeo quasi non verbale, il dominio della *matrix* sul linguaggio ordinario** e, quindi, il suo potere sui significati (il *mantra* è come una metafisica in suoni);

e) **favoriscono il superamento della barriera spazio/materia** e viene favorito, così, lo sconfinamento nella dimensione del tempo/energia.

In un certo senso, con il *mantra*/giaculatoria vengono individuate e neutralizzate molte armi della *matrix*:

a) il dominio del pensiero vigile della mente piccola e la demonizzazione della intuizione, della Mente Grande (pensiero che va aldilà di ciò che c'è) e della immaginazione;

b) il privilegiamento della vista che prevale nella *matrix* (che si basa sullo spazio e sulla materia), privilegiamento che porta ad una trascuratezza e non valorizzazione equanime dell'energia (vibrazionale) e dei sensi ad essa più correlati: tatto, udito, olfatto, gusto;

c) l'arma della divisione tra il desiderio e "gli astri", cioè l'aldilà che viene impedito dagli "astri" della *matrix*, cioè dal suo sistema di potere che pone limitazioni al desiderio di andare oltre i limiti;

d) l'arma della imposizione dle senso consolidato delle parole che corrisponde al mondo della *matrix*;

e) il fatto che la barriera tra al di qua e aldilà è, secondo la *matrix*, superabile solo una volta nella vita con la morte ed in modo irreversibile, senza "biglietto di ritorno": questo perché nella vita **si può fare** una sola cosa alla volta, per cui c'è sempre una alternativa disgiuntiva (o materia o energia; o corpo o spirito; o spazio o tempo; o vita o morte).

Questa è la base del materialismo che la *matrix* impone con il suo linguaggio a tutti. Convince tutti che si può fare solo una cosa alla volta perché riduce tutto al fare in modo materialistico e spazializzato ed esclude che si possa fare in altri modi.

11. La parola esicasmo deriva dal greco *hesychia*, cioè calma, pace, tranquillità, assenza di preoccupazione. Ciò corrisponde a dire che l'esicasmo aiuta a ricreare il progetto originario, la vita intrauterina, l'eden primordiale. Aiuta a ritrovare quella situazione di non *stress*, di relax, che sono l'opposto di quello che impone la *matrix*, la quale pretende di sequestrare tutte le nostre emozioni, erogando pressione psichica per espropriare la mente e imporre i modelli di comportamento graditi al potere.

Capitolo quinto

La comunità di resistenza e di "rinascita spirituale"

L'idea della comunità di resistenza e di rinascita spirituale è nata durante la quarantena. Il 23 febbraio scoppiò l'emergenza. La sera prima, il 22 febbraio, si era svolto l'ultimo incontro pubblico a cui partecipai: la presentazione di un libro di psicologia sulle proiezioni visive mentali a cui mi aveva invitato Giorgia Caregnato. Al ritorno dalla conferenza avevamo programmato di andare al cinema, ma Elena (mia moglie) si dimostrò subito negativa perché al suo luogo lavoro (un laboratorio di analisi mediche) era già scoppiato il panico. Io mi arrabbiai moltissimo perché ero un po' stanco e teso per l'imminente Winter School, che sarebbe cominciata il lunedì 24. Dopo l'arrabbiatura, il giorno dopo mia moglie mi propone di andare a Messa al Santo e, poi, di andare a pranzo da Radici per dimostrarmi che non ce l'aveva su con me. Nel momento in cui stiamo andando al ristorante, dopo messa, cominciano ad arrivare i primi messaggi dei genitori preoccupati. In poche ore, con il telefono e whattsapp, disdico e sposto l'Ostello della Gioventù di Baone ad aprile o maggio; poi, arrivato a casa, sospendo la Winter School, contattando tutti gli studenti e i relatori. Poi mi rilasso profondamente. Nei due giorni successivi vado al Rifugio Campolongo a fare una seduta di bagno di fieno e di massaggio. Nei giorni successivi sono in pieno *relax*: sono ancora in vacanza fino a mercoledì e poi, da giovedì a sabato le lezioni sono sospese.

Venerdì vado a scuola per sapere qualcosa e incontro la preside che mi dice che la scuola è chiusa e che forse si preparerà qualcosa per la didattica a distanza. Intanto me ne sto tranquillo alcuni giorni ad osservare gli eventi, esattamente una settimana. Inizio la didattica *online* il mercoledì 11 marzo in 5AC. Sabato 14 inizio la DaD anche in 3AC con la lezione sulla Russia zarista nella quale parlo degli eremiti delle isole Solovki. Trovo che sia una sovrapposizione quantistica, questa coincidenza, con il fatto che sto narrando l'inizio della filosofia della quarantena, proprio appena finito di parlare degli eremiti delle Solovki, che fu il primo argomento trattato *online*. Anche stamattina sovrapposizioni quantiche: non sapendo decidere quali argomenti affrontare dopo le Solovki, decido di estrarre a sorte. Il "caso" vuole che siano estratti in ordine gli argomenti che avevo più vicino materialmente che mentalmente, cioè, in pratica, quegli argomenti il cui materiale esisteva già ed era quasi già pronto. Esso mi "chiamava" in quel modo: facendosi sorteggiare per primo. Così obbedisco alla sorte, come faceva Agostino che apriva i libri a caso per lasciare fare in quel modo alla provvidenza e lasciare decidere secondo le sovrapposizioni quantistiche dell'armonia cosmica.

Intanto, in Italia iniziava la quarantena con tutti i suoi traumi. Attorno al 20 marzo, un mese scarso dopo l'inizio di tutto, si tocca il fondo dei contagi e del terrore. Anche la borsa crolla e, anche se me ne accorgerò un mese dopo, perdiamo molto del nostro patrimonio: ci abbiamo messo 5 mesi per riprenderci. Io, che finora vivo con grande distacco dalle paure nazionali e rabbia per come vedo che nessuno coglie l'origine dolosa del contagio, intanto, faccio da solo la passeggiata quotidiana e comincio a formulare nella mia mente le prime idee sulla filosofia della quarantena e a scrivere. Fino ad allora avevo scritto durante i 15 giorni di rilassamento una lettera ad Angela Cervera, avevo concluso il lavoro sulla sauna con la trattazione delle campane tibetane e il 9 marzo avevo scritto un inno alla donna evoluta in occasione della festa della donna. Finalmente, sempre il 9 marzo, mi sblocco mentalmente anche riguardo alla quarantena. Fino ad allora avevo una ridda di pensieri in testa che, però, cercavo di snobbare e di accantonare perché non pensavo di scrivere su questo argomento, visto che tutti ne parlavano in modo ossessionato e influenzato da quello che il potere voleva imporre. Finalmente, durante la passeggiata, ho la sensazione agghiacciante di Eugenio Montale (il vuoto dietro a tutte le cose: il riferimento è alla poesia *Forse un mattino andando in un'aria di vetro*, scritta nel 1923 e pubblicata nella raccolta *Ossi di seppia*, Editrice Gobetti 1925) e così ho la illuminazione: comincia a farsi strada dentro la mia testa l'idea della filosofia della quarantena. Adesso capisco cosa mi bloccava: ero così profondamente sconvolto dalle conoscenze "complottistiche" (così si liquida qualsiasi cosa che uno sappia che non sia stato approvato e diffuso dalla *matrix* attraverso i *media mainstream*) che, comunque, mi incatenavano alla ideologia opposta. Io ero nella verità ma vedevo che nessuno la accettava e che ciascuno mi combatteva come se fossi un nemico: la mia ideologia complottista contro quella legittimista dei miei famigliari ("non può essere che chi ci governa sia così perfido"). In effetti, non è possibile vivere nella *matrix* e non pensare che, tutto sommato, nonostante qualche marachella, la *matrix* è buona o, almeno, bisogna accettarla come il male minore. Così pensano tutti e, in questo modo, con il silenzio-assenso, viene legittimato il sistema.

Comincio allora, è il 19.3.2020, a scrivere un testo che potrebbe intitolarsi *Esperimenti proibiti di felicità. Comunità di resistenza, comunità di rinascita. Introduzione: la libertà al tempo del contagio.* E' pieno della rabbia e della indignazione che provavo verso la totale passività sia del paese, sia del governo, sia della chiesa, sia del movimento verso la pandemia procurata, la guerra batteriologica che nessuno aveva il coraggio di chiamare con il suo nome. Proprio la situazione descritta da Camus. Spengo anche ogni fonte di informazione mediatica e mi isolo completamente, concentrandomi sullo studio e sulla meditazione. Ecco il testo:

"Mentre cammino per le strade vuote, per la mia passeggiata giornaliera, la città mi sembra un fantasma e mi fa venire in mente Orano, la città algerina contagiata dalla peste, di cui parla Camus. Siamo sotto attacco, duplice, anzi triplice. Il primo attacco è quello del virus. Occorre difendersi, fare prevenzione, ascoltare le indicazioni delle autorità, essere obbedienti, come ci dicono anche i nostri pastori ecclesiali, oltre che i medici. Fin qui siamo tutti d'accordo. Ma i problemi iniziano subito dopo. Quando, cioè, si comincia a pensare agli altri attacchi. Ho detto pensare, perché di parlarne con qualcuno è impossibile: il resto non esiste, c'è un blocco mentale automatico che impedisce di vedere gli altri due attacchi. Però, se non si dice la verità, se non si conosce la verità e non si giudica la realtà, partendo dall'esperienza di conoscenza che si fa, secondo me, non si può essere liberi, non si può essere felici.

Spesso, quando mi confronto con gli altri su problemi di attualità sono costretto a fare violenza verso me stesso, a censurare, a rimuovere una parte di me stesso: c'è sempre qualcosa negli altri che mi turba, mi lascia insoddisfatto, non dormo tranquillo, sono costretto a sezionarmi, a dilaniarmi, quasi se fossi da schizofrenico e talvolta sono frustrato perché devo reprimere una parte importante di me stesso. Mi sento come uno straniero, come un esiliato in mezzo a questa socialità umana che mi circonda, perché sento di essere portatore di una grande diversità, della mia unicità, alla quale non sono capace di rinunciare.

Ancora una volta mi viene in mente un altro libro di Camus: *La straniero*, l'estraneo agli altri e a se stesso, il solitario che non riesce ad integrarsi con il mondo che lo circonda. E mi sembra di essere un po' in quella situazione. La percezione di essere sotto attacco non solo del virus, ma anche di altri due tipi di contagio mi rende straniero e solo rispetto alle altre persone con cui condivido esperienze umane e cristiane. Ma è proibito parlare degli altri due attacchi, degli altri due contagi. E' un argomento tabù, che possiamo raggruppare in qualcuno dei grandi tipi di tabù di cui non si può mai discutere e su cui è proibito avere un pensiero libero, critico, che sono, secondo me:

1. il pensiero dominante sulla politica e le relazioni sociali;
2. il tabù riguardante la corporeità e il linguaggio del corpo, dell'eros e della libido;
3. il tabù riguardante la economia neoliberista, la truffa finanziaria globalizzata;
4. il tabù riguardante la scienza che ammette solo un tipo di modello standard e rende impossibile dissentire e avere conoscenze fuori da questo modello;
5. il tabù riguardante l'informazione, le notizie e la formazione di idee e opinioni: queste possono solo derivare da un'unica fonte e concordare con un modo di pensare politicamente corretto: il resto è tacciato di *fake news*.

Tabù, tabù, tabù, sempre tabù, cioè solitudine, sentirsi frastornati e confusi, dovere reprimere e trangugiare rospi tutto il giorno. La tentazione di rimuovere e censurare tutto è fortissima. Meglio ignorare, meglio fregarsene. Cosa puoi fare, del resto? Se provi a reagire diventi subito complottista e la gente ti guarda come se tu fossi il paziente zero del contagio, un portatore in-sano di mente del virus.

Il secondo tipo di attacco è dato dal fatto che il contagio è stato fatto partire come guerra batteriologica: mi riferisco agli interventi di Dezzani, di Quaglia e di Pamio che documentano in modo impressionante questo ennesimo episodio di guerra batteriologica (insieme alla mucca pazza, alla SARS, alla aviaria, alla suina, all'ebola). Il virus che ci contagia è prodotto in un laboratorio militare e l'attacco è stato programmato e pianificato scientificamente, come arma, come atto di guerra. Ma la gente non vuole credere a questo, non accetta di aprire gli occhi su questa realtà, non vuole sapere questa verità, perché si nasconde dietro una scientificità pura, perfetta e formale, per cui, finché non c'è la prova certa, non si accetta neanche lontanamente l'ipotesi dolosa del contagio. Per cui è sempre "il complottista" di turno che ha l'onere della prova. La gente reprime dentro di sé l'idea che i propri governanti siano cinici e capaci di queste nefandezze. I capi devono essere, per definizione, seri, corretti, giusti, devono essere fondamentalmente buoni, altrimenti il castello di tutto il sistema crolla: se esso ha una falla, anche piccola, crolla come una diga. Non si può ammettere che ci sia un'intenzione di tipo doloso, altrimenti la realtà diventa assurda: appunto, come ne *Il Castello* di Kafka. La gente si adatta alla assurdità. Ci convive e la accetta come normale anche la più mostruosa: come fa la famiglia di Gregor Samsa nelle *Metamorfosi* di Kafka. E' questo cinismo che si contagia: dal cinismo dei capi al cinismo della gente che accetta di convivere con la mostruosità facendo finta di niente, facendo finta che non esista e convincendosi che il re è vestito di un bellissimo vestito quando, in realtà, è nudo (il riferimento è, ovviamente, alla fiaba *I vestiti nuovi dell'imperatore* di Han Christian Andersen).

Il terzo tipo di contagio è quello mentale, lo psicopotere, ottenuto attraverso la paura. "Dalla contemplazione alla paura": è un bel paragrafo di un testo di Alberto Krali che riflette sul libro *Utopia* di Tommaso Moro. Siamo passati al dominio totale della paura, per cui le idee che ci formiamo, le emozioni che proviamo e, di conseguenza le relazioni interpersonali che instauriamo e le azioni che mettiamo in essere, sono tutte determinate dalla paura indotta dallo psicopotere e, dunque, noi reagiamo in piena dipendenza dal potere che ci domina. O, almeno, la massa. Ma, come dicevo, io mi trovo a disagio in questa situazione massificata e mi sento come Kafka, come Camus, come Pasolini, come Boccaccio, come Dezzani, come Pamio, come Quaglia, come Nietzsche, come loro o come i personaggi che hanno creato. Aggiungo anche san Paolo, san Giovanni evangelista, Gesù Cristo, in questa compagnia, perché, quando penso alla alternativa: o con la massa o da solo controcorrente, la mia scelta è chiara. Anche se solo, ma con la verità di me stesso, con la mia coscienza tranquilla, senza dovere mai censurare niente di me stesso.

Se gli altri sono sotto effetto di psicopotere, se hanno coscienza erronea, se sono dentro l'ideologia creata dal potere è un problema loro, anche se sono schiavi felici, ma io non posso fare a meno di seguire la mia coscienza, la mia strada verso la verità.

Questa solitudine è salute, mi salva dalla completa complicità che lo psicopotere riesce a ottenere dalle sue vittime. La cosa più importante quando c'è un contagio è salvarsi, non contagiarsi, da tutti i tipi di contagio, quello fisico, quello mentale e quello ideologico. Per questo io continuo a cercare la mia salvezza, la mia igiene mentale. E' questo l'egoismo sano di cui parlava Nietzsche. Se gli altri non affrontano mai i 5 tabù, se non con riferimenti del tutto astratti e generici, solamente retorici e formali, se gli altri accettano per paura o per essere promossi socialmente, di aderire alla ideologia dominante e di evitare i tabù sociali, io non ci sto: non mi sembra che tutto vada bene e non credo che "tutto andrà bene", come stanno cercando di convincermi. A me sembra che tutto vada malissimo e che tutto vada a catafascio. Certo, passo per catastrofista e complottista, anche agli occhi dei miei famigliari. Che ci posso fare? Io sono d'accordo con Francesco Neri, uno psicoterapeuta, nella sua analisi critica di ciò che sta succedendo e nella la sua proposta concreta: la creazione di comunità di resilienza come lui le chiama. Giustamente, come lui, non mi chiudo in me stesso: salvo me stesso, ma non mi chiudo, perché cerco di costruire comunità di resistenza, comunità di rinascita. E' contemporaneamente questo il modo giusto sia di salvarsi sia di non subire l'influsso dello psicopotere, che è molto subdolo e molto insidioso.

Un'ultima osservazione: Auguste Rodin, il grande scultore, parlava dei Greci in questo modo: "**Non fecero mai della menzogna un metodo**. Pieni di rispetto e d'amore per la Natura, la rappresentavano sempre come la vedevano. E in ogni occasione testimoniarono la loro profonda adorazione per la carne… Così si spiega l'enorme divario che separa l'arte greca dal falso ideale accademico… Mentre la vita anima e riscalda i muscoli palpitanti delle statue greche, gli inconsistenti manichini dell'arte accademica sono come avvolti dal gelo della morte" (*Rodin. Un grande scultore al tempo di Monet,* a cura di Marco Goldin, Linea d'Ombra 2018, pp. 72-74) Oggi sembra il contrario, oggi tutto sembra come "nei manichini inconsistenti dell'arte accademica": talmente tutto è falso, niente è sincero, niente è trasparente, tutto è sospeso nel dubbio, nell'incertezza, che la gente ci ha fatto totalmente l'abitudine. Convive letteralmente con l'ambiguità, al punto che non la percepisce più: basta che sia plausibile. Si fida della parola, basta che sia apparentemente legale, formale, scientifica. Basta che sia in apparenza scientifica, che abbia un velo di scientificità e crede a qualunque cosa dice il potere. Poi, però, dai dissenzianti, chiamati spregiativamente "complottisti", pretende la dimostrazione piena e totale: l'onere della prova spetta sempre al "complottista!. I nostri governanti possono fare quello che vogliono perché hanno la piena, totale e cieca fiducia del loro amatissimo popolo. Lo possono ingannare quanto vogliono il loro popolo, perché questo, guidato dai giornalisti e dagli intellettuali, crederà loro sempre e sarà sempre pienamente nelle sue mani, qualunque cosa gli faccia fare, anche se subisce i crimini più efferati sotto i suoi occhi. Ma abbiamo bisogno di altre prove? Ma non è sotto i nostri occhi quello che accade? No, la finestra di Overton e la tattica della "rana bollita" fanno abituare, assuefare il popolo che si trova nel calderone bollente quando è ormai troppo tardi. Francesco Neri, nei suoi libri e corsi di resistenza al potere, descrive magnificamente la situazione che ci domina e propone la sua contro-strategia: creare comunità di resilienza, come sta facendo con il suo progetto denominato "FacilitAscolto". In qualche modo intendo prenderlo come modello, insieme a Mauro Scardovelli che ha fondato Aleph e il gruppo di studiosi di diritto della Costituzione, mettendo assieme diversi studiosi che sono persone libere dallo psicopotere.

"Attualmente l'economia mondiale è la più alta espressione del crimine organizzato: ventisei persone hanno accumulato la stessa ricchezza della metà fra le persone più povere del pianeta ed è facile, per pochi individui, mettersi d'accordo e dirigere le danze da dietro le quinte possedendo i mezzi di comunicazione di massa e denaro illimitato. La domanda, però, sorge spontanea: possibile che questi poteri occulti non si rendano conto che stanno distruggendo il pianeta? Non pensano ai loro figli o nipoti? Facendo del sarcasmo si potrebbe ipotizzare che pensino di poter emigrare su un asteroide in futuro, ma al momento stanno imponendo un'architettura sociale basata sulla competizione, invece che sulla cooperazione; sulla concorrenza, invece che sulla convivenza. Vengono premiate le qualità antiumane, invece che quelle umane. Appare immutabile la realtà in cui siamo immersi, il mondo in cui viviamo, globalizzato e finanziarizzato, in cui sembra essersi smarrito il potere decisionale delle persone, soverchiato dallo stra-potere economico delle multinazionali. Ma è davvero così? Forse i giornali e le televisioni non ne parleranno, decisi a convincerci che *"there is no alternative"*, che non c'è alternativa, come proclamato da Margaret Thatcher già negli anni '80.

Sempre più persone, invece, da tempo riflettono sull'insoddisfazione indotta da questo stile di vita, e propongono anche soluzioni come testimoniano canali dedicati all'informazione libera, come Byoblu. Nell'ultimo incontro, parte del ciclo di lezioni sulla "Macroeconomia dell'anima", proposto dall'associazione FacilitAscolto, Francesco Neri proponeva la "resilienza delle comunità" come metodo per sfuggire ai *diktat* imposti dall'alto e con esempi lampanti scovava la chiave di volta per far comprendere facilmente tutte le contraddizioni che sfuggono alla comprensione consapevole, ma che invece inconsciamente tutti percepiamo. Basta rifletterci: che senso ha pagare pochissimo un pomodoro che è pieno di sostanze chimiche dannose per l'organismo e che fra qualche anno farà spendere tutti i propri risparmi in medicine? E, di nuovo, ci si ritrova a chiedersi: come possiamo cambiare una realtà che non ci soddisfa, per di più controllata da oscuri criminali potentissimi? Francesco Neri propone altri esempi controintuitivi, ma di nuovo solo in apparenza, perché la verità è elegante e quando la ascolti è facile riconoscerla". (Fonte web: GLI ANTIUMANI COMANDANO IL MONDO - Francesco Neri - https://www.youtube.com/watch?v=YT-ozSWPiH4)

Fare comunità di resistenza è la conseguenza di una decisione per l'esistenza, di una decisione fondamentale per la propria sopravvivenza, per la propria salvezza. Salvarsi è la prima cosa che bisogna fare, proprio per il bene degli altri. Il sacro egoismo che prima salvaguarda che ci sia una persona umana autentica vera, almeno sulla terra e poi si può cominciare a prodigarsi per gli altri. Bisogna che ci sia una persona vera se si vuole che ci sia anche una autentica carità e cura degli altri, altrimenti la cura per gli altri è un altro contagio, un'ulteriore trasmissione di una infezione interiore. In una novella di Buzzati inclusa nella *Boutique del mistero,* intitolata *La fine del mondo,* si narra di un sacerdote che si prodiga, nella imminenza della fine del mondo, a confessare tutti i peccati della gente e a tal punto si dedica agli altri che dimentica di andarsi lui stesso a confessare, così che la fine del mondo lo coglie impreparato. In realtà la sua abnegazione deriva dalla sua purezza d'animo e in questa verità i suoi peccati sono già stati perdonati: il sacerdote è già dentro il progetto originario. Ma la novella è valida come avvertimento per pensare prima di essere noi nel progetto originario e poi prenderci cura degli altri come conseguenza e traboccamento del progetto originario che sovrabbonda in noi e per questo si riversa sugli altri. Quindi, questo è il sacro egoismo, il vero e sano egoismo: prima preoccuparsi di salvare e di preservare il progetto originario in noi stessi e solo successivamente (non necessariamente in senso cronologico, le due cose possono essere anche simultanee dal punto di vista temporale) dedicarsi alla cura degli altri. In realtà, mi sembra che tanta parte della dedizione agli altri avvenga piuttosto sotto l'influsso di un potere sociale, di una moda, di un pensiero dominante politicamente corretto, frutto di una esteriorità farisaica tanto condannata da Cristo. Lo si percepisce da tanti piccoli segni, non ultimo il moralismo e il formalismo di cui sono intrisi questi gesti di finta solidarietà, espressione di una ideologia al potere che domina le coscienze.

La necessità di creare comunità di resistenza, oltre alla:
1. sopravvivenza personale del progetto originario in almeno una o più persone, è richiesta da altri cinque fondamentali fattori che sono:
2. la salvaguardia della diversità e della unicità contro la "Grande Omologazione" (Pasolini),
3. la rivalutazione della solitudine e della quiete come antidoto al conformismo e alla massificazione,
4. la salvezza e la sopravvivenza del pensiero critico,
5. il mantenimento dell'esistenza della certezza morale in un mondo dominato dall'impero del pensiero scientistico e dalla religione della tecnologia,
6. l'individuazione dell'esistenza di un nemico che opera con un progetto ostile e con una strategia nociva nei confronti di chi ha un pensiero e una esistenza originaria".

Il 24 marzo, un mese dopo l'inizio della quarantena, cominciano ad arrivare, dopo le sollecitazioni e gli inviti ai miei studenti a scrivere attorno agli stati d'animo, alle emozioni e alle riflessioni che la quarantena produceva in essi, le prime lettere: Giulia, per prima e poi via via tutte le altre: Camilla, Eleonora, Emma, Francesca, Benedetta, Rossella, Silvia, Martina, Greta. La comunità di rinascita decolla senza neanche accorgersene, senza che ci sia bisogno di organizzare nulla. Ora che la filosofia della quarantena è già stata elaborata, si tratta solo di metterla dentro un libro, della cui redazione questa è la lettera di annuncio alle ragazze del *club*:

"Alle studentesse che hanno contribuito alla filosofia della quarantena, vi scrivo perché i materiali per la pubblicazione del libro della comunità di resistenza e di rinascita spirituale sono pronti. Avete fatto una impresa grandiosa: durante la quarantena avete realizzato, senza accorgervi, una rivoluzione. Avete messo il vostro io al centro di tutto, al posto della paura, al posto della *matrix*, che non è altro che, come nel film omonimo, il sistema di potere sociale in cui siamo tutti imbozzolati e che vuole risucchiare le nostre energie vitali. Avete fatto di voi stesse il laboratorio per far nascere l'antidoto allo *psicovirus* che ha contagiato 70 milioni di italiani. Lo avete creato e adesso possiamo metterne a punto la formula, così che chi vuole possa usufruirne. Io sono onorato di avere contribuito alla messa a punto di questa specie di "vaccino" *anti-psicovirus*. L'ho fatto confrontando la vostra esperienza personale che venivate enucleando e comunicando, con tanti esempi presenti nella storia dell'umanità, di tentativi di costruire questa comunità di resistenza e di rinascita spirituale, come Socrate, Gesù, Nietzsche, gli eremiti delle isole Solovki. Mi sono accorto che nella vostra esperienza considerata collettivamente, in vibrazione quantistica (si chiama, in termini di fisica quantistica, "sovrapposizione di funzione d'onda"), si ricreava la esperienza di tante comunità di rinascita e di resistenza alla *matrix* che hanno fatto nascere quello che di nuovo e di autenticamente umano esiste nell'umanità.

Quando più individui risuonano in sintonia tra loro, creano un evento che è più potente delle loro stesse energie semplicemente sommate tra di loro. Creano un organismo collettivo che, rifiutando di farsi risucchiare dalla *matrix*, dà origine al miracolo della rinascita del progetto originario qui ed ora. Lo fanno attraverso una concezione nuova del tempo e dell'energia che non sono più cose esoteriche ed inconoscibili, ma sono frutto della elevazione della coscienza e della dilatazione dell'io fino ai confini del cosmo e della natura di cui molte lettere hanno parlato. Il tempo e l'energia non sono quello che il linguaggio comune ci fa credere, ma sono, con il supporto delle scoperte delle nuove scienze (tra cui la fisica quantistica applicata alla biologia, alle neuroscienze e alla scienza delle emozioni), le modalità in cui si esplica e si manifesta la potenza della Mente Grande presente in tutti quelli che ne sono coscienti e la esercitano, come siete tutte voi che avete scritto queste lettere. Questa è la grandiosa impresa che avete compiuto: adesso si tratta di prenderne consapevolezza. Propongo un percorso in tre tappe: 1. un incontro *online* di focalizzazione dei temi della pubblicazione e dei criteri di redazione; 2. una esposizione collettiva della filosofia della quarantena alla Summer

School *online* che si svolgerà dal 2 al 5 settembre 2020; 3. la redazione definitiva del libro. Spero di avervi tutte, nei limiti delle vostre disponibilità ed intenti, nel *club* di persone speciali che vogliono portare avanti il progetto e le sperimentazioni delle comunità di resistenza e di rinascita. Un abbraccio quantico".

Capitolo sesto

La disobbedienza suprema:

il capitolo sesto del vangelo di san Giovanni

Proseguiamo con la descrizione dei più fulgidi esempi di disobbedienza alla *matrix* e di ricerca del progetto originario dell'io. Uno dei più potenti è il vangelo di Giovanni. Nel vangelo di Giovanni è contenuto un manuale di ricerca del progetto originario dell'io. Esso è descritto in forma criptata perché la *matrix* del tempo non permetteva di sviluppare programmi di sviluppo dell'io al di fuori del proprio controllo. Il vangelo di Giovanni è un manuale criptato anche per la stessa *matrix* cristiana ed ecclesiastica che andrà a gestire la grande massa dei discepoli di Gesù ma che li porta fuori strada, inesorabilmente, cioè dalla parte del progetto privato. Riprendere in mano il vangelo di Giovanni, attraverso la chiave di decriptazione, significa esplorare il più potente progetto di sviluppo dell'io fuori della *matrix*, cioè secondo il progetto originario. Il vangelo di Giovanni è tutto incentrato su Gesù e su cosa significa essere suoi discepoli. Ciò significa che, cosa molto pericolosa in quella situazione storica, ci si contrapponeva alla tradizione ebraica: Gesù è un ebreo disobbediente che supera e contesta la tradizione ebraica. Il vangelo di Giovanni descrive questa contestazione in modo aperto, ma sviluppa la nuova via in modo criptato: cioè, appare che Gesù è in conflitto con i giudei, ma non si capisce bene in cosa consista la sua alternativa. Tale alternativa è presentata, di solito, in modo così sdolcinato che diventa inconcepibile sia la violenza con cui Gesù ha criticato la tradizione sia la ferocia con cui questa ha perseguitato

Gesù e i suoi discepoli. Questo addolcimento è spiegabile con il fatto che dopo tre secoli i discepoli di Gesù sono diventati parte della *matrix*. Ma al tempo di Gesù lo scontro era totale. Essendo lo scontro tra Gesù e la *matrix* ebraica totale, Gesù ha dovuto elaborare per i suoi discepoli un linguaggio nuovo, che fosse del tutto estraneo, diverso e innovativo rispetto a quello della *matrix* ebraica e poi, successivamente, i suoi discepoli hanno dovuto fissare questo linguaggio in testi (Gesù non scrisse nulla) che fossero fuori del condizionamento mentale che imponeva il linguaggio della *matrix*. Quindi, sia Gesù che i suoi discepoli dovettero criptare, con un nuovo linguaggio, il percorso di ricerca del progetto originario che si contrapponeva in modo così radicale al progetto privato della *matrix* ebraica e di quella che si stava formando all'interno della istituzione dei discepoli di Gesù, che tendeva inevitabilmente ad assumere alcune caratteristiche della *matrix*.

Igor Sibaldi, in alcune sue conversazioni, ci aiuta a capire questa gigantesca operazione che è avvenuta con Gesù e i suoi discepoli. Innanzitutto, Sibaldi ricorda che la Bibbia non è un libro storico, se non a partire dall'esodo del popolo ebraico dall'Egitto ad opera di Mosè. Nei libri precedenti della Bibbia non dobbiamo cercare fatti storici, ma una specie di manuale di ricerca del progetto originario di come si ri-costruisce l'io e il suo mondo. La creazione del mondo da parte di Dio (i sei giorni della creazione) non va intesa in senso letterale, cioè come è avvenuta effettivamente la creazione, ma come il manuale di costruzione dell'io e del suo mondo in termini criptati e simbolici: "Il primo capitolo della *Genesi* è un manuale di istruzioni, non è una cronaca, ma è un: "Sentimi: per fare esistere un mondo, si fa così". La Bibbia è: "Si fa così, un mondo si crea così". Però non è dire: "lui ha fatto così e tu inginocchiati, bastardo", ma è: "hai capito come? Adesso fallo tu da te". E la *Genesi* lo dice sottolineando: prima la luce, non le parole. Però lui dice una parola! Sì, fa quel capolavoro lì. Con una parola fa esistere il contrario della parola. La parola limita, la luce rivela. Non per niente è Dio, è esperto. Però tu puoi fare lo stesso. Tu puoi dire: "senti, adesso ho capito il trucco. Mi fanno esistere solo il mondo delle parole, però non è il mondo che percepisco io. Per me esiste un mondo più grande di questo e le parole sono solo dei mezzi limitati per esprimere quello che percepisco. L'intuizione non è dentro le parole. L'intuizione è un atto di magia nel senso di spiegabile". (Fonte: Youtube "Intuizione e Attenzione (I parte) di Igor Sibaldi. Roma 10-12-2015") (https://www.youtube.com/watch?v=EwWQ40y_Pt0)

Innanzitutto, Sibaldi dice che la Bibbia è un codice cifrato, almeno nella sua parte pre-storica, che fa capire il progetto originario dell'io e del mondo-realtà e che, attribuendolo a Dio, sottintende che il discepolo può imparare come fare per creare il suo io e il suo mondo secondo il progetto originario. Ricordo che la luce è il simbolo della conoscenza secondo l'intento originario, di come le cose sono nel progetto originario; mentre la parola è il linguaggio degli uomini, che tendono ad imprigionare il progetto originario secondo gli schemi per progetto privato. Dunque, la parola è il linguaggio della *matrix*, sostanzialmente, che imprigiona la mente nei significati ammessi secondo la convenienza della *matrix*.

Il vangelo di Giovanni si concepisce come la contestazione del linguaggio che la *matrix* ebraica ha creato per imprigionare le menti del popolo, utilizzando quello della Bibbia, ma manipolandolo secondo gli interessi del proprio progetto privato. Gesù ha fatto questa gigantesca operazione, Giovanni la ha messa per iscritto. Ovviamente, sia Gesù che Giovanni hanno usato un linguaggio criptato. Ce lo spiega ancora Sibaldi: quando Gesù parla di se stesso e delle cose che riguardano il suo Padre, intende sempre non il proprio io fenomenico che appare visibilmente, ma proprio questo progetto originario che è stato usurpato dalla *matrix* ebraica, deformando il linguaggio biblico. Per ripristinare questo progetto originario occorre un nuovo linguaggio per sfuggire al controllo che la *matrix* ebraica esercita, attraverso il linguaggio della *Bibbia*, deformato e manipolato per il suo uso e consumo.

Quando Gesù parla usa sempre questo linguaggio codificato che intende se stesso come immensa metafora e simbolo del progetto originario (le cose del Padre mio) che egli è venuto a ripristinare: "*Atman* e *atman limitato* sono due cose che in occidente non ci sono. Uno che ne parla è il vangelo di Giovanni, soprattutto Gesù, il protagonista, spesso fa pubblicità al suo io. "Io sono la via, la verità, la vita". "Attraverso di me si arriva al Padre". "Io e il Padre siamo una cosa sola". Dice frasi di questo tipo. Dicendo "io" non intendeva il figlio del falegname di Nazareth. Parlando di "io" a quel tempo (Gesù abitava in un posto in cui c'era vicino il porto di Aqaba che era da secoli in contatto con l'India, Gesù parlava ad un pubblico che le capiva queste cose, poi se ne è capito sempre meno). Il più delle volte nei vangeli, quando Gesù dice "io" non parla di sé, non parla dell'io visibile, parla di un Io più grande di quello. "Io sono la via, la verità, la vita": non sta dicendo "Io, Gesù, figlio del falegname Giuseppe…" Quello non è che l'io che tu vedi, quello che tu pensi di me, ma dire "Io sono la via, la verità, la vita", significa che ognuno di noi dentro ha un altro io più grande. Purtroppo, in occidente non c'è il termine per indicarlo. In India questo termine esiste da sempre. *Atman* è il tuo vero Io Grande che tu sei, però che non si vede (esiste). Dentro di te ci sono talenti che non si vedono fuori". (Igor Sibaldi, *Gestione dei sentimenti 1*, dal minuto 10.16 ss) (Harmonia Mundi Presenta: Igor Sibaldi - La Gestione dei Sentimenti - Conferenza (I° Parte) (https://www.youtube.com/watch?v=k9qawt6iA-4)

Il vangelo di Giovanni, dunque, quando parla di Gesù, parla sempre del progetto originario che Gesù è venuto a ripristinare e ne parla con un nuovo linguaggio che contesta e sostituisce quello della *matrix* giudaica. E' un linguaggio biblico, certo, ma che cambia di segno tutto quello che dice: quel linguaggio era stato deformato dalla *matrix*, quello di Gesù ripristina il progetto originario. Giovanni dichiara perentoriamente il suo intento nel prologo che, in modo clamoroso, è tutto imperniato sul linguaggio della *Genesi*, cambiato di segno. Giovanni dice che quella parola, che poi è diventata legge per gli ebrei, era in realtà una luce e una vita. Giovanni sottolinea che quella Parola non si è incarnata nella legge, bensì da quella parola si è originato il mondo e, subito dopo, la vita e questa vita era la luce (cioè la conoscenza) degli uomini. Infine, ci fu un precursore, Giovanni il Battista, che anticipò Gesù, il quale è la incarnazione di quella parola venuta per ricordare agli uomini il vero percorso (che è: parola – mondo – vita – luce – conoscenza degli uomini) (e non parola – mondo – legge, come affermata dalla interpretazione linguistica della *matrix* ebraica); e questo perché gli uomini avevano rifiutato la luce, cioè la vera conoscenza: "le tenebre l'hanno rifiutata" (e sta parlando della *matrix* ebraica prima di Gesù).

Una volta compreso questo, possiamo passare al capitolo sesto che è la dichiarazione di guerra alla *matrix* ebraica fatta con il linguaggio criptato del progetto originario. La situazione è la seguente: Gesù è circondato da una folla immensa (si parla di diverse migliaia di persone) in riva al Lago di Tiberiade. Gesù usa spesso la barca, sia per gli spostamenti, sia per la predicazione, perché è veramente assillato fisicamente dalla folla. L'altro problema fondamentale, di tipo logistico, è il cibo: spesso quella folla è così povera, così sprovveduta e così presa dal messaggio entusiasmante di Gesù, che si dimentica di portare con sé il cibo. Gesù interviene con la distribuzione miracolosa di cibo (quasi) inesistente: poco pane e poco pesce riescono a sfamare migliaia di persone. Saziato lo stomaco, Gesù non perde l'occasione di spiegare, secondo il suo linguaggio criptato, cosa è venuto a fare, cioè la grande rivoluzione contro la *matrix* e a ripristinare il progetto originario sull'io e sulla vita. Ottenuta l'attenzione con l'interesse materiale, subito Gesù approfitta per introdurre il suo messaggio profondo, nascosto all'interno di un linguaggio simbolico che va decodificato. Naturalmente, molti termini di questo linguaggio vanno compresi come simboli di un percorso di ripresa del progetto originario e non vanno presi letteralmente, altrimenti risultano incomprensibili ed assurdi. Questo perché Gesù deve liberare la mente dalla prigione in cui l'ha confinata la *matrix* con il suo linguaggio deformato e piegato al proprio interesse privato.

Allora, propongo una vera e propria "traduzione" del sesto capitolo del vangelo di Giovanni in questo linguaggio nuovo del progetto originario che decodifica il linguaggio criptato che Gesù ha usato e che Giovanni ha riportato nel suo testo. Ho pensato di "tradurre" il linguaggio arcaico di Giovanni nel nostro linguaggio perché, altrimenti, quel messaggio rimarrebbe incomprensibile. Allora ho deciso di procedere in questo modo:

1. parto con la trascrizione, versetto per versetto, del Vangelo di Giovanni; queste frasi occupano tutta la pagina, come avviene normalmente.

2. Nella colonna sottostante questi versetti appariranno "tradotti" nel nostro linguaggio; essi compariranno incolonnati a sinistra se sono frasi che appartengono al linguaggio del progetto originario che Gesù condivide con il Padre e che vuole rivelare a noi;

3. invece, se queste frasi esprimono il mondo del progetto privato, compariranno incolonnate a destra.

Ho pensato di optare per questa scelta grafica per far comprendere che sono due linguaggi e due progetti opposti (quello del progetto originario di Gesù e quello del progetto privato dei Farisei) che si scontrano, si interfacciano e si contrappongono e la cui traccia storica è stata trasmessa a noi all'interno dello stesso vangelo di Giovanni.

[26] Gesù rispose loro: In verità in verità io vi dico: voi mi cercate non perché avete visto dei segni, ma perché avete mangiato di quei pani e vi siete saziati.

In verità, in verità io vi dico: voi cercate in me il progetto originario non perché avete interpretato il suo linguaggio nei segni che io faccio, ma perché avete soddisfatto un bisogno economico e materiale, avete soddisfatto un bisogno privato.

[27] Datevi da fare non per il cibo che non dura, ma per il cibo che rimane per la vita eterna e che il Figlio dell'uomo vi darà. Perché su di lui il Padre, Dio, ha messo il suo sigillo».

Impegnate il vostro agire non per gli interessi materiali che non nutrono il vostro Io Grande, ma per quell'alimento spirituale che nutre il vostro Uomo Nuovo che sta al di là del tempo misurabile e che il Progetto Originario stesso susciterà in voi tramite me, che sono il Progetto Originario visibile per sua stessa attestazione giuridica.

[28] Gli dissero allora: Che cosa dobbiamo compiere per fare le opere di Dio?

[29] Gesù rispose loro: «Questa è l'opera di Dio: che crediate in colui che egli ha mandato».

Cercare il Progetto Originario è cercarlo in quello che faccio imparando da me perché io sono stato incaricato di indicare la strada verso il Progetto Originario.

[30]Allora gli dissero: "Quale segno tu compi perché vediamo e ti crediamo? Quale opera fai?

Allora, quale linguaggio dobbiamo adottare perché possiamo capire il Progetto Originario che c'è in te e farlo nostro? Quale è il tuo linguaggio nuovo?

[31]I nostri padri hanno mangiato la manna nel deserto, come sta scritto: Diede loro da mangiare un pane dal cielo.

Nella religione che pratichiamo ci è stato insegnato di affidarci alla autorità religiosa, la quale ci avrebbe alimentato con il nutrimento dell'io piccolo, dentro il contesto delle convenzioni sociali. Noi pensavamo che fosse questa la funzione della religione e che questo costituisse il Progetto Originario.

[32]Rispose loro Gesù: «In verità, in verità io vi dico: non è Mosè che vi ha dato il pane dal cielo, ma è il Padre mio che vi dà il pane dal cielo, quello vero.

Assolutamente no! Vi dico in modo assoluto e definitivo che quella autorità religiosa non vi ha mostrato minimamente il Progetto Originario, vi ha ingannato e lo ha sostituito con il suo progetto privato per dominarvi. L'unica cosa che può guidarvi al Progetto Originario è seguire la strada ed interpretare il linguaggio che il Progetto Originario stesso ha messo in voi e che continuamente nutre il vostro Io Grande

Voi e che continuamente nutre il
vostro Io Grande

[33]Infatti il pane di Dio è colui che discende dal cielo e dà la vita al mondo

Infatti, il linguaggio del Progetto
Originario che permette al vostro
Io Grande di nutrirsi di
conoscenza e di elevarsi, voi lo
potete trovare completamente in
me perché io sono una
manifestazione di quel Progetto
Originario e posso permettervi di
elevarvi e di salvarvi dal potere
privato che vi toglie la libertà e la
felicità nel vostro vivere.

[34]Allora gli dissero: Signore, dacci sempre questo pane.

Allora facci conoscere questo
linguaggio che ci permetta di
liberarci dal progetto privato.

[35]Gesù rispose loro: «Io sono il pane della vita; chi viene a me non avrà
fame e chi crede in me non avrà sete, mai!

Dovete semplicemente aprire gli
occhi su di me, perché io sono
quel linguaggio che alimenta
quell'Io Grande e chi si eleva a
questo linguaggio non cade più
nell'ambiguità delle parole che
usa il potere e non subirà più il
controllo della matrix del
progetto privato. Chi fa così è
completamente libero.

[36]Vi ho detto però che voi mi avete visto, eppure non credete

Alcuni di voi hanno cominciato a meditare e ad elevarsi al Progetto Originario tramite il linguaggio che vi sto insegnando, eppure siete ancora sotto l'influsso del potere e non avete ancora deciso di adottare il linguaggio del Progetto Originario e non vi siete ancora liberati.

[37]Tutto ciò che il Padre mi dà, verrà a me: colui che viene a me, io non lo caccerò fuori,

Il linguaggio del Progetto Originario vi può veramente liberare dal progetto privato e farvi essere veramente quell'Io Grande che eravate in origine e che è nel Progetto Futuro. Se qualcuno si eleva, scoprirà sicuramente questo Io Grande e si libererà. Realizzerà sicuramente il suo progetto di vita in armonia con il Progetto Originario.

[38]perché sono disceso dal cielo non per fare la mia volontà, ma la volontà di colui che mi ha mandato.

Il mio linguaggio non è espressione di un progetto privato, non è strumento del potere, ma è espressione dell'Io Grande che abita nel Progetto Originario, che è nell'Ideale Futuro di Uomo. E questo è il senso della mia presenza qui tra voi e della missione che così svolgo.

[39]E questa è la volontà di colui che mi ha mandato: che io non perda nulla di quanto egli mi ha dato, ma che lo risusciti nell'ultimo giorno.

Questo è esattamente il Progetto Originario: che io vi aiuti a dare ad ogni parola il senso originario che essa aveva all'inizio e che è stato manipolato dal potere. E' esattamente in questo che consiste la rinascita spirituale che avrete alla fine del percorso, del viaggio iniziatico che avete cominciato quando mi avete incontrato. Cioè la liberazione dal potere del progetto privato. E' sbagliato pensare che questo percorso iniziatico duri tutta la vita, come pure che continui dopo la morte. Questo percorso iniziatico per impadronirsi del linguaggio del Progetto Originario ha un inizio ben preciso ed una conclusione ben precisa ed una volta che questo è avvenuto (l'ultimo giorno) voi avrete pienamente acquisito il linguaggio del Progetto Originario che vi permette di accedere all'Io Grande sempre, ogni volta che vi serve e che vi permette di essere liberi totalmente dal potere del progetto privato.

[40]Questa infatti è la volontà del Padre mio: che chiunque vede il Figlio e crede in lui abbia la vita eterna; e io lo risusciterò nell'ultimo giorno».

Infatti, il Progetto Originario ha il suo linguaggio e io sono quel linguaggio (VERBO – PAROLA) con cui è stato fatto tutto: dunque, sono io il senso originario di ogni cosa. Chiunque accede a questo linguaggio, accede al senso originario del cosmo con cui è stata fatta ogni cosa ed accede all'Energia originaria che è stata messa in ogni cosa (LUCE e VITA). Alla fine del percorso iniziatico, voi riceverete la chiave definitiva della rinascita spirituale per accedere all'Io Grande del Progetto Originario e potrete godere pienamente della realizzazione dell'UOMO FUTURO.

[41]Allora i Giudei si misero a mormorare contro di lui perché aveva detto: «Io sono il pane disceso dal cielo».

Allora i capi politici e religiosi cominciarono ad opporsi ideologicamente a questo linguaggio ed a creare l'ideologia del progetto privato ("mormorare contro di lui") perché aveva messo in discussione il potere religioso e politico della casta sacerdotale al potere, custode del linguaggio che aveva oscurato il Progetto Originario e l'aveva deformato al servizio e agli scopi del suo potere privato. Vedevano chiaramente che egli metteva in discussione la loro ideologia ("io sono il pane disceso dal cielo" contrapposto alla manna, il pane dei padri dell'esodo, cioè il loro cibo intellettuale).

[42]E dicevano: «Costui non è forse Gesù, il figlio di Giuseppe? Di lui non conosciamo il padre e la madre? Come dunque può dire: "Sono disceso dal cielo"?».

E in cosa consiste questa ideologia? Lui non è portatore di un linguaggio nuovo, ma è definito dal suo NOME, COGNOME, PARENTELA,

PROFESSIONE E STORIA PASSATA, cioè la sua Carta di Identità Sociale, il suo "vestito sociale" che lo definisce completamente e che è gestito dal potere sociale. Cioè il suo io piccolo è l'unico che esiste e che deve sottomettersi al potere sociale che noi gestiamo e che si manifesta attraverso il linguaggio e il senso che noi diamo alle parole e che esclude che ci sia un Io Grande e un Progetto Originario ("un pane disceso dal cielo").

[43]Gesù rispose loro: «Non mormorate tra voi.

Non create un linguaggio confuso che dia il senso che voi volete secondo gli interessi del vostro potere privato. Non create un'ideologia che distolga dal linguaggio del Progetto Originario.

[44]Nessuno può venire a me, se non lo attira il Padre che mi ha mandato; e io lo risusciterò nell'ultimo giorno.

Nessuno può sfuggire alla vostra ideologia ed entrare nel logos del Progetto Originario se non per osmosi ed emanazione del Progetto Originario stesso che la ha diffusa nel cosmo e di cui io sono una emanazione. Alla fine del percorso iniziatico vi sarete liberati completamente della mentalità del progetto privato ed avrete un linguaggio completamente rinnovato e vedrete le cose dal punto di vista del Progetto Origina-

Rio sempre e non ci sarà ricaduta
("rinascita nell'ultimo giorno")

[45] Sta scritto nei profeti: E tutti saranno istruiti da Dio. Chiunque ha ascoltato il Padre e ha imparato da lui, viene a me.

Nella Sacra Scrittura (nel linguaggio scritto del Progetto Originario) si dice che la Parola-Verbo stesso sostituirà la ideologia del potere e voi riceverete un nuovo modo di pensare e ragionare che coincide con l'Io Grande del Progetto Originario a cui venite introdotti in questo corso di iniziazione attraverso di me, che io vi faccio perché io sono quel linguaggio originario stesso, ed alla fine penserete in questo modo.

[46]Non perché qualcuno abbia visto il Padre; solo colui che viene da Dio ha visto il Padre.

Il linguaggio originario lo apprendete da me che sono quel linguaggio e io ve lo trasmetto. Io sono il tramite verso il Progetto Originario Futuro che avverrà appena concluso il percorso iniziatico. Non è necessario morire ("vedere il Padre"), basta solo fare morire in sé l'io vecchio (l'ideologia) dominato dal potere e lasciare vivere l'io nuovo con il nuovo linguaggio originario che io vi ho portato.

[47]In verità, in verità io vi dico: chi crede ha la vita eterna.

Questo percorso che ho iniziato con voi da tre anni e che si concluderà tra poco è il linguaggio vero e definitivo che va a sostituire la ideologia dell'élite al potere. Chi fa entrare dentro di sé questo linguaggio nuovo sarà liberato dalla ideologia del potere ed avrà nella sua Mente Grande il senso originario in cui consiste il mondo (Il Verbo – Logos - Parola con cui è stato fatto il mondo), avrà nella sua mente il Progetto Originario di tutto.

[48]Io sono il pane della vita.

Io sono questo linguaggio originario che alimenta la vita del vostro Io Grande e che dà energia al vostro corpo, alimenta la vostra psiche e nutre la vostra emozionalità e relazionalità ("vita"). Il mio linguaggio è il principio vitale nuovo (originario) presente in voi stessi.

[49]I vostri padri hanno mangiato la manna nel deserto e sono morti;

La vostra religione detenuta dall'élite ("i vostri padri") è un potere opprimente che vi ruba, vi sottrae e vi risucchia le vostre energie vitali che voi ricevete dal Progetto Originario. La élite sacerdotale vi alimenta continuamente di idee e parole che sono artificiali e non riflettono il Progetto Originario e danno un senso distorto di quel Progetto. Non sono in grado di dare energia, ma la tolgono, vi ipnotizzano e vi rendono sedati e sottomessi. Quel linguaggio ideologico che hanno diffuso e sviluppato ha disorientato nella confusione (deserto) i vostri antenati ed ha tolto loro l'energia e la comprensione ("sono morti"), li ha privati della loro forza vitale per cui ora sono totalmente sottomessi.

[50]questo è il pane che discende dal cielo, perché chi ne mangia non muoia.

Il mio linguaggio è quello che, invece di togliere energia, la dona in abbondanza e chi si alimenta a questo linguaggio avrà sempre più energia e la rinascita spirituale in lui sarà sempre alimentata.

[51] Io sono il pane vivo, disceso dal cielo. Se uno mangia di questo pane vivrà in eterno e il pane che io darò è la mia carne per la vita del mondo».

Io stesso sono questo linguaggio originario che porta al Progetto Originario ("disceso dal cielo"). Se ti connetti a questo linguaggio avrai una energia ed una sapienza (comprensione) infinita e senza limiti di tempo e di spazio. Questo accade perché io stesso sono la manifestazione concreta (materiale, carnale, dentro lo spazio e il tempo), biologica (carne) di questo linguaggio originario. E io sono a totale disposizione, mi offro in piena e totale accessibilità con questo linguaggio a chi vorrà attingervi.

[52]Allora i Giudei si misero a discutere aspramente fra loro: «Come può costui darci la sua carne da mangiare?».

Allora l'élite religiosa dominante si mise a discutere aspramente al suo interno (cioè con acrimonia ed odio) dicendo: come può costui pretendere di abolire il nostro linguaggio (che è la base del nostro potere) e sostituirlo con il suo che pretende di essere quello originario? (il pane e la carne di cui si parla sono il senso delle parole)

[53]Gesù disse loro: «In verità, in verità io vi dico: se non mangiate la carne del Figlio dell'uomo e non bevete il suo sangue, non avete in voi la vita.

Vi dico in modo solenne e definitivo: ci può essere solo il linguaggio autentico che dà energia, che dà il senso vero originario alle cose e che alimenta (è pane/cibo) La Mente Grande. Gli altri linguaggi sono quelli del potere. Questa è l'unica via di liberazione dall'ipnosi mentale del potere dominante. E' l'unico modo per nutrire la mente ed alimentare l'Io Grande.

[54]Chi mangia la mia carne e beve il mio sangue ha la vita eterna e io lo risusciterò nell'ultimo giorno.

Per sostenere questa profezia (linguaggio vero per il futuro) io sto per istituire un rito che rappresenta simbolicamente e sinteticamente questo percorso iniziatico di rinascita spirituale e di metanoia (un cambiamento di linguaggio e di mentalità). Un rito in cui, insieme ai significati originari, attingerete costantemente alla energia vitale ("vita eterna") ed all'amore che mi costituisce: parlo del PANE SUPERSOSTANZIALE che sono io stesso come linguaggio originario, non astratto ma concreto e reale che costituisce il vostro alimento costante per accedere alla rinascita spirituale, all'Io Grande ed alla energia del Progetto Originario.

[55]Perché la mia carne è vero cibo e il mio sangue vera bevanda.

Il mio linguaggio è il vero alimento di questo Io Grande.

[56]Chi mangia la mia carne e beve il mio sangue rimane in me e io in lui.

Chi nutre la sua Mente Grande con questo linguaggio può entrare permanentemente nel Progetto Originario. Lo può fare facilmente come si entra a casa propria ("rimane in me").

[57]Come il Padre, che ha la vita, ha mandato me e io vivo per il Padre, così anche colui che mangia me vivrà per me.
Il Progetto Originario, che è il senso, il significato e l'energia della vita che espande la vita nel cosmo, ha generato un linguaggio (Verbo, Parola) con cui ha creato tutto e si è manifestato attraverso questo linguaggio. Io che sono questo linguaggio ho senso, significato e scopo per il Progetto Originario, la mia esistenza è fuori, nel mondo, ma la mia verità è nel Progetto Originario; così accade che chiunque

farà questo percorso di nutrimento della sua Mente Grande e nutrirà la sua anima di questo linguaggio e di questa energia (amore), così troverà in me significato ed energia, le stesse cose che io trasmetto, ricevendole dal Progetto Originario.

[58]Questo è il pane disceso dal cielo; non è come quello che mangiarono i padri e morirono. Chi mangia questo pane vivrà in eterno».

Questo è il linguaggio del Progetto Originario, nutrimento della Mente Grande, per la rinascita spirituale ("pane disceso dal cielo"). Questo linguaggio non è come quello della élite sacerdotale che ha creato una ideologia che ha ucciso la vita interiore, ha costretto al materialismo ed al ritualismo pseudo - religioso il popolo, facendo perdere il senso e l'energia di questo linguaggio all'Io Grande ("morirono"). Chi, invece, comincia il percorso iniziatico per entrare dentro questa mentalità, questo pensiero e questo linguaggio nuovo, troverà il Progetto Originario e genererà l'Uomo Ideale Futuro ("non morirà in eterno").

[59]Gesù disse queste cose, insegnando nella sinagoga a Cafarnao.

Gesù ha comunicato questo messaggio nella sinagoga di Cafarnao, cioè nel cuore del culto di questa religione iniziata da Dio e rubata e deformata dall'*élite* sacerdotale al potere (Giudei). Il nuovo linguaggio di Gesù crea una terribile dissonanza con l'assetto del potere religioso e con l'interpretazione che l'*élite* ha dato di quel messaggio. Un conflitto terribile sta per scoppiare tanto i due linguaggi sono incompatibili.

[60]Molti dei suoi discepoli, dopo aver ascoltato, dissero: «Questa parola è dura! Chi può ascoltarla?».

Molti discepoli sentono questo linguaggio troppo duro, polemico, oppositivo, alternativo e rivoluzionario rispetto a quell'assetto di potere, con il quale erano in conflitto sì, ma lo erano sperando che il cambiamento fosse di tipo politico, e che non imponesse un cambiamento di mentalità così radicale; pensavano che bastasse cambiare padrone, non, invece, abolire ogni potere. Erano ancora troppo legati e compromessi con quel potere che avevano allevato in loro e che avevano permesso che attecchisse dentro la loro mente piccola. Erano troppo asserviti ancora a quel potere, nonostante lo detestassero e lo volessero abbattere.

[61]Gesù, sapendo dentro di sé che i suoi discepoli mormoravano riguardo a questo, disse loro: «Questo vi scandalizza?

Gesù sapeva che conflitto c'era in loro: c'era una ideologia che lottava contro il linguaggio del Progetto Originario. Per questo dice ai suoi discepoli dubbiosi e titubanti: "Vi vergognate di questo linguaggio? Avete paura di lasciare la mentalità del potere e di cambiare la vostra mente? ("vi scandalizza")

⁶²E se vedeste il Figlio dell'uomo salire là dov'era prima?

Per capire cosa scegliere dovreste elevare la vostra mente al punto di vista del Progetto Originario, salire ad un livello di sguardo elevato che comprende tutti i fattori della realtà, come vedrete fare a me alla fine del percorso (Ascensione). Io sto mostrando concretamente come elevarsi al punto di vista del Progetto Originario, così potrete fare anche voi, una volta che il percorso iniziatico sarà completato.

⁶³È lo Spirito che dà la vita, la carne non giova a nulla; le parole che io vi ho detto sono spirito e sono vita.

Allora capirete che l'origine dell'energia relazionale è il Progetto Originario nella sua relazione energetica con il linguaggio (Figlio, Parola) (cioè lo Spirito). Il progetto privato ("carne") non può dare la felicità ma solo questa relazione affettiva con il Progetto Originario può darla, tramite il linguaggio nuovo, originario e definitivo che sono io stesso. Il mio linguaggio è amore (Spirito) ed energia vitale (vita).

[64]Ma tra voi vi sono alcuni che non credono». Gesù infatti sapeva fin da principio chi erano quelli che non credevano e chi era colui che lo avrebbe tradito.

Ma alcuni di voi non accettano questo linguaggio e preferiscono l'ideologia del potere ("non credono"). Gesù sapeva intuire dalle espressioni, emozioni e sguardi a quale progetto volevano appartenere e che intenzioni avevano verso questo progetto ("volevano tradirlo").

[65]E diceva: «Per questo vi ho detto che nessuno può venire a me, se non gli è concesso dal Padre».

Per questo diceva che non è essere del gruppo dei cristiani che garantisce il cambiamento di mentalità e la assunzione del linguaggio originario. Non è una appartenenza formale che decide, ma immedesimarsi nel Progetto Originario ("concesso dal Padre").

[66]Da quel momento molti dei suoi discepoli tornarono indietro e non andavano più con lui.

Da quel momento molti discepoli lo abbandonarono e tornarono sotto il potere del progetto privato, come dice la parabola del seminatore.

[67]Disse allora Gesù ai Dodici: «Volete andarvene anche voi?».

Gesù, allora, sfida i dodici discepoli rimasti: "perché non ve ne siete andati anche voi?"

[68]Gli rispose Simon Pietro: «Signore, da chi andremo? Tu hai parole di vita eterna

Pietro rispose: "Non sappiamo da chi altro rivolgerci per ricevere un linguaggio originario che permetta di avere un rapporto con l'origine tale per cui ci è permesso di avere in noi la comprensione e la energia affettiva che c'è nel Progetto Originario e che è impossibile nella ideologia"..

[69]e noi abbiamo creduto e conosciuto che tu sei il Santo di Dio».

"Noi abbiamo iniziato questo percorso e non vogliamo interromperlo; vogliamo fare nostro questo linguaggio fino in fondo, perché riconosciamo che tu sei il vero linguaggio religioso originato da Dio (Progetto Originario) e non dal potere religioso. Noi stiamo con te fino in fondo".

[70]Gesù riprese: «Non sono forse io che ho scelto voi, i Dodici? Eppure uno di voi è un diavolo!»

Sono io che vi ho proposto questa mentalità diversa e vi ho invitati ad iniziare questo percorso. Ma c'è ancora tra di voi uno che vuole dividere e che vuole impedire che questo percorso vada fino in fondo.

[71]Parlava di Giuda, figlio di Simone Iscariota: costui infatti stava per tradirlo, ed era uno dei Dodici.

> Sapeva chi era e che aveva l'intenzione di consegnarlo ai capi dei Giudei.

Quando Giovanni parla di Giudei, folla sfamata, discepoli, apostoli dubbiosi, Giuda traditore, intende persone che appartengono in varia misura al progetto privato e sono sotto l'influenza della *matrix* giudaica. La NUOVA MENTE (*metanoésis*, *metanoia*) viene data solo con la resurrezione dell'ultimo giorno, cioè con la rinascita spirituale che si avrà alla fine del percorso iniziatico, che ha avuto inizio con la chiamata a questo nuovo linguaggio. Il totale cambiamento del linguaggio (mentalità) avverrà solo alla fine del percorso iniziatico, con la rinascita spirituale. Non si tratta dunque di qualcosa che accade dopo la morte (paradiso, resurrezione dei morti, giudizio universale, ecc…, "risucchio" ideologico ingannevole in cui sono state attratte le menti di innumerevoli discepoli di Gesù. Gesù utilizza ben 25 metafore simboliche per alludere alla visione e al linguaggio del Progetto Originario. Questo discorso disobbediente di Gesù è una vera liberazione per chi ne fa esperienza e una vera dichiarazione di incompatibilità con il progetto privato e la *matrix* ebraica che lo rappresenta. Tanto è vero che la guerra e la persecuzione sarà immediata.

Tutto quello che viene detto in questo capitolo del vangelo di Giovanni riguarda qualsiasi comunità di resistenza e di rinascita e non è un discorso religioso, se non nel senso del Progetto Originario. La persecuzione verso gli appartenenti alla comunità di resistenza e di rinascita riguarda solo la incomprensione. I discepoli di questa comunità di rinascita non devono temere violenze fisiche, ma solo la incomprensione della *matrix* del loro tempo e del luogo in cui sono inseriti. Non devono temere violenze fisiche, ma infamia, disprezzo e scarso prestigio sociale, una certa emarginazione e considerazione infima, ma avranno una gioia infinita, una felicità e libertà immense perché hanno il segreto della bellezza, armonia, energia, forza di tutto il cosmo, secondo il detto di Gesù: "felici i miti perché possederanno la terra"; i discepoli, dunque, avranno la vera "volontà di potenza" e saranno i veri "super-uomini". E' chiarissima la convenienza e la vantaggiosità di questa discepolanza. Invece, i seguaci della *matrix*, anche se si dichiarano discepoli di Gesù, si assoggettano in tutto alla mentalità mondialista, moralista, materialista, neoliberista cara al potere del progetto privato e fraintendono o riducono la potenza critica del vero messaggio di Gesù e lo rendono uno sdolcinato melodramma, una sentimentale tiritera di belle parole e di buoni consigli di galateo e di buona educazione, una sviolinata di bei pensieri e di educate emozioni. Ma uno come Gesù, muore in quel modo atroce per proporre un galateo di Della Casa ad uso dei discepoli della *matrix*? Facendo diventare questo discorso di Giovanni un manuale della Mente Grande abbiamo attinto ad una delle sorgenti più potenti di saggezza *anti-matrix* e di ricerca del progetto originario, un vero nuovo linguaggio per chi vuole avventurarsi nella vita pericolosa, ma inebriante, al di fuori della *matrix*.

Capitolo settimo

La "Oneness" è la teoria più elevata della Totalità

Quello che San Giovanni presenta come un linguaggio nuovo proveniente dal profondo dell'essere e rivelato in forma simbolica da un uomo che di quell'essere si è detto inviato e generato, viene oggi, a distanza di venti secoli, confermato in termini scientifici dalla teoria della *Oneness* nella versione elaborata agli inizi degli anni Diemila da Giuliano Preparata ed Emiliano Del Giudice, due fisici quantistici che hanno applicato le proprie ricerche nel campo della biofisica. La *Oneness* è una teoria del Tutto, un tentativo, cioè, di concepire in una unica grande visione scientifica tutta la complessa realtà. Ricordo che il problema di connettere il molteplice con l'unità è stato un problema antichissimo: lo hanno posto ed affrontato in modo brillante Anassimandro con la teoria dell'infinito, Eraclito, con la teoria della connessione del tutto (di cui abbiamo trattato altrove), Plotino, con la teoria dell'Uno, Giordano Bruno con la teoria dell'infinito. A queste teorie filosofiche, mancava, però, il supporto e la validazione della scienza. Ma la scienza, fin dal seicento, ha scelto la strada della divisione, della separazione e non quella dell'unità: il dualismo cartesiano e poi il positivismo materialistico hanno dominato la mente degli scienziati, condensandosi nella visione classica galileiana-newtoniana. Questa visione, pur precisa e vera in un certo ambito, ha però un grosso limite, perché lascia fuori dalla propria considerazione o non considera in modo adeguato fenomeni come l'energia, il tempo, l'origine della vita e fenomeni sottili come la coscienza e il pensiero. Di fronte a questi problemi la scienza ufficiale si mostra molto rigida: dice che sono irrisolvibili e irrazionali, afferma in modo autoritario l'unicità del proprio universo conoscitivo e gira la testa dall'altra parte, pretendendo il totale dominio del conoscibile.

Agli inizi del Novecento, però, una rivoluzione è avvenuta: la meccanica quantistica, confermata da esperimenti indubitabili e premiata con Nobel a raffica. Eppure la fisica classica o modello standard, continua ad essere professato nonostante i suoi evidenti limiti. E quando si cerca di superarlo, si scatena con persecuzioni terribili come un toro ferito, come nel caso delle fusione fredda. Il dogma standard-classico non deve essere mai messo in discussione perché su di esso si basa un indiscutibile potentissimo sistema di potere accademico ed industriale. La realtà viene negata nei suoi aspetti energetici e vibrazionali profondi e viene ridotta al puro materialismo che fa da supporto all'immenso apparato industriale.

Questa visione da scienza "normale" (nel senso dato da Kuhn) che è paragonabile al sistema aristotelico-tolemaico ai tempi di Copernico e Galileo e della rivoluzione scientifica classica, è ormai oggi insostenibile se non attraverso un puro atto di potere e di cecità mentale. Quel modello fa acqua da tutte le parti di fronte ai problemi che lascia in sospeso e che rifiuta ostinatamente di considerare. Tutto ciò è spiegabile unicamente con il fatto che la scienza si è alleata con il potere, costituendo una matrix potentissima, insieme con la religione che, pure, per altri aspetti combatte strenuamente. Scienza e religione alleate con il potere, eppure in conflitto tra di loro! Un paradosso stranissimo, eppure costantemente presente. Fortunatamente uomini coraggiosi e geniali non hanno desistito dall'usare la Mente in modo grande e aperto, traendo dalle scoperte della fisica quantistica un grande patrimonio di conoscenze che ci permette di vedere come superato e fallimentare un approccio standard-classico, quando questo si arrocca su posizioni rigide e preconcette, sostanzialmente demonizzando l'interlocutore ogni volta che chiede una discussione aperta. Ma "non ti curar di loro, ma guarda e passa", direbbe Dante; e così facciamo noi, passando oltre al modello classico-standard.

Dunque, possiamo pervenire ad una teoria del tutto che, senza demonizzare il modello classico e senza destituirlo di fondamento, smette di considerarlo dogma infallibile ed insuperabile ed inizia a concepirlo come un modello efficace per certi aspetti e livelli della realtà fisica, ma limitato ed insufficiente per altri aspetti, per la considerazione dei quali occorre un approccio più ampio e aperto. Penso che Preparata e Del Giudice abbiano trovato questo approccio globale come teoria del Tutto. Avevamo bisogno di uscire dalla gabbia della fisica classica che davanti al problema dell'aldilà chiude gli occhi e si gira dall'altra parte. La *Oneness*, basata sulla fisica quantistica, ci dice che anche la scienza può essere aperta al mistero, può includerlo all'interno del suo sapere senza vergognarsene e senza scandalizzarsi del fatto che entrino categorie diverse, oltre a quelle prettamente materialistiche. Voglio presentare questa teoria con le stesse parole dei due esponenti italiani per non correre il rischio di cadere in qualche imprecisione; e ciò desidero farlo sia negli aspetti generali, sia in alcuni fenomeni specifici che mai vengono presi in considerazione e che sono, invece, di importanza fondamentale.

La *Oneness*, come dicevo, è uno degli apporti più rivoluzionari e determinanti che la fisica quantistica abbia dato per una comprensione innovativa della realtà globale: essa si basa sulla evidenza scientifica della correlazione tra ogni elemento fisico, sia che sia corpo sia che sia onda. La fisica quantistica, poi, è essenziale per la comprensione della vita, attraverso la teoria della coerenza elettrodinamica quantistica, nella quale i misteri lasciati insoluti dalla fisica classica sulla origine e struttura della vita vengono portati in chiaro in modo straordinariamente efficace. I punti qualificanti di questa nuova visione sono due: il primo è che tutti i corpi generano campi, i quali, sommandosi, rappresentano un Tutto che si comporta come un regolatore di quello che avviene nel particolare e nel molteplice, soprattutto nei fenomeni biologici; il secondo è che il vuoto puro inteso come nulla non esiste, bensì il vuoto quantistico è in grado di vibrare e di produrre materia ed energia. Questi due capisaldi costituiscono un terremoto che destabilizza le certezze della fisica classica che considera gli enti inerti e il vuoto come puro nulla. Partiamo dalla descrizione generale che danno della Oneness i due scienziati italiani, per poi scendere nel dettaglio di alcuni punti di particolare importanza.

"La *Oneness*: l'Universo come campo quantistico unitario (By Giuliano Preparata)

La *Oneness* emerge dalla comprensione profonda del concetto di campo quantistico. L'Universo è un unico campo. Il campo è la Oneness dell'Universo. La *Oneness* é il trionfo dell'unità, è l'unità del mondo, è il fatto che il mondo è UNO e le particelle e ogni fenomeno sono un aspetto di questa *Oneness*. In altre parole, il mondo è uno, e tu lo parcellizzi con la tua scelta di osservarlo in una certa maniera. L'osservatore non vede più tutto il mondo, ma vede un pezzo, ne taglia una porzione e vede cosa succede in quel pezzo... ma ciò non significa che tu rompi o disgreghi l'unità dell'Uno, l'origine è l'Uno e questa è la base del Tutto. La materia e il campo sono gli stessi in tutto l'Universo...

La coerenza è la realizzazione piena e totale della *Oneness*. Secondo la teoria quantistica dei campi avanzati, a cui siamo arrivati, c'è questo campo "Uno", nello spazio-tempo, la *Oneness*. La coerenza nasce proprio dalla stessa struttura concettuale di questi campi che poi, per miracolo, si realizza come fatto reale della natura e quindi come generatore di fenomeni osservati. Quindi i campi quantistici che descrivono la realtà fisica Una, lo fanno in questa forma unitaria in cui pezzi diversi vengono correlati, in maniera ben definita e coerente, con altri pezzi di spazio e di tempo. La coerenza è appunto questa realizzazione della teoria quantistica dei campi, un "Avatar", inteso come "incarnazione", matrice, epifania del divino. La *Oneness*, attraverso la coerenza, avrebbe la possibilità di tenere insieme il mondo, quindi da questo punto di vista la coerenza é il punto forte...

La teoria della coerenza elettrodinamica quantistica ha a che fare con l'interazione fra campi di materia e campi elettromagnetici all'unisono, su certe frequenze portanti particolari, con certe relazioni di fase. La teoria della coerenza elettrodinamica quantistica è una particolare realizzazione dell'aspetto coerente della teoria quantistica dei campi a cui inizialmente avevamo dato il nome di "superradianza", termine coniato da Robert H. Dicke, fisico di Princeton che fu il primo a concepire questo comportamento coerente, di oscillazioni in fase, fra sistemi atomici e campi elettromagnetici, che poi ha portato al laser e ad altre scoperte. Di fatto, avrebbe dovuto chiamarla iporadianza, perché a differenza di quello che succede al laser, che lavora in uno stato eccitato, il campo elettromagnetico non viene proiettato al di fuori del sistema, come un raggio laser che esce, ma rimane intrappolato nel sistema atomico e ne garantisce un'evoluzione coerente. Per cui il campo elettromagnetico coerente e interiorizzato è il collante dei sistemi, degli individui atomici fra loro. La vita è quindi un delicato equilibrio tra coerenza e non coerenza.

Il campo quantistico universale: la base fisica dell'unità (By Emilio del Giudice)

La teoria quantistica dei campi è la risposta più profonda finora storicamente proposta al problema dell'"uno" e del "molteplice". L'Universo è descritto da un insieme di campi quantistici, ognuno dei quali si estende indefinitamente nello spazio e nel tempo. Mentre nella fisica classica il mondo fisico è concepito come un aggregato di oggetti, ognuno localizzato nello spazio e nel tempo, nella fisica quantistica ogni elemento fondamentale della realtà è coesteso con l'intero universo e possiede una *Oneness* intrinseca che si manifesta tipicamente nell'aspetto ondulatorio del campo. Il campo quantistico ha infatti una duplice caratterizzazione: è un insieme di quanti, di granuli che forniscono l'"intensità" del campo, ma è anche governato da una "fase" (che, rozzamente, definisce il modo di oscillare del campo) che emerge spontaneamente dalla dinamica globale dell'insieme dei quanti.

Il numero preciso dei quanti e la fase non possono essere definiti simultaneamente (questa "indeterminazione", scoperta da Heisenberg, è la proprietà più peculiare della teoria quantistica), per cui la enucleazione di un numero ben definito di quanti (punto di vista atomistico-locale) distrugge la possibilità di definire una "fase" e con essa distrugge la connessione cosmica. Il punto di vista locale e quello globale sono perciò aspetti complementari nell'ambito della teoria quantistica dei campi. L'universo, profondamente uno, può anche essere visto, in un limite, come insieme di realtà individuali separate.

Coerenza elettrodinamica: il "dialogo sottile" come principio fisico della co-evoluzione

Gli stati fisici più vicini all'esistenza della *Oneness* sono gli stati coerenti in cui un insieme indefinito di "particelle" è descritto da una fase ben definita nello spazio e nel tempo, che assicura un comportamento correlato e cooperativo (di qui il nome coerenza) di tutti i componenti che, nel processo, perdono la loro natura di individui separati. La coerenza è perciò quella realizzazione della teoria quantistica dei campi che privilegia gli aspetti unitari, è una materializzazione della *Oneness*.

La proprietà della coerenza elettrodinamica è stata dapprima studiata nel campo di quelle interazioni tra atomi e campo elettromagnetico che rendono possibile la realizzazione del laser; la "superradianza", cioè la produzione di un campo elettromagnetico eccezionalmente intenso e concentrato su un numero ristretto di modi di oscillazione, è una manifestazione della coerenza. Un altro aspetto è quello alla base della condensazione della materia nei liquidi e nei solidi a partire dai gas; in questo caso il nome dovrebbe essere "subradianza" poiché il campo elettromagnetico, invece di essere proiettato all'esterno è tenuto all'interno di reazioni - i "domini di coerenza" - in cui gli atomi si muovono collettivamente, governati da una "fase" da essi stessi generata; esempio di autoregolazione nella natura, in contrasto con l'intervento "dall'esterno" tipico della mentalità della fisica classica. Inoltre, questi "domini di coerenza" non vanno visti come "monadi" nell'universo; essi hanno porte e finestre.

Il campo informatico del potenziale vettore. Il campo elettromagnetico intrappolato ha con sé un compagno inseparabile, il "potenziale vettore", quantità totalmente non misurabile nell'ambito della fisica classica, ma che, nella teoria quantistica dei campi, influenza la fase di un sistema coerente. Il potenziale vettore, a differenza del campo, non è intrappolato, esso si estende ad una ampia regione circostante, senza trasportare energia ma solo informazioni, ma esercitando una sua "influenza sottile", potremmo dire informatica, modificando la fase dei sistemi coerenti presenti.

Tra i vari sistemi coerenti si apre perciò la possibilità di un "dialogo sottile", una comunicazione senza scambio di energia, che coinvolge solo le fasi, che sfugge perciò ad ogni misura di tipo parcellare e può essere percepita solo da chi si pone in un ambito ondulatorio. Accanto all'ordine della coerenza si pone il disordine del mondo gassoso, degli atomi isolati, localizzati "qui ed ora", sottoposti al regime della collisione, della fluttuazione termica e, nel loro insieme, portatori di una temperatura e di una entropia.

La materia vivente è una sintesi tra coerenza e non coerenza. Negli interstizi dei domini di coerenza dell'acqua, le molecole disciolte, inizialmente non coerenti, si muovono seguendo il richiamo selettivo, secondo un codice di risonanza tra frequenza, dei domini di coerenza, fino a costruire membrane dotate di loro propria coerenza e perciò capaci di attirare, secondo le stesse leggi, altre molecole che con le loro interazioni chimiche mutano la natura dei protagonisti e, attraverso la proprietà generale della coerenza, le fasi e i modi di oscillazione dei campi coinvolti. L'"influenza sottile" del potenziale vettore si incarica poi di correlare tra loro tutte queste strutture coerenti nell'unità del vivente.

Nell'acqua liquida semplice, la frequenza oscillatoria del campo responsabile della coesione delle molecole è una sola; quando abbiamo a che fare con più sistemi, ognuno con la sua frequenza, tenendo presente anche che cambiano nel tempo, cominciamo ad avere un insieme di "note" che variano nel tempo e non sono più singole, ma accordi, voci, messaggi. Sembra l'archetipo della vita: da un insieme slegato di oggetti individuali, a un oggetto che è un "tutto". Questa può essere una delle strade per capire l'emergere della coscienza dalla materia". (Fonte web: https://mednat.news/bioelettr/coerenza_elettrod.htm)

Ritengo che la *Oneness* sia interessante per la nostra discussione sulla possibilità di risveglio e di libertà dalla matrix perché dà il pieno supporto scientifico ad una concezione non ridotta alla pura dimensione materialistica della realtà (non che questa sia negata, ovviamente). Mentre prima tutto il mondo spirituale (aldilà) era lasciato alla religione, in questa visione integrale aldilà e aldiqua si intrecciano costantemente. Come detto, la religione ci guadagnava da questa distribuzione di competenze, assumendo un ruolo all'interno della matrix: la religione si occupa dell'aldilà, la scienza dell'aldiqua, intesi entrambi come mondi incomunicabili e separati. Chi è razionale sta nell'aldiqua e non si occupa dell'aldilà; chi è irrazionale si occupa dell'aldilà ed è tenuto fuori dall'aldiqua. Con questa dialettica la matrix domina su tutto facendo la sintesi del potere: impone se stessa come dominatrice dell'aldiqua e lascia alla religione il fumoso mondo dell'aldilà dopo la morte. Nella visione integrale, invece, tra aldiqua e aldilà c'è un costante *admirabile commercium* che, però, sconquassa l'equilibrio raggiunto e imposto dalla matrix. La *Oneness* lo mette in discussione in modo scientifico: per questo è particolarmente interessante.

Molti sono gli aspetti in cui questo si esplica, ma vorrei soffermarmi su quattro di questi:

1. la connessione tra gli enti non è di carattere magico, bensì è data dalla sovrapposizione di fase che è la sintonizzazione di frequenza dei campi generati dagli oggetti fisici;

2. il fenomeno della vita è inspiegabile secondo il modello standard ma lo è chiaramente secondo la fisica quantistica applicata alla biologia (e in questo gioca un ruolo essenziale l'acqua);

3. la coscienza emerge dentro la dinamica della vita così esplicata in connessione con il mondo fisico, per cui non ci sono barriere tra mondo fisico, chimica, fenomeni biologici e fenomeni di coscienza (spirito);

4. il vuoto non è costituito dal nulla, ma genera qualcosa (fotone) che permette il miracolo della vita che non è concepibile nel modello standard. Vediamo ora in dettaglio questi quattro punti:

1. **La connessione tra gli enti**: è uno dei più importanti capisaldi sia della filosofia che della religione. Per la filosofia tutto è connesso (Eraclito), per la religione tutto è tenuto unito da Dio e dalla sua volontà ("Padre nostro che sei nei cieli, sia fatta la tua volontà, come in cielo così in terra"), ma la scienza moderna non ha mai accettato questa connessione perché metteva in discussione il dominio della *matrix* nell'aldiqua. Aveva bisogno del dualismo cartesiano per esplicarlo. Invece, la scienza quantistica svelle questo dogma: tutte le cose sono interconnesse perché tutte interagiscono attraverso i campi e le fasi (ritmi) di oscillazione di essi. Addirittura, viene messo in discussione il concetto di spazio e quello di tempo: essi non sono più assoluti e uguali in tutto il cosmo, bensì sono compatibili con la azione a distanza e con la energia del campo che è istantanea in tutta la zona di interazione di questo; ma questa è, poi, connessa con altri campi, che sono connessi a loro volta ad altri campi ancora, per cui non c'è nulla di estraneo e di esterno ad essi se considerati insieme. Invece, il modello *standard* considera gli enti come inerti e separati tra loro e, quindi, le relazioni di campo appaiono come una magia o una proiezione spiritualistica. Le relazioni di fase dei campi spiegano l'*entaglement*, la coerenza quantistica e il fenomeno della de-località, che sono, invece, inconcepibili per il modello *standard*. Invece, questo fenomeni spiegano molto bene il mondo della vita, come, ad esempio, l'alta efficienza energetica della fotosintesi clorofilliana, la sintonizzazione dell'organismo vivente e la quasi istantaneità del pensiero nel connettoma del cervello.

2. L'origine del fenomeno della vita è insolubile all'interno del modello *standard* perché non riesce a spiegare quale sia la sorgente degli elettroni liberi necessari per i fenomeni di ossidoriduzione che sono alla base della vita. Come spiega bene Del Giudice, la maggior parte delle reazioni chimiche che avvengono nel mondo della vita sono ossidorituttive, vale a dire, basate sulla cessione di un elettrone. Ma nel mondo naturale sono poche le sostanze che cedono elettroni, perché questi sono fortemente tenuti stretti dagli atomi e dalle molecole: lo fanno i metalli, ma nella vita sono poche le reazioni che hanno come protagonisti i metalli. E, allora, da dove vengono gli elettroni quasi liberi che fanno la maggior parte delle reazioni chimiche della vita? Secondo il modello classico è un mistero lasciato insoluto. Invece, la fisica quantistica è in grado di spiegarlo benissimo: infatti, l'elettrone quasi libero è presente nell'acqua, non quella normale, ma l'acqua ordinata delle zone di esclusione studiata da Gerald Pollack, quell'acqua speciale che sta nelle vicinanze delle tantissime membrane che caratterizzano le cellule viventi (vedere la spiegazione di questo fenomeno nella riflessione sull'intervento sull'acqua di Giulia Migliore, pubblicato nel primo volume sulla filosofia della quarantena). L'acqua ordinata è in grado di catturare questi elettroni quasi liberi e metterli a disposizione per le trasformazioni biochimiche di ossidoriduzione.

3. L'ambiente vivente, dunque, risulta essere un ambiente speciale nel quale l'acqua svolge un ruolo fondamentale in cui tutti i campi vibrano: l'acqua ordinata è una specie di direttore d'orchestra che mette in sintonia tutti i vari campi e li fa risonare in fase armonica tra di loro cosicché gli elementi che compongono l'organismo non si comportano come oggetti separati, ma come un corpo di ballo bene addestrato, al punto che tutte le funzioni sono coordinate e in armonia reciproca, fino ad arrivare ai fenomeni della coscienza e del pensiero che affondano le loro radici all'interno dei fenomeni di risonanza dell'organismo, come spiega Del Giudice nel brano già citato: "Nell'acqua liquida semplice, la frequenza oscillatoria del campo responsabile della coesione delle molecole è una sola; quando abbiamo a che fare con più sistemi, ognuno con la sua frequenza, tenendo presente anche che cambiano nel tempo, cominciamo ad avere un insieme di "note" che variano nel tempo e non sono più singole, ma accordi, voci, messaggi. Sembra l'archetipo della vita: da un insieme slegato di oggetti individuali, a un oggetto che è un "tutto". Questa può essere una delle strade per capire l'emergere della coscienza dalla materia".

4. Infine, da dove viene fuori l'elettrone che l'acqua ordinata mette a disposizione per le trasformazioni ossido riduttive essenziali per la vita?
La fisica quantistica dice che lo prende dal vuoto. Ciò comporta una creazione continua per cui non è vero quello che dice il modello *standard* che nulla si crea. Il vuoto quantistico non è un puro nulla, una notte nera che più nera non si può, ma il vuoto quantistico vibra anch'esso ed è investito dal campo universale. Questo fa sì che di quando in quando la vibrazione del vuoto quantistico generi un quanto di energia, un fotone, che illumina la notte nera del vuoto. Questo fotone viene ad eccitare a sua volta le più di 20.000 particelle (al minimo possibile) che si trovano nel suo raggio, le quali si mettono a vibrare ed emettono a loro volta fotoni, e così via. Il fotone generato dal nulla viene così intrappolato nella materia e quell'elettrone viene messo a disposizione delle reazioni chimiche della vita. Questo fenomeno avviene nell'acqua che è come il mezzo che ordina e coordina le reazioni chimiche e distribuisce le informazioni per la formazione della vita, come ha dimostrato l'esperimento di Montagnier.

"Luc Montagnier racconta che la storia è iniziata 10 anni prima quando, nonostante avesse filtrato diversi batteri senza lasciare alcuna traccia di DNA in una soluzione, accadeva che il batterio si ricostituiva regolarmente, senza alcuna spiegazione. Questo ha segnato l'inizio di una lunga serie di ricerche su come il DNA si comporta nell'acqua, che ha portato alla scoperta che il DNA del batterio stava emettendo **onde elettromagnetiche a bassa frequenza** in alcune soluzioni di filtrato diluite in acqua, e questa proprietà fu presto estesa ad altri DNA batterici e virali. In sintesi, i segnali elettromagnetici (EM) a frequenza ultra-bassa (500-3000 Hz) sono stati rilevati in alcune diluizioni del filtrato da colture di microrganismi (virus, batteri) o dal plasma di esseri umani infettati con gli stessi agenti. Due provette adiacenti, e fisicamente separate, sono state collocate all'interno di una bobina di rame e sottoposte ad un debole campo elettromagnetico di 7 hertz (risonanza Schumann circa 7.83 Hz) e isolate dai campi magnetici esterni per evitare interferenze. Una provetta contiene un frammento di DNA sottoposto a diversi cicli di diluizione e successione, e la seconda provetta contiene acqua pura distillata. Dopo 18 ore a temperatura ambiente, si osserva che entrambe le provette emettono lo stesso segnale elettromagnetico! Inoltre, entrambi i campioni vengono sottoposti ad un metodo di routine usato per ricostruire tracce di DNA, utilizzando degli enzimi e le basi azotate, innescando una reazione a catena, detta polimerasi (PCR). **Dopo**

20 ore, il frammento di DNA è stato recuperato in entrambe le provette, anche se una conteneva solamente acqua distillata! Da notare che il trasferimento di segnali elettromagnetici non è stato raggiunto quando il tempo di esposizione è stato inferiore a 16 ore, o quando la bobina schermante era assente, oppure quando il generatore di campo magnetico aveva una frequenza inferiore a 7 Hz.

L'esperimento è stato ripetuto anche in una modalità diversa. Il team di scienziati di Montagnier ha registrato i segnali elettromagnetici della sequenza di DNA, li hanno memorizzati su un computer per poi comunicarli ad un laboratorio di ricerca in Italia a più di mille chilometri di distanza. Gli studiosi italiani, guidati dal Prof. Vitiello, hanno trasmesso questi segnali ad una provetta contenente solamente acqua distillata per alcune ore. Poi hanno preso le basi azotate e la polimerasi e li hanno messi nella provetta. Il risultato è stato stupefacente: dal nulla si è ricreata la sequenza di DNA originaria degli scienziati in Francia! **L'esperimento è stato altamente riproducibile, 12 volte su 12,** anche con DNA di batteri diversi. Questo conferma la validità scientifica della scoperta.

Emilio del Giudice, è fisico teorico, ricercatore INFN a Milano, membro dell'*International Institute of Biophysics* di Neuss in Germania. Ha lavorato presso il MIT di Cambridge, USA e presso il Niels Bohr Institute di Copenhagen. E' autore di numerosissimi articoli scientifici sulla teoria quantistica dei campi, e lo studio delle proprietà collettive della materia. E' insomma un orgoglio italiano nel mondo. "Capire queste cose potrà permettere di dare origine ad una nuova industria chimica non inquinante, che si ispiri al caso biologico, in cui le molecole interagiscono in maniera precisa tra di loro senza generare composti a caso, e cioè in maniera altamente efficiente, a basso consumo energetico, e senza generare rifiuti inquinanti...". (Fonte web: https://www.dionidream.com/dna-acqua-montagnier/)

Anche se questi esperimenti sono contestati dagli esponenti della chimica classica e industriale per ovvi motivi economici, la verità dei fatti dimostra che la vita e la coscienza non sono fenomeni magici, bensì il prodotto di interazioni costanti tra ciò che la fisica del modello *standard* considera appartenenti al mondo dell'aldiqua e cose che appartengono a ciò che il modello *standard* considera aldilà. In realtà, c'è un continuo scambio e relazione tra le due dimensioni che la quantistica spiega e che il modello *standard* nega a favore del potere della *matrix*. Poiché a noi interessa liberarci dal dominio della *matrix* e interessa la verità sulle cose e non esserne tenuti all'oscuro come vorrebbe la *matrix,* complice la scienza ufficiale, noi diffondiamo queste conoscenze come validazione scientifica a quello che stiamo scoprendo e che ci viene sottratto dal potere, per aiutare chi vuole a vivere al di fuori della *matrix* ed acquisire libertà, conoscenza, salute, felicità, armonia a cui siamo destinati per natura e che il potere, invece, vorrebbe attribuire a se stesso, privandoci di un nostro diritto.

Capitolo ottavo

Lo spirito e la "magia" umana di Neumarkt (l'esperienza educativa "aliena" di Neumarkt)

Un altro esempio di comunità di resistenza e di rinascita spirituale è il corso di educazione alla cittadinanza per junior tutor di Neumarkt. Esso si è svolto per undici anni dal 2009 al 2019, poi sostituito, a causa dell'emergenza sanitaria del 2020, dalla Summer School *online*. I sei giorni di Neumarkt sono sempre stati magici: sono stati pensati come un'avventura ed un avvenimento che ha un suo programma, ma che è anche fortemente lasciato al protagonismo dei giovani partecipanti. Gli studenti sono il vero soggetto che fa le cose a Neumarkt, sono gli esploratori e gli avventurieri di questo "viaggio" di scoperta. C'è un programma preparato, si sa come le cose iniziano, ma non si sa bene come finiscano: cioè, in realtà, finiscono sempre meglio di ogni aspettativa, come spesso testimoniato dai ragazzi partecipanti.

Perché educazione "aliena" quella di Neumarkt? E perché gli studenti che vi partecipano parlano sempre della "magia" di Neumarkt e del suo speciale "spirito"? Procediamo con ordine.

L'esperienza educativa di Neumarkt è ispirata dal metodo educativo dell'ADEC (Associazione Docenti Europeisti per la Cittadinanza, il cui Presidente è Giulio Zennaro, il Presidente Onorario Michele Di Cintio e membro del Direttivo Carluccio Bonesso) e del PES (Parlamento Europeo degli Studenti, una associazione giovanile di promozione della cittadinanza attiva ed europea tra i giovani studenti, attualmente presieduta da Lucia Turazza). Una bellissima lettera scritta subito dopo la conclusione della nona edizione del corso nel 2017 spiega magnificamente la "magia" di Neumarkt. L'ha scritta Rossella Bonomo, di Palermo, poi laureatasi in giurisprudenza.

"Neumarkt è un piccolo paradiso sulla Terra, un angolo di cielo nel mondo. Una dimensione nella quale poter ritrovare se stessi nel mondo: conoscere se stessi, conoscere la realtà che ci circonda. Neumarkt è un corso di formazione dell'"uomo" e della sua immensa Bellezza: l'uomo in contatto con la natura e, quindi, con il Divino, e l'uomo nella scoperta di se stesso attraverso le proprie arti: la poesia, l'arte, la musica, la cultura. Non posso dimenticare il risveglio della mattina: mi alzavo dal letto, mi sporgevo dalla piccola finestra della stanza per salutare le montagne incantate di verde dell'Austria; scendevo le scale e non appena uscita, sentivo quel piacevole fresco sulla mia pelle e odoravo l'aria mattutina pura delle montagne e dell'alba. Dopo aver fatto un'abbondante colazione, ammirando il panorama dell'esterno dalla sala colazione, iniziava la nostra giornata alle 9 in punto.

Come iniziava? Iniziava su delicate note di poesia, prosa e musica. Chiamatela magia, pura poesia. Ma quello che ho provato è difficilmente descrivibile sulla carta. Mi risuona il messaggio della settimana di Neumarkt *"Siate svegli, dubitate, studiate, leggete con intelligenza emotiva e sguardo di profondità. Voi siete portatori del cambiamento di cui il mondo ha bisogno"*. Siamo ricchi di nuove consapevolezze culturali e umane, in particolare sulla storia, sulla filosofia, sull'economia, sulla finanza, sulle emozioni, sullo sport e sull'Europa. La cultura che si apprende a Neumarkt non è mai banale, è approfondita e autentica. Abbiamo rafforzato le nostre intuizioni intellettive e la nostra alfabetizzazione emotiva e dei diritti umani. A Neumarkt ho assistito al miracolo della vita: ho visto quei ragazzi il primo giorno spenti, impauriti e nascosti nelle loro insicurezze e ferite interiori. Ho guardato il loro volto alla fine della settimana, ho visto la luce nei loro occhi e nel loro cuore. La luce della fiducia nelle loro capacità, nella loro bellezza e la luce della gratitudine per l'amicizia vera e gratuita che era stata loro donata, senza che si sentissero meritevoli. Ho assistito al "coraggio della fragilità"."

Quella di Neumarkt l'abbiamo definita una "magia" umana, troppo umana. In che senso? Nel senso che il risultato sembra magico, ma l'origine, la causa è umanissima. Magico sembra voler dire portentoso, ma parla solo dello stupore di vedere la propria umanità fiorire: è questo il vero miracolo, cioè lo sbocciare di tutte le personalità coinvolte nella "vasca timico-emozionale" che si creava a Neumarkt. Mano a mano che la esperienza di Neumarkt cresceva negli anni, è aumentata anche la coscienza di questa speciale magia: si tratta della risonanza psichica, un principio studiato in psicologia da Jung (psicologo) e Pauli (fisico quantistico) e in timologia da Carluccio Bonesso. Secondo queste scienze, tutti i corpi vibrano seguendo ritmi ondulatori e creano dei campi che interagiscono tra loro e, se risuonano in sintonia, creano delle risonanze armoniche capaci di mettere in breve tempo molte persone in piena sintonia emotiva, fisico-corporea e psichica. La magia di Neumarkt ha una spiegazione in linea con le più aperte ed aggiornate conoscenze scientifiche, neurologiche e psicologiche: sia il cervello che il cuore emettono campi elettromagnetici a varie lunghezze d'onda, così che il pensiero e l'emozionalità affettiva sono pienamente coinvolte. Si chiama amicizia ed empatia e la scienza oggi è in grado di spiegarne perfettamente il meccanismo. Basta che ci sia qualcuno che crei la scintilla, l'occasione e che ci sia qualcun altro che, collaborando ed entrando in risonanza empatica, dia spazio a questa proposta. Il resto lo fa la cultura, con le sue meraviglie di bellezza, e l'impegno etico responsabile, con il suo senso di cittadinanza attiva che i ragazzi profondono nei meravigliosi giorni di Neumarkt.

A questa umanissima magia non è affatto estranea la bellezza naturale: infatti, il castello di Neumarkt è inserito in una meravigliosa cornice di colline, foreste, prati e campi coltivati, mucche e pecore che pascolano allo stato brado quasi totale, torrenti e cascate che costituiscono oggi un ricco parco naturalistico. Ecco una breve testimonianza di una passeggiata fatta in questo parco a contatto con la natura: "La visita al Parco Naturale di Neumarkt ci ha permesso di tuffarci letteralmente nella Natura e nel lago di Zeuschach, anche con l'aiuto di alcune poesie che ci hanno introdotto al senso della Bellezza della Natura per l'uomo: tramite tra il piccolo e l'immenso, vero ponte e comunicazione tra l'uomo e il senza tempo. Dunque, una occasione preziosa per riconnettersi con l' "armonia cosmica", come si diceva lì in quei giorni, e per smettere, come dice Nietzsche, di considerarci "dei fantastici ego", cioè delle persone narcisisticamente tutte concentrate nel proprio io. No, invece, il contatto quotidiano con la verde bellezza delle colline di Neumarkt, la luce speciale che si crea al mattino o al tramonto, ci ha tutti proiettati verso la natura, cioè il cosmo che entra in vibrazione con il nostro io individuale e collettivo che formiamo insieme".

Il sole è il simbolo di questa armonia cosmica. Il sole è il simbolo dell'antipotere che si contrappone al potere negatore della Vita, perché il Sole è all'origine della nostra vita. Egli rappresenta il principio vitale, la nostra essenza divina, il vertice della bellezza in tutto il cosmo. Esso rappresenta la Natura che è la salvezza di chi si vede minacciato dalla malattia mortale dell'ideologia. La natura a Neumarkt è magica perché parla della vita, è un inno alla bellezza della vita, vero antidoto al veleno che viene da una parte malata della società. Il sole si può paragonare con gli occhi: il ciclo della giornata si conclude quando le palpebre si abbassano prese dal sonno e dalla stanchezza e cadono a metà degli occhi. Quando manca il sole viene a mancare la luce e, dunque, non si può vedere il volto della persona che si ama. Ma poi torna a ridonare la vista e la vita. Il sole si coniuga bene con l'azzurro del cielo che a Neumarkt è il suo compagno inseparabile: in questo azzurro gli occhi rivivono felici. Se viene meno il principio e l'essenza della vita tutta la società ne viene gravemente danneggiata: diventa una società di morte come la natura senza sole: niente ci può consolare di questa perdita immensa.

La magia "aliena" di Neumarkt (che costituisce, poi, una vera e propria educazione, un modello di scuola nuova, se fosse possibile implementarla nella quotidianità della vita sociale e della scuola italiana) è costituita da tanti elementi perfettamente intrecciati insieme e che creano quel senso di sospensione e di elevazione di cui tutti parlano ma che è, poi, così difficile da descrivere: tutti i ragazzi, alla fine dei corsi, dicono che è difficile esprimere a parole quello che si prova a Neumarkt e che, proprio per questo, bisogna assolutamente andarci! Tale magia, dicevamo, è composta di tanti elementi: uno di questi, tra i più importanti, è il senso della storia che si respira a Neumarkt. La storicità è sempre stata la stella polare del corso di Neumarkt e di tutta la impostazione educativa dell'ADEC e del PES: ne è testimonianza la collana, diretta da Michele Di Cintio ed edita da Aracne, dei libri della "Controstoria", cioè della storia vista dal punto di vista dei diritti umani e dei vinti. Libri scritti per l'80% dagli stessi studenti cooperanti in laboratori sparsi per tutta Italia, esperimento questo, dal punto di vista editoriale, unico al mondo, a quanto sembra.

Ma a Neumarkt il senso della storia ha una sorgente "magica" tutta particolare: è il castello stesso che, come un fiume con la sua travolgente portata di storicità, ci ha fatto sentire vibranti all'interno di un altro grande flusso di significati: il flusso del tempo. Fare il corso a Neumarkt iscrive questi ragazzi nel possente fiume della storia: perché noi siamo temporalità, storicità, come hanno sottolineato Heidegger e Bloch, e tutti noi, al presente, siamo costantemente interfacciati con il passato, attraverso un continuo "circolo ermeneutico" ed una "storia degli effetti", come ha annotato Gadamer: rispetto alla storia ed al passato, noi che viviamo nel presente, siamo chiamati ad operare una difficile quanto meravigliosa e prodigiosa "fusione degli orizzonti". Nel castello di Neumarkt si sommano tutti questi profondi significati della storicità.

Neumarkt è un paesino di collina di 1700 abitanti in Stiria, al confine meridionale con la Carinzia, in Austria: un villaggio dove ci sono tutte le comodità moderne ma dove si respira ancora un'aria di grande tradizione, come se il tempo, su alcuni aspetti, come ad esempio le feste popolari nei costumi tradizionali, si fosse fermato. Il paese è dominato da un castello medievale di antica fondazione (si parla di metà del XII secolo, mentre il primo documento che ne attesta l'esistenza è del 1187). Il castello si erge su uno spuntone di roccia quasi a picco sulla piazza del mercato del paese: il castello dominava i passaggi tra Klagenfurt e Vienna e prosperava basandosi sulla riscossione dei pedaggi e dei dazi. Dal 1260 al 1276 il castello appartenne ad Ottocaro di Boemia, ricordato anche da Dante, ma poi passò nei domini dell'Arcivescovo di Salisburgo che nel 1480 lo cedette all'imperatore Federico III d'Asburgo. Con la caduta dell'Impero d'Asburgo il castello cadde in rovina, ma ebbe una nuova vita quando nacque la Comunità Europea perché l'europeista Karl Brunner lo acquistò, lo fece restaurare a spese dell'Europa e lo donò al Movimento Federalista Europeo, affinché formasse le giovani generazioni allo spirito europeista. Oggi è sede di corsi di formazione per giovani europeisti.

Quale è il senso di questi fatti per noi oggi che operiamo ed esistiamo nel presente? Quale è il contenuto educativo di questa esperienza storica per i giovani che fanno questo "magico" passaggio a Neumarkt? Le vicende storiche del castello non sono molto diverse da quelle di tanti castelli medievali sparsi per l'intera Europa. Non possiamo certo illudere i giovani: i castelli erano centri di potere politico, militare, economico e sociale. Potevano diversificarsi ampiamente: da arcigne fortezze militari oppure lugubri prigioni fino a diventare splendide residenze con funzioni di lustro e di rappresentanza. Ma sempre, indubitabilmente, la presenza di un castello in un luogo rappresentava il potere che sta in alto ed il suo controllo sul popolo, con la sua precaria vita quotidiana, che sta in basso. Il castello di Neumarkt non fa eccezione: grazie alla sua posizione erta sulla roccia a picco sul paese e sulla strada di passaggio, il signore vigilava sulla gente e sui traffici commerciali e da questi ricavava profitti. Gli eventuali nemici dovevano stare alla larga, altrimenti per loro si aprivano pericolosamente le porte della prigione.

Di fronte a questi dati di fatto noi oggi possiamo assumere due paradigmi interpretativi che sono stati generati ed assunti anche nel passato: quello illuminista o quello romantico. Il paradigma illuminista, eminentemente critico, vede nel castello il simbolo del "medioevo buio", cioè di un'epoca in cui il potere operava una totale oppressione sui popoli sottoposti e, negando ogni valore della razionalità, abusava della sua forza per privare il cittadino (chiamato spregiativamente "servo della gleba") di ogni diritto. La visione romantica, invece, è quella preferita dagli studenti che passano per Neumarkt: vede nel castello il simbolo di una fase della umanità ancora piena di incanto, piena di valori ancestrali, piena di fascino misterioso. Per il paradigma romantico il castello vive di un'aura di magia fiabesca, che i giovani inconsciamente assimilano ed amano con maggiore facilità. In pratica, vivere sei giorni in un castello, per i ragazzi equivale ad un tuffo nel loro incantato mondo infantile, ad una rinascita onirica nella fase di vita edenica intrauterina. Il castello rappresenta un eremo isolato dal presente in cui è possibile fare una esperienza di stato originario pre-adolescenziale.

Storicamente il castello è stato entrambe le cose: sorgente degli incubi peggiori del potere e della storia ed anche, in altri contesti, dei sogni e delle utopie di armonia cosmica e di rigenerazione globale. Il castello può essere simbolo sia del potere assoluto sia del mito della rigenerazione della *polis*, nei diritti dell'uomo e della democrazia. E il castello di Neumarkt incarna entrambe queste visioni. Infatti, il nome del castello è *Forchtenstein*, che significa, *nomen omen*, "Pietra (*Stein*) della paura (da *Forchten* paura – *fürchten* – temere)". C'è una leggenda che incarna bene questo mistero dell'*omen* (onere) incluso nel *nomen* (nome): la leggenda di Grausame Rosalia von Forchtenstein (anche se si tratta di una signora dell'omonimo castello che si trova a sud di Vienna nel Burgerland, sempre in Austria, un altro possedimento dei Forchtenstein).

La leggenda ha per titolo "La crudele signora del castello" ed è tratta da *Sagen und Legenden aus Österreich*, "Saghe e leggende dell'Austria". Dice che Rosalie, moglie del principe amante della pace Giletus von Forchtenstein, era una donna crudele. Una volta che il principe era andato in guerra, Rosalie ("Sallah") si sentiva sovrana del castello e opprimeva i contadini nel modo più insensato: molti di loro si trovarono, poiché non potevano pagare i tributi esosi imposti dalla tiranna, ad essere imprigionati nella torre nera del castello e condannati a morire di fame. Al suo ritorno, il signore del castello emise un giudizio su sua moglie. Come quelli da lei torturati, la donna crudele fu legata ad una fune e calata nella torre nera, dove fu destinata a morire di fame, stando sopra i corpi delle sue vittime. Ogni quarto d'ora la guardia del castello si metteva di fronte ad una botola e gridava: "Sallah (Rosalia) hey!". E sempre un grido straziante saliva dalle profondità. L'ottavo giorno, tuttavia, la torre era diventata totalmente silenziosa. Da allora, a mezzanotte, il fantasma di Rosalia ha vagato con una tenue luminosità spettrale attorno alla torre nera di *Forchtenstein*. Per secoli e secoli, la guardia del castello ha afferrato il suo fucile e chiamato verso la torre in tono perentorio: "Sallah hey!" e in questo modo il fantasma scompariva. Fu solo quando un signore successivo fece costruire la Cappella di Rosalia su una montagna vicina per espiare il suo peccato, che lo spirito della donna del castello scomparve per sempre.

Una caratteristica essenziale delle saghe non è la pretesa di verità storica, ma lo scopo educativo, che determina e completa sempre il senso di ciò che accade storicamente. Nel nostro caso, il tono educativo di base della saga non è rivolto a delle persone che non fanno fatto nulla di sbagliato, cioè a quei poveri "tartassati" che sono stati imprigionati e condannati a morire per fame, ma ad una principessa che, nel suo governo in assenza del marito, ha mancato di rispettare i diritti elementari della gente ed ha abusato del suo potere. Il monito è rivolto in alto, al principe: non devi abusare del tuo potere, devi moderare la tua tirannia, come dice il bellissimo Inno Nazionale Sardo, messo in musica dai Tazenda: "Cercate di moderare, Baroni, la tirannia, perché sennò, per la mia vita! Tornate con i piedi in terra! Dichiarata è già la guerra contro la prepotenza, e comincia la pazienza nel popolo a mancare".

Questo monito è stato raccolto da Karl Brunner e da Robert Schuman quando hanno deciso di acquistare il castello, restaurarlo e donarlo ai federalisti europei che, a loro volta, lo misero a disposizione dei giovani per la loro formazione alla luce della *"politeia* ritrovata" di cui parla Hannah Arendt e dei diritti umani. Nel visitare il castello nell'autunno del

1956 Robert Schuman lo consegnò al Movimento Federalista, celebrando questo evento con una dedica simbolica e beneaugurante per il futuro del castello: **"Possa questo castello essere una fortezza del pensiero europeo in senso reale e figurato!"**. Il 7 luglio dell'anno successivo, fu fondata nel castello di Forchtenstein la prima Europahaus in Austria e prese il nome dal suo fondatore, chiamata ancor oggi: Karl-Brunner-Europahaus.

Con questa dedica Brunner e Schuman hanno ripreso la tradizione utopistica e federalistica che era stata dei mazziniani e dei primi federalisti europei della Giovane Europa nell'Ottocento e il sogno del Manifesto di Ventotene nel Novecento: il pensiero europeo ha queste profonde radici di cui il castello rappresenta la forza, l'energia, la potenzialità, "sia in senso reale che figurato". In queste due parole, però, sta l'enigmatica ed ambigua possibilità contenuta nel simbolo del castello ed esemplificata nei due paradigmi interpretativi, quello illuminista e quello romantico. Infatti, la forza del pensiero europeo sta nel castello-fortezza in senso sia reale che figurato. Il senso reale, poniamo, che sia quello illuministico: allora, il castello-fortezza diventa un incubo, il simbolo di un potere disumano che abusa della sua forza e approfitta della debolezza del popolo verso il quale dovrebbe pensarsi come al servizio, diventando, invece, uno strapotere, al posto di moderare la propria tirannia (cosa che è la vera essenza della democrazia). Monito all'Unione Europea che moderi la sua tirannia sui popoli che la costituiscono? No, naturalmente, perché tutti pensiamo che questo non sia possibile e, ovviamente, siamo certi che i nostri governanti a Bruxelles non pensano altro che a promuovere il bene comune e la prosperità dell'Europa!

Poniamo, allora, che il senso figurato sia quello del paradigma romantico: il castello-fortezza rappresenta il sogno dei popoli e dei giovani, molti dei quali hanno soggiornato e si sono infiammati di spirito di cittadinanza attiva ed europea proprio in quel castello: essi vedono nell'Europa il capovolgimento del potere tirannico in una utopia edenica e originaria in cui i diritti umani si realizzano pienamente, come se fossero dei desideri incantati di un fiabesco mondo infantile. Sì, naturalmente, perché tutti pensiamo che questo debba essere possibile e, ovviamente, siamo certi che i nostri governanti a Bruxelles non pensino altro che a promuovere il sogno e l'utopia del bene comune e della prosperità, si badi bene, non solo economica e finanziaria, dei popoli europei!

Quale dei due è il paradigma vero, allora? Ai lettori l'ardua sentenza!

In realtà, come avete potuto notare se siete minimamente in grado di usare un pensiero divergente, il doppio paradigma è una trappola mentale. Infatti, in entrambi i paradigmi si realizza l'utopia, impossibile altrimenti, che il potere presente è sempre sia figurato che reale, sia illuminista che romantico, sia utopico che cinico, sia critico che fiabesco, sia realistico (la ragione di stato) che proiettato nel "sole dell'avvenire". In pratica, questa duplice versione-immagine del potere, ha il carattere della dialettica hegeliana di tesi – antitesi – sintesi, cioè di catalizzatore ipnotico del pensiero, così che venga ingabbiato nella morsa della trappola che gli viene tesa. La dialettica consta in una tensione tra un paradigma oppressivo ed uno liberatorio, ma entrambi criticati e messi in crisi l'uno dall'esistenza e dall'effetto dell'altro. Così che o si crede nell'uno e si combatte con questo l'altro, o si crede nell'altro e si combatte con questo il primo. Alla fine i due schieramenti, messi l'uno contro l'altro, scoprono di avere sia torto che ragione entrambi solo alla fine, quando hanno totalmente esaurito le loro energie o nel sogno e-utopico proiettato sul futuro o nella critica caustica del passato, ma sortendo, alla fine, una impotenza totale di fronte a chi fa la sintesi nel presente: il potere. Abbiamo delineato il meccanismo perverso della ideologia del potere moderno che può aleggiare nascosta nel senso profondo della dedica di Schuman al castello-fortezza di Neumarkt, se il pensiero critico, divergente, laterale non ci fa aprire gli occhi della mente per trovare il vero senso della storicità di Neumarkt, che non sta né nel paradigma illuministico né in quello romantico isolatamente presi, e nemmeno in quello dialettico hegeliano. E, allora, dove sta il senso autentico della storicità di Neumarkt e la sua lezione educativa significante?

Noi che siamo la comunità di resistenza e di rinascita spirituale che a Neumarkt ha sperimentato una tappa fondamentale della propria formazione ed educazione significante, diciamo che il senso della lezione storica di Neumarkt sta nella *Sathiagraha* di Gandhi, riassumibile nella filosofia della verità, in quella filosofia della liberazione che è la ricerca del paradigma della verità, scevra e libera da tutte le ideologie, sia quella illuministica, sia quella romantica, sia quella idealistico-dialettica hegeliana e che si può riassumere in una frase che è il vero paradigma del cittadino del XXI secolo, che ha come "motore" il "cuore del ragazzo del duemila", di cui parlava Lucio Dalla in una sua canzone da me già citata altrove: "**Sii tu stesso il cambiamento che vuoi nel mondo**". Questa, e lo diciamo molto solennemente e senza vergognarcene, è la fonte della nostra educazione significante e la sorgente della nostra filosofia della liberazione. Cioè della filosofia della verità che non coincide con nessuna ideologia, ma consiste nella esperienza elementare dei valori fondamentali della vita che chiamiamo diritti umani, non abusati terminologicamente come avviene oggi e ridotti a relitti linguistici, trasformati in gabbie ideologiche del pensiero, ma esperienza reale dei giovani che costruiscono il loro sapere autonomamente ed usano il loro pensiero in modo non convergente e basta, ma anche in modo laterale e divergente, insieme con i maestri che si scelgono loro e non quelli che impone loro un copione sociale che tutti recitano a memoria.

Volete un esempio? Eccolo: una studentessa che ha frequentato Neumarkt nel 2018, Francesca, definisce in modo perfetto questa filosofia della liberazione e questa educazione significante (o "aliena" rispetto al metodo normalmente usato dalla ideologia del potere sociale) che è stata per lei l'esperienza di Neumarkt:

"Nessuna esperienza, seppure nel mio piccolo io scalpiti irrequieta e piena di domande intorno al dibattito sui diritti umani da più di un anno, mi ha permesso di sfiorare con le mie mani quella che è l'essenza dell'umanità come Neumarkt ha fatto. Certo, prima del magico castello c'è stato "Cittadini per la Costituzione", che mi ha permesso di entrare in contatto con persone consce delle proprie responsabilità all'interno dello Stato (cosa tutt'altro che scontata) e mi ha investita con la consapevolezza di quanto ci sia a questo mondo per cui vivere e lottare. (...) Certo, prima delle pietre centenarie c'è stato Mato Grosso, che mi ha insegnato la bellezza e la gioia dello spendersi per il prossimo.

Poi è arrivato impetuoso questo agosto, ansioso di mostrarmi quale fosse il senso del vivere, desideroso di smantellare beffardo, solo con un tocco, come uno scalpello su uno specchio, la mia superbia e sufficienza e smanioso di far sì che provassi meraviglia. Neumarkt è una esperienza che cambia la vita. Questa settimana, immersi nei boschi della Stiria e lontani da futilità, ha messo in luce, già alle prime ore, le più svariate lacune che un individuo può presentare ed ha permesso a ciascuno, senza pressioni alcune, di lavorare su di esse in modo costruttivo.

Senza neppure accorgermene, in sei giorni, grazie alla presenza e al muto sostegno dei miei diciannove compagni, sono riuscita a superare le mie difficoltà nel socializzare, dialogare e mangiare insieme ad altre persone. C'è un motivo se in precedenza ho definito "magiche" le mura del castello. Si parli di energie, si parli di memorie, si parli di *Genius Loci*. Vi è una presenza a Neumarkt che tutela i suoi ospiti. Quasi vi fosse un'ovatta che impedisce al singolo di sentirsi incompreso, sprofondando nel baratro della solitudine. Una soffice morbidezza che coccola ognuno e permette di mostrare il meglio di sé.

In un ambiente del genere filosofia, arte, psicologia, economia e politica si fondono in un *unicum* irripetibile, una sfera luminosa che avvolge il cuore dei partecipanti ed infonde in essi un'eccitazione quasi febbrile nel volersi spendere per qualcosa, finalmente consci del proprio potere. A Neumarkt, probabilmente, ci sarebbe spazio per gelosie ed invidie, se solo queste vi si formassero! A Neumarkt vi sarebbe spazio per oscurità e pessimismo, se solo questi riuscissero a farsi strada oltre la barriera di luce! A Neumarkt ci sarebbe spazio per risate malvagie, se solo queste non si rintanassero in qualche angolo buio, come una tarantola ferita!

Simile allo squisito sciroppo al sambuco che trovavamo ogni mattina a colazione, quest'esperienza con il PES è stata un balsamo rinvigorente che ha accarezzato corpo e mente. L'avventura, organizzata dai professori Giulio Zennaro e Michele Di Cintio, con il patrocinio dell'ADEC e del PES, si è svolta dal 6 all'11 agosto 2018 ed era articolata secondo un susseguirsi di conferenze presentate da diversi relatori (Sofia, Carluccio Bonesso, Michele Di Cintio, ecc...) che toccavano i più svariati ambiti, accomunate dalla centralità del concetto del "prendersi cura". Attorno a questo, ruotavano nozioni di storia, psicologia, timologia ed etica che permettevano agli studenti di avere un quadro generale per poi andare, nei pomeriggi, a lavorare su tematiche proposte dagli stessi e concludere l'ultima sera con le presentazioni (i *report*) dei laboratori.

Conferenze e lavoro intellettuale erano piacevolmente intervallati da uscite naturalistiche (lago di Zeutschach) e culturali (Duomo di Gurk e Klagenfurt), merende e momenti di gioco. Le presentazioni dei quattro laboratori ("Il male dentro e fuori di noi", "Controstoria", "Arte" e "Corporeità") vertevano sul tema centrale della cura e si riflettevano, quindi, nel nascente dibattito sui diritti umani. **In quei sei giorni, senza alcun tipo di minaccia o pressione, tipiche della scuola, noi ragazzi siamo riusciti ad impegnarci e dare il meglio di noi scoprendo la gioia del vero studio capace di colmare qualsiasi vuoto.** P. S. Nemmeno un terribile virus intestinale è riuscito a sconfiggerci". (Francesca Meneghetti, 21.08.2018)

In questa prosa poeticissima di Francesca (che si chiama Wicca) sono condensati i capisaldi dell'educazione significante, "aliena" e "magica" dello spirito di Neumarkt, vero esempio e vera esperienza di filosofia della liberazione in atto (non teorica, non ideologica e ben consapevole dei propri fondamenti razionali e metodologici), vero esempio di comunità di resistenza alla *matrix* del potere che domina nella società e vera comunità di rinascita spirituale.

Nella prima proposizione che qui riporto ("Poi è arrivato impetuoso questo agosto, ansioso di mostrarmi quale fosse il senso del vivere, desideroso di smantellare beffardo, solo con un tocco, come uno scalpello su uno specchio, la mia superbia e sufficienza e smanioso di far sì che provassi meraviglia. Neumarkt è una esperienza che cambia la vita"), Francesca descrive la meraviglia come motore del "cuore del ragazzo del 2000" che innesca il cambiamento della propria vita che è l'unico vero inizio del cambiamento del mondo. Questo stupore, che è lo stesso da cui è nata la filosofia distaccandosi dalla religione sciamanica e dal potere sacerdotale che gravava sulle società arcaiche, ha un nemico nella autosufficienza, la superbia, la autoreferenzialità, potremmo dire, che è la "droga" che la *matrix* produce con la sua ideologia, droga che provoca sedazione e narcosi mentale, stati ipnotici in cui il potere chiude le menti della gente, impedendo loro di aprire gli occhi e di risvegliarsi dal sonno come quello della "bella addormentata nel bosco", come abbiamo constatato nella vicenda dell' "emergenza covid". Il "beffardo agosto di Neumarkt" non va tanto per il sottile e non si preoccupa dello specchio (che in questo caso richiama il mito di Biancaneve): lo scalfisce con un colpo secco di filosofia della Mente Grande. L'incantesimo ipnotico è spezzato e tutto comincia a rifiorire: Francesca non ha più paura di mangiare, stare con gli altri, condividere la sua straordinaria genialità cosmica, perché non ha più paura di risate maligne e di prese in giro di compagni crudeli come inquisitori spagnoli.

Il secondo caposaldo della filosofia di Neumarkt è descritto nella seconda proposizione che qui riporto: "C'è un motivo se in precedenza ho definito "magiche" le mura del castello. Si parli di energie, si parli di memorie, si parli di *Genius Loci*. Vi è una presenza a Neumarkt che tutela i suoi ospiti. Quasi vi fosse un'ovatta che impedisce al singolo di sentirsi incompreso, sprofondando nel baratro della solitudine. Una soffice morbidezza che coccola ognuno e permette di mostrare il meglio di sé". Si tratta di una atmosfera, cioè un'armonia cosmica di menti, corpi, emozioni, fantasie, inconsci, desideri, pensieri, spiriti dionisiaci e apollinei che vibrano all'unisono in una modulazione ritmica risonante che genera complicità, empatia, simpatia, collaborazione, condivisione, relazione affettiva, co-vibrazione emozionale come se si suonasse in una orchestra ben collaudata o si danzasse in un corpo di ballo ben affiatato. Questa risonanza armonica, che fa sì che il singolo individuo si senta dentro ad un vero corpo sociale, un vero organismo collettivo (cosa che è propriamente la "magia" di Neumarkt) fa in modo che la persona adolescente venga strappata alla prigione sociale in cui normalmente è rinchiusa senza accorgersi, fatta salva l' "incomprensione" e la "solitudine" di cui soffre senza sapere perché, permettendo ad ognuno di dare il massimo e il "meglio di sé".

La terza proposizione (che qui riporto: "In un ambiente del genere filoso-fia, arte, psicologia, economia e politica si fondono in un *unicum* irripetibi-le, una sfera luminosa che avvolge il cuore dei partecipanti ed infonde in essi un'eccitazione quasi febbrile nel volersi spendere per qualcosa, final-mente consci del proprio potere"), descrive l'educazione significante, cioè il possibile modello di scuola nuova che si sperimenta a Neumarkt e che sarebbe meraviglioso "esportare" anche nelle nostre scuole. Francesca de-finisce questo modo nuovo di imparare, sapere, conoscere "unicum irripe-tibile" e "sfera luminosa" che è fatta di uno studio diverso che è sia intel-lettuale che empatico ("una sfera luminosa che avvolge il cuore"). France-sca esprime bene il segreto di uno studio veramente efficace, perché mette in moto il sistema emotivo della ricerca e il pensiero laterale-diver-gente, cioè mette in moto la Mente Grande e creativa; ma anche consegna ai ragazzi una specie di nuova volontà di potenza ("finalmente consci del proprio potere") che permette ai ragazzi di conoscere non solo i propri li-miti, come gli adulti spesso ricordano loro, ma anche la propria potenza giovanile, che è evocata, di solito, solo per accattivare i giovani e convin-cerli ad entrare dentro la *matrix* e regalare ad essa la propria talentuosità. No, qui l'educazione significante è un percorso personale, una vera auto-educazione maieutica, socratica di conquista della propria Mente Grande che sarà libera, felice, creativa, sana e non sottoposta a nessun potere so-ciale che non sia aperto al bene comune ed alla piena realizzazione della persona.

La quarta proposizione (che qui riporto: "In quei sei giorni, senza alcun tipo di minaccia o pressione, tipiche della scuola, noi ragazzi siamo riusciti ad impegnarci e dare il meglio di noi scoprendo la gioia del vero studio capace di colmare qualsiasi vuoto") rivela il male della nostra scuola e di una educazione non significante che la attanaglia: la pressione, la paura, lo *stress*. Un sistema scolastico basato sull'umiliazione e l'isolamento, sulla frustrazione e l'emarginazione di ogni talento e potere di Mente Grande che i giovani possiedono a tutto vantaggio di un sistema sociale (*matrix*) che vuole solo che i giovani si integrino per risucchiare loro tutte le energie mentali per i propri scopi di *business*, vuole controllare le loro coscienze con i sensi di colpa e i complessi di inferiorità distribuiti copiosamente, vuole manipolare i loro desideri, affinché non siano più i loro, ma coincidano con quelli della *matrix* stessa, vuole condizionarli perché siano obbedienti e succubi al sistema. Francesca non ci sta ed indica il metodo di quella comunità di resistenza e di rinascita che dà vita alla filosofia della liberazione.

A Neumarkt, e dovunque ci sono persone che attuano i loro desideri in questa direzione, ci sarà sempre una scuola viva, cioè una comunità di rinascita e di risveglio spirituale e di resistenza al potere, come si è formato, ad esempio, durante la quarantena, combattendo contro lo *psicovirus* della paura e che sta avendo anch'essa il suo varo editoriale con un libro in via di pubblicazione sulla "filosofia della quarantena". "Neumarkt è un'esperienza che cambia la vita": è il frutto reale e concreto di una educazione significante, purtroppo ancora un po' troppo "aliena", che incarna il "magico spirito" di armonia cosmica che aleggia ancora nel castello di Neumarkt. Questa magia che apre la Mente Grande può coincidere con la funzione della mente chiamata "intuizione". Ce ne dà una perfetta definizione Nietzsche, descrivendo in modo geniale la dinamica educativa che sottende nel profondo l'esperienza di Neumarkt.

"Un rapimento, **la cui enorme tensione si scarica talvolta in un torrente di lacrime; che ora fa precipitare il passo, ora lo rallenta... Tutto avviene in modo involontario in massimo grado, ma come in un turbine di senso di libertà, di incondizionatezza, di potenza, di divinità... tutto si offre come l'espressione più vicina, più giusta, più semplice. Sembra veramente come se le cose stesse si avvicinassero e si offrissero come simbolo... Questa è la mia esperienza dell'ispirazione". (*Ecce Homo*, p. 99ss)**

Capitolo nono

Uno strano titolo: "Il bicchiere di Aleardino"

Mentre scrivevo questo testo, che raccoglieva le idee pullulate nella mia testa durante la quarantena, nell'estate 2020 cominciavo a lavorare, insieme con alcuni amici artisti dell'Associazione Di.Segno (Cleofe Ferrari, Oriana Sartore, Carlo Simonato, guidati dal Maestro Americo Mazzotta, di cui parlerò nel prossimo capitolo, e da Suor Maria Gloria Riva, la curatrice) ad una Mostra su Sant'Antonio di Padova. La Mostra, intitolata "La Voce e il Miracolo", espone le opere di 27 artisti che si sono confrontati con la figura del Santo dei miracoli. Ho anche contribuito al Catalogo e ho preso parte, con un mio intervento, alla Presentazione, avvenuta il 28 agosto 2020 presso la Basilica del Santo a Padova. Mentre lavoravo su questo evento si rafforzava in me la coscienza che le figure di Francesco d'Assisi e quella di Antonio, specchio della prima, erano due esempi straordinari di discepoli di Gesù autentici che, nel pieno della crisi della fede della Chiesa del XIII secolo, hanno percepito la drammatica distanza dal progetto originario che quella Chiesa aveva assunto, a causa della alleanza con il potere del progetto privato. Entrambi, in modi diversi, hanno cercato di ritornare al progetto originario del discepolo di Gesù che si era smarrito a partire dagli eventi del quarto secolo (Editto di Costantino, Concilio di Nicea ed Editto di Tessalonica di Teodosio, di cui ho parlato nel primo capitolo), e che avevano portato alla crisi della chiesa teocratica di Innocenzo III. Francesco e Antonio cominciano a ripercorrere la stessa strada originaria del discepolo di Gesù. Mi accorgo, allora, che il lavoro di conoscenza e di immedesimazione che stavo facendo su Antonio per la

Mostra mi stava conducendo a delineare un altro splendido esempio di discepolo autentico del progetto originario e di una stupenda comunità di resistenza al potere e di rinascita spirituale che dalla figura di Francesco e da quella di Antonio si erano generate.

Ho così pensato di recuperare un testo scritto cinque anni prima, nel 2015, per prepararmi ad una visita guidata alla Scoletta del Santo, la sede della Arciconfraternita della Venerabile Arca del Santo, che ospita un importantissimo ciclo di affreschi e di tele sulla vita e i miracoli del Santo; ho fatto precedere questo testo da una introduzione che raccoglieva gli spunti di riflessione del lavoro preparatorio della Mostra e ho, infine, pubblicato il tutto in un libro intitolato *Il bicchiere di Aleardino* (G. Zennaro, *Il bicchiere di Aleardino, Amazon,* agosto 2020). Riporto qui di seguito la introduzione al libro che ho scritto, come detto, durante l'estate e che considero un contributo validissimo come esempio di Discepolo di Gesù alla ricerca del progetto originario, sulle orme di Francesco e che, pertanto, ritengo possa apparire a pieno titolo in questo testo in cui si parla di esempi storici ed attuali di cercatori del progetto originario e di creatori di comunità di resistenza al potere del progetto privato e di rinascita spirituale, esattamente come lo sono stati Francesco d'Assisi e Antonio di Padova. Innanzitutto va spiegato, come faccio qui di seguito, lo "strano" titolo di questo libro.

Lo "strano" miracolo del bicchiere di Aleardino

Se i miracoli sono la cifra di S. Antonio, oltre alla potenza del suo parlare evangelizzatore, c'è un miracolo minuscolo e quasi insignificante, che però, è, secondo me la cifra di tutti i suoi miracoli. Il miracolo del bicchiere di Aleardino è questa cifra. Esso è un miracolo piccolissimo come voleva essere piccolo il frate francescano Antonio. Ma la potenza del progetto originario che in questo miracolo, apparentemente insignificante, si sprigiona è immensa, come la sua figura di discepolo di Gesù. Infatti, la potenza di Dio viene dispiegata per una sfida piccolissima. Ma è la sfida della verità, la verità sulla missione del Santo, venuto per aiutare le moltitudini nella ricerca del progetto originario contro il Nemico che offusca con la sua ideologia la verità, chiamando male il bene e il bene male (cfr. Isaia). Per rintuzzare l'arma della menzogna e della ideologia, viene scomodata la potenza di Dio per un minuscolo dettaglio, se un bicchiere si deve rompere o no per sfida: ciò significa che neanche per un minuscolo dettaglio bisogna cedere alla menzogna subdola e sottile di cui la ideologia si serve. Vediamo ora, come la stessa vita di S. Antonio è un percorso di riscoperta, anche per noi, del progetto originario, così spesso offuscato dalla confusione generata dall'ideologia del Nemico nelle nostre menti.

Da Fernando a S. Antonio: alla appassionata ricerca del progetto originario

Imbattersi in S. Antonio oggi è un "buon esercizio" per incontrare Gesù e diventare suo discepolo e colmare, così, la distanza temporale e linguistica che ci separa da Lui. Seguire la biografia del Santo è un percorso guidato verso il progetto originario, cioè verso il modello di salvezza e di realizzazione piena che era scritto nel nostro destino fin dall'inizio del mondo e della nostra vita singola. Ogni cosa ha un progetto originario, una specie di *eden* primordiale che aspetta di essere realizzato pienamente. Antonio è un grande cercatore di questo progetto originario e ci insegna come perseguirlo con passione e determinazione. Gli affreschi e le tele della Scoletta sono esattamente questo percorso guidato alla ricerca del proprio discepolato di Gesù per ognuno che ne voglia fruire, sulle tracce della vita e dei miracoli di S. Antonio.

Certo, ottocento anni di distanza temporale, dal punto di vista culturale non è facile colmarli. Inoltre, a differenziarci da S. Antonio è anche la particolare sua "santità" che non è facile da interpretare per noi oggi, anche se ci affascina molto. La sua è una santità sia mistica, contemplativa che attiva (predicazione): è una discepolanza di Gesù sia "passiva" (caratterizzata da umiltà, nascondimento, povertà), sia "attiva" (caratterizzata da evangelizzazione, carità e miracoli). I miracoli per S. Antonio, come per Gesù, sono "segni" in cui si manifesta la potenza energetica di questi uomini e la loro capacità di influire sugli elementi naturali e sul corpo; e sono usati come "chiavi" per fare breccia nelle difese che il potere ha costruito attorno all'anima delle persone che li incontrano. Questa dimestichezza che i "santi" hanno, come Gesù, con i miracoli è dovuta al fatto che i discepoli di Gesù attingono direttamente dal cosmo l'energia per dominare gli eventi naturali, mentre noi siamo abituati ad usare il filtro della tecnologia che ci viene proposto costantemente dalla società, la quale attraverso di essa ci domina e influisce su di noi.

La via ascetica di S. Antonio è caratterizzata da alcuni elementi che, adeguatamente interpretati e compresi, possono essere molto interessanti anche per noi, per cercare di essere, anche noi, discepoli di Gesù. La vita di S. Antonio manifesta una grande conoscenza della figura di Gesù che i suoi biografi chiamano "scienza": è la conoscenza profonda del vangelo, in particolare, e delle Scritture, in genere. In secondo luogo, la sua vita è caratterizzata da una totale povertà, intesa come rinuncia a possedere le cose, che gli conferisce una totale libertà dal dominio del potere sociale su di lui. Questa rinuncia al possesso è bene simboleggiata dal suo cambiamento di nome, da Fernando ad Antonio, perché con questa svolta egli non intendeva solo nascondersi e sottrarsi alla vecchia trama di rapporti degenerati con il mondo precedente di amici e parenti, ma, soprattutto, intendeva acquisire una nuova identità di discepolo autentico di Gesù, anche a costo di doversi separare dal resto (santo = separato, secondo la profezia di un suo confratello agostiniano fattagli nel momento del suo passaggio al saio francescano). Inizia così una nuova ricerca costante del proprio linguaggio di discepolo di Gesù che sarà sempre più caratterizzato da ardore e attività. Ad esempio, nel farsi francescano, la sua "scienza" biblica viene messa da parte, infiammato come era dal desiderio della evangelizzazione in Africa degli islamici. La sua "scienza" verrà "ripescata" e valorizzata successivamente dopo la "svolta di Forlì", cioè quando viene ad emergere il suo grande carisma della parola e della scienza biblica e teologica.

S. Antonio non smette mai, però, anche in questa discepolanza attiva, di cercare il contatto mistico con il divino, tramite la solitudine e la ricerca di luoghi "eremitici" che gli ricordino l'*eden* originario: perfino il noce di Camposampiero, oltre che la grotta di Montepaolo, ne è un esempio significativo. La sua vita attiva di evangelizzatore è stata caratterizzata da una continua ricerca di un linguaggio che sia come un portale che permetta all'aldilà del divino di penetrare nell'aldiqua della comprensione umana. Infatti, questo linguaggio è supportato da un pensiero divergente capace di trasmettere nell'aldiqua il messaggio dell'aldilà, così che si crea un costante *"admirabile commercium"*, un flusso mirabile di comunicazione tra aldilà e aldiqua.

La sua biografia di santo è difficilmente inquadrabile in uno schema preordinato perché estremamente diversificata: possiamo tranquillamente definirlo tramite degli ossimori (contraddizioni) che per altri risulterebbero impossibili, ma che in lui convivevano insieme. Egli era un mistico attivo; un eremita viaggiante; un parlatore con i fatti (miracoli); un umile sempre in vista pubblicamente; un sapiente nascosto e dedito al quotidiano, finché ha potuto; un ribelle obbediente; un supplice supplicato; un discepolo sia attivo che contemplativo; la sua parola spacca la prigione con cui il potere riveste le parole, anche quelle sacre: con la sua predicazione, alla parola viene ridata la potenza che aveva all'origine, quando fu creato il cosmo da Dio tramite la Parola ("In principio era il Verbo e tutto fu creato tramite di Lui").

Una premessa: la "navicella di Pietro" è nel pieno di una tempesta

S. Antonio/Fernando vive in un periodo di grande crisi della civiltà cristiana e della istituzione ecclesiastica a guida di essa. Il risultato conseguente a questa crisi è stato una lunga serie di eresie. Quello che noi conosciamo come S. Antonio rappresenta un certo tipo di metodo nei confronti di questa crisi e nei confronti di diverse eresie, che sono come le malattie dell'organismo, sia della civiltà cristiana che della istituzione "chiesa" che la guidava. Il metodo rappresentato da S. Antonio si può sintetizzare in questo modo: col nemico non si fa nessun accordo, nessun compromesso ma un confronto basato sulla verità. Questo metodo che S. Antonio introduce si va ad integrare con il francescanesimo: alla sfida del totale disinteresse del potere sociale (povertà) che S. Francesco aveva introdotto, S. Antonio aggiunge la dimensione della "scienza", cioè lo studio. Bisogna sottolineare che a quel tempo la "scienza" teologico-biblica era considerata alleata della istituzione e in sinergia con il sistema della civiltà cristiana che contemplava una alleanza, per lo più cesaropapistica, con il potere del progetto privato (il potere del progetto privato è quell'insieme di poteri politico sociali che si sostituiscono al progetto originario per imporre il proprio assetto-progetto di interessi privati, cioè a propria misura). Al metodo francescano di affronto del potere e di ricerca del progetto originario perduto, S. Antonio aggiunge il metodo della "Voce", cioè il metodo della evangelizzazione tramite la predicazione sistematica da parte dei discepoli di Gesù diventati attivi. S. Antonio, poi, aggiunge un altro metodo evangelico particolarmente efficace: il "miracolo".

Per comprendere la complessità della sfida in cui S. Antonio si trova implicato bisogna delineare la mappa delle *matrix* (= sistemi di potere, come nel film omonimo) che, a loro volta, si mettevano in competizione con la *matrix* principale (la *matrix* del potere si spezzetta sempre in *sotto-matrix* che si contrappongono alla *supermatrix*, apparentemente per distruggerla, in realtà, contribuendo a fare sì che tutto sembri cambiare affinché tutto rimanga sempre uguale, cioè il sistema della *supermatrix* cesaropapistica). Eccone un approssimato elenco: 1. la mondanizzazione della chiesa; 2. la teocrazia che contesta il potere all'impero, come al tempo di Innocenzo III; 3. la ricchezza come sistema di potere; 4. la *matrix* ebraica; 5. il catarismo; 6. la *matrix* islamica; 7. l'eresia valdese; 8. il casaropapismo stesso: cioè l'intromissione del potere politico nella vita cristiana; 9. il potere arbitrario che imperversa senza limiti (e che S. Antonio cerca di mitigare con la introduzione della pietra del vituperio); 10. la sistematicità della guerra come mezzo normale di risoluzione dei conflitti (come, ad esempio, si verificava con le crociate e con le guerre tra i comuni e l'Impero). S. Antonio, che si trova immerso in un mondo pieno di tutte queste linee di frattura, propone, invece, al posto della *matrix* una visione totale e unitaria della vita, basata sulla pienezza dell'essere rivelata in Gesù e pervenuta attraverso i suoi discepoli, di cui S. Francesco e lo stesso Antonio si sentono parte.

Con che metodo Fernando/S. Antonio affronta tutte queste *matrix*, iniziando dalla periferia, come poteva essere la sua città natale, Lisbona, cioè dai confini del continente in cui le varie *matrix* si contendevano il potere? Lisbona, e la civiltà che la caratterizza, era impegnata in una lotta secolare di *matrix* contro *matrix*, la *Reconquista*. E Fernando si trova nel vortice di questo scontro epocale tra la *matrix* islamica e quella cristiana, che si stava combattendo lungo la linea di frattura della penisola iberica. All'inizio, Fernando desidera solo dedicarsi alla propria salvezza personale, scegliendo il modello di vita che gli era più congeniale, il modello monastico agostiniano. Il suo modo di "disobbedire" alla *matrix* del potere era particolarmente discreto e personale: "disobbediva" al potere "obbedendo" alla regola monastica agostiniana. Disobbedire al potere, obbedendo ad un modello di discepolanza di Gesù; disobbedire senza trasgredire: ecco una chiave di lettura essenziale del metodo adottato da Fernando/S. Antonio. Il nascondimento è una delle possibili scelte di fronte alle pretese totalizzanti della *matrix* del potere: gli eremiti la praticavano da secoli con grande ammirazione del popolo cristiano che vedeva in essi persone coraggiosamente "disobbedienti" alle varie *matrix*. La via dell'isolamento imprime, però, il carattere del discepolato interiore e passivo in chi la persegue. Inizialmente, era questa la prima vocazione di

Fernando: mentre le *matrix* si scontravano in un duello poderoso, Fernando sceglie il proprio metodo di discepolato di Gesù sotto l'ombra protettiva della regola monastica agostiniana. Studio, *Sacra Scrittura*, teologia e ascesi mistica interiore.

Il discepolo di Gesù Fernando è caratterizzato da una folle attrazione per il progetto originario: egli è tutto proteso alla ricerca della propria definizione di sé come inscritta nella sua vocazione e trova questo primo punto di equilibrio isolandosi. Egli individua chiaramente il nemico come un qualcosa che sta fuori il caldo ambiente protettivo che caratterizza la sua comunità monastica. Ma Fernando è una personalità incapace di trovare compromessi e di accontentarsi delle misure mezze, dell'*aurea mediocritas* oraziana. Il suo totalizzante fascino per essere discepolo di Gesù lo porta a varie rotture con i sistemi esterni e sempre più incompatibili con questa sua dimensione di discepolanza autentica di Gesù.

La linea di spartiacque nella ricerca del progetto originario per S. Antonio

La linea di demarcazione netta nella vita di Antonio è Forlì (quando casualmente viene scoperto il suo carisma della predicazione): prima è un disobbediente alla *matrix*, fugge, cerca la solitudine da intransigente estremista, combatte facendosi guidare dal motto di Francesco: "o converto o muoio io per Cristo", non accetta compromessi, segue la sua ispirazione verso il progetto originario, non fa nessun miracolo, si isola, si nasconde, macera il suo corpo, si umilia, è obbediente-nascosto, è "invisibile", è un "nessuno": è in una parola, un perfetto discepolo "passivo" di Gesù. Si possono intravvedere nel periodo pre-Forlì un suo passaggio attraverso dodici rotture che danno vita a dodici stadi o stati di ricerca solitaria del progetto originario.

1. Dalla nascita alla crisi adolescenziale: si confronta con la corporeità e la sessualità e fa la scelta del rifiuto del piacere dionisiaco: disobbedisce alla *matrix* della mentalità sessuale della società. (Prima rottura)

2. Dall'entrata nei canonici regolari a Lisbona al trasferimento a Coimbra: si confronta con la scienza agostiniana ma è ancora disturbato dal mondo degli altri e fugge per la seconda volta verso un luogo più isolato e

nascosto dalla sua vita precedente. Approfondisce la ricerca del progetto originario attraverso la scienza agostiniana. (Seconda rottura)

3. Dall'entrata a Coimbra all'evento dei cinque martiri francescani. I martiri fanno su di lui un effetto *shock*. Si verifica una nuova ribellione: questa volta alla intransigenza della scienza agostiniana per abbracciare l'intransigenza francescana, costituita da povertà estrema, obbedienza, predicazione ad oltranza, martirio, rifiuto del dionisiaco. Avviene un cambio di prospettiva e di sguardo: il francescanesimo come nuova risposta alla sua sete di progetto originario. (Terza rottura)

4. Dall'incontro con il carisma francescano nella sua forma più estrema (martirio) alla richiesta di cambiamento di appartenenza religiosa. C'è un breve periodo di rottura con l'Istituzione e la richiesta di indipendenza dall'obbedienza originaria. Egli supplica i suoi superiori, domandando insistentemente lo scioglimento del suo vincolo agostiniano e lo ottiene. Egli si dimostra testardo nella domanda e fermissimo nella decisione: una profezia della sua essenza. Santo significa "separato", come profetizzato da un suo confratello. (Quarta rottura o separazione)

5. Dalla vestizione appena compiuta al cambiamento del nome, sia come espediente per poter rimanere "invisibile" alle vecchie conoscenze e amicizie, per poter perseguire il proprio obiettivo di ricerca del progetto originario nel nascondimento, sia come emblema del suo cambiamento radicale. (Quinta rottura)

6. Dalla partenza per il Marocco alla grave malattia: il suo progetto ("o la conversione degli infedeli o la mia morte") non si realizza. Antonio subisce un nuovo fallimento. La sua energia di volontà viene stroncata dal suo stesso corpo, come se il dionisiaco corporeo, combattuto dal suo io spirituale, si ribellasse contro il suo spirito e come se la divisione tra corpo e spirito generasse malattia. (Sesta rottura)

7. Dalla malattia al ritorno in patria: un inverno passato malato senza nessun risanamento lo costringe a tornane in patria e si imbarca. E' la rottura definitiva con il suo progetto estremo per recuperare, almeno, la salute del corpo. (Settima rottura)

8. Dall'imbarco al naufragio e all'approdo in Sicilia. Anche l'intento precedente fallisce. Anche lui, come S. Paolo a Malta, fa l'esperienza del

naufragio. Conosce il rapporto con l'acqua, il vento, il mare, le forze naturali, come Pietro che cammina sulle acque in tempesta, Gesù che calma il temporale: cose di cui si ricorderà nei suoi numerosi miracoli ai naufraghi. (Ottava rottura)

9. Dal naufragio alle fonti francescane: il viaggio verso il Capitolo delle Stuoie. Cambia di nuovo prospettiva per andare ancora di più all'origine della sua vocazione e del suo carisma francescano. Il suo corpo lo sostiene e si riappacifica con il suo spirito. (Nona rottura)

10. Dall'anonimato alla supplica a Graziano: Antonio è di nuovo supplice e dipende dal volere di altri. Nessuno lo aveva accolto prima. Dalla appartenenza generica alla Istituzione francescana passa alla obbedienza concreta di una comunità di discepoli di Gesù. (Decima rottura)

11. Dalla vita comunitaria a Montepaolo alla ricerca di una maggiore solitudine: dall'eremo alla grotta. Antonio vuole approfondire la via ascetico-mistica e intraprende una nuova lotta con il corpo. (Undicesima rottura)

12. Dalla grotta di Montepaolo all'episodio delle Ordinazioni a Forlì, che coincide con la sua svolta radicale: dall'ascetismo nascosto al riconoscimento dell'autorità e alla scoperta e valorizzazione del suo carisma. Inizia la sua immersione nel pubblico, nella Istituzione, comincia a venire a patti con la *matrix* ecclesiale, pur mantenendo il suo rapporto con il progetto originario. Viene cooptato nella grande lotta della *matrix* ecclesiale con le *sotto-matrix* interne: movimenti pauperistici e ribelli alla autorità, area della insofferenza contro la chiesa teocratica o alleata con il potere (cesaropapistica); o esterne: *matrix* valdese, *matrix* ebraica, *matrix* catara, *matrix* islamica. (Dodicesima rottura)

S. Antonio è un grande ed instancabile sperimentatore su di sé di modi per accedere al progetto originario: egli continua a lavorare su di sé attraverso numerose rotture sia con il proprio progetto privato che con le varie *matrix* da cui si distacca perché cerca sempre qualcosa di meglio, di nuovo e di più adatto alla sua esigenza originaria. Nella prima fase della sua vita, caratterizzata da tutte queste rotture, si evidenzia chiaramente che la santità consiste proprio in una separazione e in una rottura da altri schemi che non sono quelli della vocazione e del progetto originario di Dio sul discepolo di Gesù che vuole diventarlo sempre di più. La santità è la separazione continua e in costante evoluzione da tutte le forme di progetto privato per assimilarsi sempre di più al progetto originario del discepolo di Gesù, quale emerge dai vangeli e dalle lettere paoline. Questo nella vita di S. Antonio è assolutamente evidente, come del resto, anche in S. Francesco.

I pericoli della istituzionalizzazione di un carisma

Ci sono, però, delle insidie anche dopo la svolta di Forlì. Infatti, come è accaduto con la svolta epocale del 313 d. C. (Editto di Costantino) e del 325 (Concilio di Nicea), la chiesa, nata dalla discepolanza rischiosa di Gesù si istituzionalizza, con tutti i vantaggi e i pericoli che questo comporta. Così, agli inizi del Duecento, constatiamo che questa chiesa istituzionalizzata si trova nel bel mezzo di una tempesta, in cui la tentazione e il pericolo più grande è di dimenticare il suo progetto originario, per adottare quello privato caro al potere con il quale si allea. Il rischio è quello di sostituire al progetto originario la mentalità del potere del progetto privato e non viceversa, condurre il progetto privato a rinunciare a sé e ricercare il progetto originario. Sono numerosi gli esempi di questa prevalenza della mentalità "mondana", cioè del sopravvento del progetto privato nella chiesa. Non a caso sorge la figura di S. Francesco che dal Crocifisso di San Damiano riceve la missione da Gesù stesso: "Ripara la mia Chiesa". S. Francesco capisce inizialmente di restaurare la chiesetta fatiscente di S. Damiano, ma, poi, si rende conto che la chiesa da riparare è la sua Chiesa, cioè la Istituzione pericolante che, dimentica del progetto originario, è caduta nei meandri e nei tentacoli del potere del progetto privato.

Con S. Antonio, paradossalmente, la missione di S. Francesco si ribalta: è la Chiesa-Istituzione che ingloba il francescanesimo. Il francescanesimo aveva una debolezza molto appariscente: la mancanza di "scienza". I seguaci di S. Francesco sono passionali, obbedienti, disponibili immediatamente, ma sono senza strumenti culturali. La loro forza è la loro debolezza. La scienza della parola, ancorché sacra, è arma a doppio taglio: convince i pagani ma può rendere asserviti alla *matrix* tramite il linguaggio. S. Francesco era libero da questa schiavitù, ma era debole nei confronti della Istituzione ecclesiale. S. Antonio, invitato a parlare di fronte alla Curia e al Papa, mostra che si può essere francescani ed avere nello stesso tempo la scienza del discorso. Così, con S. Antonio si rivela che il francescanesimo può essere integrato nella Istituzione ecclesiale e venire cooptato nella grande operazione di difesa e di puntellamento della *matrix* istituzionale in contesa con le varie eresie interne e i vari nemici esterni.

A questo punto occorre fare una riflessione critica sui metodi adottati dalla Chiesa Istituzione per confrontarsi con i vari nemici che la combattevano, anche per colpa di sue proprie gravissime carenze. Mi riferisco alle varie forme di intransigenza adottate dalla Chiesa Istituzione per combattere le varie *matrix* ad essa opposte. Francesco e Antonio avevano lo spirito e la passione della Crociata, ma non ne hanno adottato il metodo. Invece, la Istituzione aveva adottato o sponsorizzato quattro forme di intransigenza religiosa, alleandosi con esse. La prima forma è quella della intransigenza della Crociata che nasce dal desiderio ardente della conversione che era determinata a sua volta dall'orrore dell'inferno, per cui convertire era per il bene dell'altro anche se questi non lo sapeva e anche se non lo voleva. Ma Gesù non ha mai convertito per l'aldilà, ma per l'aldiqua. La omogeneità della cristianità che è l'intendimento che sottostà alla idea di Crociata, è dovuta ad un fraintendimento dell'universalismo cristiano. Come, ad esempio, si parla nella parabola del seminatore, il seme del messaggio evangelico è rivolto a tutti, è disponibile a tutti: ma non si può trasformare il terreno con la forza e costringere il terreno sassoso a diventare fertile. Le Crociate e la evangelizzazione intransigente sponsorizzata dal Papato ed istituzionalizzate dalla chiesa, si basano su questo fraintendimento.

Questo malinteso si collega ad un altro fraintendimento, questa volta connesso all'uso della forza (seconda intransigenza): c'è una forza legittima (difesa della propria sopravvivenza individuale o collettiva) e c'è una forza illegittima (guerra di offesa o di sottomissione, per esempio di catari e albigesi). Nelle Crociata queste due forze vengono confuse e assimilate.

C'è, poi, una terza forma di intransigenza che emerge nella discussione sulla verità che diventa una inquisizione della verità: come emerge dalla istituzionalizzazione dell'intransigenza religiosa nella crociata, che diventa una vera e propria ideologia, così anche nell'inquisizione emerge una ideologia simile in cui il dissenso religioso è inconcepibile e considerato una offesa alla Istituzione e alla verità. Ma il discepolato di Gesù è nato proprio come dissenso nei confronti della *matrix* istituzionale ebraica. Non si può cercare la verità con la paura addosso e con la punizione del pensiero: infatti, più lo punisci e più il pensiero si ribella. Nel momento stesso in cui si usa l'inquisizione, la ricerca della verità diventa pretesto per il potere e per il suo abuso.

Il martirio è la quarta forma di intransigenza, che si può esprimere sinteticamente nello slogan: "o conversione o martirio". C'è di mezzo l'approfondimento e la verifica leale e personale della propria ipotesi di progetto originario. Ma il martirio ricercato dimentica che la vita è divina. Il discepolo di Gesù non cerca il martirio, ma accetta di rendersi sacro, il *sacrum facere* di se stesso, il sacrificio, se questo è reso necessario da casi estremi di violenza del potere contro i discepoli di Gesù, ma il martirio non viene mai cercato dal discepolo di Gesù come conseguenza di una intransigenza evangelizzatrice. Nelle mani di una istituzione divenuta *matrix* (teocrazia) o alleata e sottomessa alla *matrix* politica (cesaropapismo), questi quattro errori di metodo diventano ideologia, come quella rabbinica al tempo di Gesù. I santi sono venuti oggettivamente, non soggettivamente e al di fuori delle loro intenzioni, in aiuto della *matrix* con la loro "obbediente disobbedienza". Erano soggetti alla autorità ma possedevano quel carisma che mancava alla istituzione. Divenivano il ponte necessario tra il popolo e la *matrix* istituzionale e, convertendo il popolo, lo portavano alla *matrix*. La chiesa in quel periodo stava perdendo attrattiva presso il popolo: i santi permettevano alla chiesa di recuperare questo credito perduto. C'era un rapporto di simbiosi, dunque, tra chiesa e santi con il loro carisma della discepolanza di Gesù.

Il piacere mistico e il rifiuto del piacere dionisiaco

Come si vede, può facilmente accadere che, anche se si persegue il proprio progetto originario, si possa collaborare oggettivamente al progetto privato di un potere che è riuscito ad imporlo con un'abile manipolazione ideologica. Le persone perseguono sinceramente il proprio progetto originario, ma la *matrix* è riuscita a confondere talmente le menti che, anche se soggettivamente volgono nella direzione giusta, con il loro comportamento e azioni, oggettivamente aiutano la *matrix* a realizzare i propri obiettivi privati. Soggettivamente sono al servizio del progetto originario, oggettivamente e inconsciamente sono strumenti inconsapevoli ma reali della *matrix*. Come è possibile? L'ideologia riesce a realizzare queste sovvertimenti creando confusione nelle menti e chiamando il male bene e il bene male, con la potenza del linguaggio creato e diffuso dal potere. Pensiamo, ad esempio, a persone come Nicodemo o Giuseppe d'Arimatea al tempo di Gesù: soggettivamente cercavano il progetto originario, ma oggettivamente, portando dentro di sé la mentalità della *matrix* rabbinica e farisaica, partecipavano al consolidamento del progetto privato dei sommi sacerdoti che Gesù combatteva in tutti i modi, disposto ad andare fino in fondo.

Abbiamo analizzato il fatto che i santi possono collaborare con l'Istituzione e sostenere oggettivamente alcuni suoi scopi sbagliati, anche se soggettivamente ne sono immuni e cercano il progetto originario: infatti, la *matrix* istituzionalizzata ha dalla sua parte, oltre che la ideologia, l'arma della obbedienza e della minaccia della eresia, cioè psicologicamente usa il ricatto dell'unità, compiendo e costringendo a compiere, così, molti compromessi con la verità, proprio come al tempo dello scontro di Gesù con i farisei. Abbiamo già analizzato in che modo la *matrix* tende a controllare i carismi dei santi per sottoporli al proprio intento che è quello di evocare il favore del popolo e la fede nelle masse, che, altrimenti, essa stessa faticherebbe a suscitare. Ci sono altri due aspetti in cui la Istituzione ecclesiale deve esercitare il suo controllo per avere un efficace ascendente sulle masse e per questo utilizza il carisma dei santi: il corpo e il denaro. Per quanto riguarda la povertà il dibattito è chiarissimo a partire dalla figura di S. Francesco e lo diamo per assodato. Invece, vale la pena soffermarsi in modo più approfondito sulla concezione che la Istituzione ha sul corpo e su come i santi, più o meno consapevolmente, vi aderiscono, subendone, però, l'influsso ideologico, come ai tempi dell'ebraismo rabbinico combattuto da Gesù.

Infatti, tre sono le componenti della *matrix*, secondo il poeta Eliot: la lussuria, il denaro e il potere; e tre sono le componenti del progetto originario: il corpo, la natura e le relazioni. La *matrix*, per manipolare la società e per consolidare i propri affari economici, ha bisogno di controllare il piacere, perché il controllo del corpo da parte della *matrix* genera dipendenza dalla *matrix* stessa in coloro che subiscono questo controllo. La *matrix* domina il piacere staccando il corpo dallo spirito, cioè con il materialismo e l'edonismo: è il metodo del diavolo che divide e che mette il piacere nella morsa che si crea tra la trasgressione e la proibizione. In questo modo il piacere è sottoposto alla trappola mentale costituita dal peccato, dal diavolo e dalla tentazione con la quale si crea una vera prigione per la mente. Si crea la ideologia della *matrix* sul piacere, che non ha nessun fondamento nell'insegnamento di Gesù.

I santi di cui stiamo parlando, cioè S. Francesco e S. Antonio, sono santi mistici che non fanno l'elevazione della mente e l'estasi spirituale con il corpo, ma senza il corpo e, addirittura, in questo incitati senza rendersene conto dalla ideologia incoraggiata dall'Istituzione, contro il corpo. Dividono, cioè, il piacere mistico e apollineo dall'estasi dal piacere corporeo dionisiaco. Per loro, punire il corpo e penalizzare il piacere corporeo era il carburante per salire verso il piacere estatico spirituale e mentale: questa concezione è il retaggio dello gnosticismo origeniano. La vita dionisiaca è per loro antitetica ed ostile alla vita mistica. Per loro è normale che mortificare il corpo è rafforzare lo spirito e il piacere dell'estasi. Questo può essere vero per alcuni, ma non può essere vero per tutti. Per tutti vige il linguaggio del corpo, dell'*eros* e della *libido* (piacere): quindi, il piacere estatico e spirituale, che è accessibile a tutti e deve poterlo essere, lo è anche con il corpo ed attraverso il corpo, non come i mistici ("estremisti", "di professione", cioè contro o senza il corpo). La *matrix*, invece, su questo è ambigua, per motivi di controllo della massa sul piacere, procreazione esclusa.

I santi, distratti dalla loro concezione dualistica e divisiva tra piacere dionisiaco e piacere mistico, si fanno strumentalizzare, tramite l'obbedienza, divenendo strumento di controllo della sessualità delle masse, così che la sessualità sia regolamentata dal senso di colpa e dalla paura della punizione relativa. La conversione assume talvolta o spesso un carattere morale e sessuale, quando in realtà nel progetto originario non è presente né il dualismo tra corpo e spirito né la demonizzazione del piacere, come invece piace alla *matrix*.

I santi sono obbedienti alla gerarchia e, pertanto, entra anche in loro la *matrix* istituzionale. In realtà, quello che interessa loro è:
1. l'elevazione della mente;
2. l'allontanamento delle distrazioni (tentazioni) dal progetto originario e l'evitamento della perdita di energia e concentrazione conseguente;
3. il disprezzo del corpo è conseguenza della loro determinazione a perseguire concentrati l'obiettivo. Il disprezzo del corpo è simile alla ricerca della solitudine e all'allontanamento dal caos della *matrix*. Il disprezzo del corpo è enfasi retorica, retaggio del simbolismo ebraico, del concetto di purezza e di peccato rituale che lo caratterizza, cioè il peccato

come sporcizia rituale legata la corpo, concetto ebraico usato dalla gerarchia per subordinare la coscienza col senso di colpa. I santi, per essere accettati dalla gerarchia, devono accettare di collaborare a questa retorica e diventare, in questo, parte della *matrix*.

Il corpo al posto della *matrix* (potere sociale), è il primo obiettivo polemico: il risultato è la colpevolizzazione individuale e il potere che si autoassolve passando sotto traccia e diventando così invisibile. Contiamo quante critiche vengono fatte in un discorso del santo alla triade corpo – diavolo – peccato come fossero sinonimi e quante critiche vengano rivolte al potere – matrix – progetto privato: da questo computo si può constatare verso dove inclina l'ideologia, molto più indulgente verso il peccato sociale e del progetto privato. Se si guardano le *matrix* eretiche, tutte rifiutano la *matrix* ecclesiale e la gerarchia: il denominatore comune è la disobbedienza anti-*matrix*.

Tutti i santi anche i più eterodossi sono sottomessi alla *matrix* ecclesiale e, perciò, devono ripetere il *mantra* contro il corpo, se non vogliono essere condannati all'eresia e non vogliono seguire la stessa sorte di Gesù. Il disprezzo del corpo è la moneta di scambio, è la tariffa richiesta dalla *matrix* ecclesiale per non essere condannati di eresia. E' il prezzo da pagare per la loro libertà relativa di discepoli "relativi" di Gesù. La discriminante tra eretico e santo è non criticare il potere ecclesiastico: la valorizzazione del discepolo di Cristo avviene solo nella obbedienza alla *matrix*. Il peccato carnale sostituisce egregiamente il peccato di potere (abuso di potere). La ossessione corporea sostituisce la frenesia del potere; la colpevolizzazione del corpo sostituisce la colpevolizzazione del potere. La morale sessuale sostituisce, copre e soppianta, legittima e scusa la morale sociale, cioè la immoralità sociale.

Il controllo della castità sociale viene affidato alla *matrix* cristiana che così colpevolizza il 90% della sessualità (tutta tranne quella puramente procreativa e sotto il controllo della morale matrimoniale) e protegge con l'assetto giuridico matrimoniale tutta la espressione corporea erotica e libidica. La società diviene clericalmente moralistica per motivi di potere e controllo sociale e la chiesa offre il suo supporto al potere con l'inquisizione e la colpevolizzazione della coscienza. Abbiamo allora un moralismo verticale (controllo sulla intimità sessuale per motivi di potere) e un moralismo orizzontale (tutta la società partecipa a questo moralismo con il controllo sociale e la denuncia spontanea come è successo anche con Gesù che doveva partecipare alla lapidazione di una donna flagrante di adulterio).

Letizia del fallimento e letizia della discepolanza

Più semplice è comprendere, anche se non è facile da accettare e adottare per sé come via di discepolanza a Gesù, la così definibile "letizia del fallimento" di cui parla S. Francesco e di cui S. Antonio è sì un continuatore, ma in modo innovativo e creativo anche rispetto al Maestro S. Francesco. Ecco la descrizione della teoria della "letizia del fallimento":

"Come andando per cammino santo Francesco e frate Leone, gli spuose quelle cose che sono perfetta letizia. Venendo una volta santo Francesco da Perugia a Santa Maria degli Angioli con frate Lione a tempo di verno, e 'l freddo grandissimo fortemente il crucciava, chiamò frate Lione il quale andava innanzi, e disse così: "Frate Lione, avvegnadioché li frati Minori in ogni terra dieno grande esempio di santità e di buona edificazione; nientedimeno scrivi e nota diligentemente che non è quivi perfetta letizia". E andando più oltre santo Francesco, il chiamò la seconda volta: "O frate Lione, benché il frate Minore allumini li ciechi e distenda gli attratti, iscacci le dimonia, renda l'udir alli sordi e l'andare alli zoppi, il parlare alli mutoli e, ch'è maggior cosa, risusciti li morti di quattro dì; iscrivi che non è in ciò perfetta letizia". E andando un poco, santo Francesco grida forte: "O frate Lione, se 'l frate Minore sapesse tutte le lingue e tutte le scienze e tutte le scritture, sì che sapesse profetare e rivelare, non solamente le cose future, ma eziandio li segreti delle coscienze e delli uomini; iscrivi che non è in ciò perfetta letizia". Andando un poco più oltre, santo Francesco chiamava ancora forte: "O frate Lione, pecorella di Dio, benché il frate Minore parli con lingua d'Agnolo, e sappia i corsi delle istelle e le virtù delle erbe, e fussongli rivelati tutti li tesori della terra, e conoscesse le virtù degli uccelli e de' pesci e di tutti gli animali e delle pietre e delle acque; iscrivi che non è in ciò perfetta letizia". E andando ancora un pezzo, santo Francesco chiamò forte: "O frate Lione, benché 'l frate Minore sapesse sì bene predicare che convertisse tutti gl'infedeli alla fede di Cristo; iscrivi che non è ivi perfetta letizia". (*Fioretti di San Francesco*, cap. VIII)

La teoria di S. Francesco che la perfetta letizia sia nella padronanza di se stessi all'interno del fallimento del progetto privato è la filosofia di Gesù e di S. Antonio: è la filosofia del vero discepolo. Nella sconfitta dell'attaccamento al progetto privato c'è la premessa per la vera letizia: la ricerca del progetto originario. Normalmente questa letizia che anche Gesù ha provato a sue spese, è propedeutica e strumentale alla vera letizia che è data dal progetto originario: l'**uomo nuovo**, così anche definita; ma perché nasca l'uomo nuovo deve morire l'uomo vecchio.

Le due cose sono unite nel progetto originario: è la *matrix* che le divide, per cui morire (fallire) al progetto privato sembra sia talmente doloroso e sconveniente, che i più desistono da questo passaggio (cioè evitano di "sforzarsi di entrare per la porta stretta", secondo il consiglio di Gesù ai suoi discepoli). Chi riesce a capire questo, può iniziare, come Dante, il viaggio attraverso l'inferno, cioè far morire l'uomo vecchio e i traumi che lo condizionano.

Ma, dobbiamo capire anche che noi, secondo il progetto originario, non siamo fatti per il fallimento, ma siamo fatti per la riuscita ed il piacere, cioè per quella pienezza e perfezione che era prevista ed inscritta nel nostro progetto originario. Ma su questa tendenza si inserisce la *matrix,* che è la madre a la sintesi di tutti i progetti privati, che frappone il suo progetto privato tra noi e il progetto originario e lo vuole sostituire. Dunque, per la vera felicità bisogna "rinascere dall'alto", cioè sperimentare il viaggio iniziatico della creazione dell'uomo nuovo. Di solito, al discepolo di Gesù è riservato sia l'uno che l'altro: il centuplo quaggiù (cioè il godimento delle cose che piacciono alla società e che sono contemporaneamente necessarie per il vivere felici) e le persecuzioni, ma anche il modo di pensare di Dio, cioè la "vita eterna", che non è nell'aldilà della morte, ma è nell'aldiqua. In questo aldilà nell'aldiqua è possibile andare quando si vuole procurandosi il piacere che è di due tipi: dionisiaco (corporeo, compreso l'erotico e il libidico, perché così è stato fatto il corpo da Dio) e mistico (apollineo, spirituale, energetico, vibrazionale).

Che non siamo fatti per il fallimento lo dice la struttura della domanda: "chiedete e vi sarà dato". Perciò bisogna domandare sempre. Con S. Antonio viene completato il carisma di S. Francesco, il quale aveva molti seguaci, ma non aveva le masse, come Gesù e S. Antonio. Antonio dice che la discepolanza può essere accessibile a tutti, basta seguire il metodo (il percorso) come dice la parabola del seminatore. S. Francesco dice che essere discepoli è perfetta letizia, ma può sembrare troppo duro, cioè accessibile per pochi, ma il successo di S. Antonio, che aveva le folle che aveva Gesù, dice che la discepolanza è per tutti, anche se a livelli diversi. Questa diversità di livello è quella per cui Gesù spiegava il senso delle parabole (come ad esempio quella del seminatore) solo ai discepoli, perché gli altri non ne avevano la chiave di interpretazione.

Il miracolo: segno e strumento del progetto originario

Vale la pena riflettere con pensiero critico sulla grande importanza del miracolo nel carisma antoniano, per capirne il più possibile, al di là del mistero che sempre permane, con le conoscenze attuali il ruolo e la funzione, se non il meccanismo profondo, di questo potente strumento di diffusione del progetto originario, messo da Dio nelle mani dei santi e, in modo del tutto sovrabbondante, in quelle di S. Antonio. Il miracolo, per manifestarsi, ha bisogno della materia almeno quanto ha bisogno dello spirito. Miracolo è effetto di un aldilà nell'aldiqua. Tutti i miracoli sono corporei. Non è possibile essere contemporaneamente disprezzatori del corpo e operatori di miracoli. Stesso ragionamento di Gesù: non si può scacciare demoni in nome del principe dei demoni. Chi opera miracoli vede la materia e il corpo secondo il progetto originario, secondo il progetto di chi li ha creati, secondo la perfezione del corpo. Il miracolo è un rimedio fisico come chiave per aprire una via di cambiamento della mente, "segno" per avere attenzione e parlare delle cose di Dio come Gesù con le folle. Il miracolo è un insegnamento e una tappa del percorso iniziatico di cambiamento. Il miracolo è una espressione di una energia, una emanazione di vibrazione del desiderio che si dilata e coinvolge la materia con una sincronizzazione energetica. Chi è libero dalla matrix scatena questa potenza senza problemi. Chi nega i miracoli è perché ha una visione ridotta dello spazio, della materia, ridotta ad una misura materialistica sulla base della quale vuole filtrare ogni evento e ridurre l'ambito d'azione dell'aldilà, escludendolo dall'aldiqua. Il miracolo è per chi chiede, per chi cerca e per chi bussa: a costoro sarà dato, sarà risposto e sarà aperto. "Se avrete fede sposterete le montagne". Il miracolo è la normale esperienza del discepolo di Gesù.

La *matrix,* essendo materialista, impedisce all'energia di espandersi e la risucchia per il suo progetto privato. Siccome siamo immersi nella *matrix* non vibriamo e non percepiamo l'energia cosmica. La *matrix* sostituisce il miracolo con la tecnologia ed usa le tecniche per il suo *business.* Il materialismo della *matrix* impedisce di desiderare, di chiedere miracoli, di farli accadere e di riconoscere quando accadono. Mentre lo scetticismo è l'arma della *matrix*, il "chi cerca trova" è l'arma del discepolo di Gesù. I miracoli possono riguardare i fenomeni naturali, la lotta contro il diavolo o le malattie del corpo. Sul corpo grava, come abbiamo detto, il pregiudizio gnostico, fatto proprio dalla Istituzione. Il disprezzo del corpo è un equivoco provocato dalla *matrix* istituzionale cristiana impregnata di gnosticismo. Anche i santi ne sono contagiati e non si accorgono che quando fanno i miracoli stanno onorando il corpo, mentre nelle prediche lo disprezzano. Come è possibile? A tal risultato, di cui i santi sono strumenti inconsapevoli ed incolpevoli, è arrivata la ideologia che identifica il corpo con il diavolo.

L'istituzione alleata con i carismi di S. Antonio

S. Antonio è stato *anti-matrix* dall'inizio della sua esperienza fino all'evento di Forlì. Prima fuggiasco, nascosto, asceta, solitario, muto, umile, cerca la discepolanza di Gesù nella sfida delle eresie, cade nel furore e nella frenesia del martirio. Ma quando emerge il suo potenziale (la sua scienza, il suo linguaggio, la potenza della sua parola) viene cooptato dall'Istituzione, usato come strumento di evangelizzazione. Viene così risucchiato nella *matrix* per il suo potere mediatico. E' la sua abilità nel parlare che attira l'interesse della gerarchia, mentre è con la sua capacità di stupire con i miracoli e con i discorsi che fa presa sul popolo. Il potere gradisce molto questi abili predicatori e li coopta. E' la stessa questione del fascino delle reliquie, stesso grande potere di attrazione e di imitazione. Esempi sono i cinque martiri francescani, gli abitanti di Capodiponte e le controversie padovane sul corpo del Santo, la cedola trattenuta dal re. Le reliquie sono il prolungamento sulla folla del potere attrattivo del Santo. E' il potere del talismano: da non sottovalutare.

La *matrix* sorvola volentieri su tutto ciò e si concentra sulla diffusione degli elementi superficiali della parola e del miracolo (clamore): usa il miracolo in modo sensazionalistico, esattamente come fa la *matrix* oggi con i *massmedia*. I santi possono essere utili strumenti del miracolismo sensazionalistico, del miracolismo alla napoletana, del predicazionismo del discorso. La *matrix* ama i signori del discorso, li premia, li conferma, li approva. Purché non le facciano guerra. S. Francesco e S. Antonio sono parte del fenomeno di inglobamento istituzionale dei fenomeni carismatici. Essi sono illuminati discepoli di Gesù e come tali si sottraggono e si oppongono alla *matrix*, ma, per obbedienza, il loro carisma è lasciato agire per attrarre discepoli, per poi essere istituzionalizzato e diventare, così, strumento della *matrix* istituzionale ecclesiale.

Apparizioni, visioni, bilocazioni: aldiqua e aldilà interagiscono e si interfacciano aldilà dello spazio e del tempo come divisibile (misura, secondo cui si può fare solo una cosa alla volta e non si può andare aldilà se non con la morte ed una volta sola. Questi, che non appartengono alla *matrix*, anche se obbediscono ad essa, non possono trasgredire, anche se adottano nel loro linguaggio il disprezzo del corpo e del sesso in generale, però hanno una tale padronanza della energia e del tempo non divisibile, tempo come espressione dell'io, che non hanno filtri alla mente e al corpo: usano la mente come arca. Non a caso Antonio ha una memoria prodigiosa in grado di viaggiare e riportare tutto ciò che vede e sente in questi viaggi mentali. La *matrix* spesso si allea con questi carismi in cambio della loro valorizzazione e approvazione.

S. Francesco riportava il fascino di Gesù a livello dei discepoli di Gesù. S. Antonio estendeva questo fascino alle folle. In S. Francesco abbiamo la santità dei discepoli di Gesù; in S. Antonio abbiamo il messaggio mediatico rivolto alle masse che ha come strumento il miracolo. S. Francesco ha come strumento lo stupore e il paradosso. Entrambi portano l'imprevisto di Dio, il modo strano di vedere di Dio, l'*anti-matrix* per eccellenza. Le cinque virtù francescane costituiscono la base più forte della evangelizzazione, molto apprezzata dalla gerarchia, perché utili nella dialettica del potere ecclesiale. Umiltà, obbedienza, castità, penitenza e povertà permettono alla *matrix* ecclesiastica di presentarsi con un volto sempre plausibile. Con il pretesto della obbedienza e dell'unità e con la minaccia della scomunica ed emarginazione, per amore dell'autorità, la *matrix* riesce sempre a rendere utili al proprio scopo i santi e i carismatici.

"Chiedete e vi sarà dato": i carismi di S. Antonio come via al progetto originario per il discepolo di Gesù

Oltre alla disobbedienza alla *matrix* (1), alla rottura con ciò che è mediocrità (2), e ricerca perenne del progetto originario, anche in conflitto con il progetto privato, l'intransigenza e la radicalità senza mezze misure, con cui cerca il progetto originario e la discepolanza di Gesù (3), i carismi di S. Antonio sono molteplici: (4) c'è la ricerca del progetto originario che ha come ricompensa il piacere mistico; questo comporta, purtroppo, il rifiuto del piacere dionisiaco (5), a causa della manipolazione e del controllo sul corpo che impone la *matrix* istituzionale; (6) S. Antonio prolunga e porta a compimento il carisma francescano della *letizia del fallimento* completandolo con la sua specifica *letizia della discepolanza*, avvalorata e resa possibile dalla sua potenza mediatica. Questa potenza comunicativa ha diversi altri "ingredienti", oltre a quelli già accennati: (7) la potenza cosmica, cioè la capacità di controllare la natura, guarire il corpo e dominare le forze ostili non materiali (questa è la più difficile da capire per noi, a causa del nostro relativismo, del nostro positivismo e del materialismo che anche moltissimi discepoli di Gesù condividono con la nostra epoca in cui siamo immersi (la *matrix*); ma la fondazione razionale e scientifica di questa potenza cosmica è del tutto certa, validata e confermata anche dal punto di vista scientifico, purché di scienza aperta si parli. (8) La cosiddetta "scienza agostiniana", molto apprezzata dalla *matrix* ecclesiale istituzionale del suo tempo, come dimostra la predicazione degli esercizi spirituali a Roma alla presenza del Papa e della Curia al gran completo nel 1228, è un misto di: a) memoria prodigiosa; b) conoscenza sterminata della Bibbia; c) capacità potentissima di stabilire nessi; d) grande e sapiente uso della simbologia, proprio come Gesù che parlava in parabole; e) conoscenza profonda della teologia, come S. Agostino; f) uso della logica e della dialettica, che sono state, invece, trascurate da S. Francesco; g) grande capacità di parlare con passione, con il cuore, con intensità emotiva ed efficacia pratica delle cose che tutti desiderano; h) capacità di introdurre un nuovo linguaggio, come il muto da lui guarito, di cui parla la vita "Rigaldina" (cfr. Capitolo 2. *Guarigioni di ciechi, sordi e muti,* n. 45-47). (9) La "parola originaria" di Antonio che assomiglia a quella di Gesù: "Tu solo hai parole di vita eterna" è stata la meravigliosa definizione di S. Pietro. Solo Gesù sapeva evocare quelle emozioni, quelle *créencias* sepolte e dimenticate sotto i detriti creati in noi dalla *matrix.* La parola del progetto originario, la parola che crea le cose e crea un mondo; la parola che fa, la parola che è luce e vita (cfr il *Prologo* del vangelo di Giovanni) al posto delle parole e dei discorsi della *matrix* che è pieno di prigioni per la mente e di trappole per il pensiero. Era questa parola originaria che, unita alla sua potenza cosmica, incontrava e trascinava letteralmente le folle.

(10) La santità di Antonio in che consiste? Nella sintesi di questi carismi. E' il "separato" che, però, si separa dal progetto privato per congiungersi al progetto originario e, perciò, per portarsi dietro quelli che vogliono capire

la bellezza di essere discepoli di Gesù. Tutto quello che fa il Santo dei miracoli è spiegare e rendere plausibile e comprensibile per il suo tempo, la bellezza e la convenienza di essere discepoli autentici di Gesù. C'è un triplo salto pericoloso ma vitale da fare: capire cosa vuol dire essere discepoli di Gesù ai tempi di Gesù, il primo; capire cosa ha voluto dire per S. Francesco e S. Antonio essere discepoli di Gesù, il secondo; capire cosa vuol dire per noi, oggi, essere discepoli di Gesù ed essere discepoli di S. Francesco e di S. Antonio, fare nostra la stupenda avventura umana che c'è in questo percorso di iniziazione alla vera libertà, felicità, creatività e potenza, cioè capacità di realizzare i desideri secondo il detto evangelico "chi cerca trova, a chi chiede sarà dato, a chi bussa sarà aperto".

Capitolo decimo

Storia di una comunità di resistenza e di rinascita spirituale di artisti guidata dal pittore *"marketless"* Americo Mazzotta

Io partecipo da vent'anni a una comunità di resistenza e di rinascita spirituale e vi ho incontrato due grandi Maestri, capaci di intessere un rapporto molto intenso e profondo con il Mistero e da cui ho appreso le vie del passaggio dall'aldiqua all'aldilà, come è ad esempio l'intuizione artistica. Voglio ripercorrere le tappe decisive di questo continuo andare al di là e ritorno che ho sperimentato con il Maestro Alfredo Truttero e il Maestro *"marketless"* Americo Mazzotta, perché mi sembrano molto esemplificative dii un processo di liberazione dalla matrix e di ricerca del progetto originario, quale è il tentativo di cui questo libro cerca di descrivere alcuni tratti.

Lo strano *"admirabile commercium"* dell'artista tra "aldiqua" e "aldilà"

Per spiegare cosa intendo per comunità di resistenza e di rinascita spirituale di artisti, mi riferisco a quello che dice Nietzsche a proposito del "materialismo" degli artisti. "Sostanzialmente do ragione più agli artisti che a tutti i filosofi fino a oggi: i primi infatti non hanno mai smarrito il sentiero su cui si muove la vita, hanno sempre amato le cose di "questa terra" – hanno sempre amato i propri sensi. Aspirare alla repressione della sensualità: mi sembra un malinteso, una malattia o una cura, quando non è pura ipocrisia o autoinganno. Auguro a me stesso e a tutti coloro che vivono – che possono permettersi di vivere – senza le paure di una coscienza puritana una sempre maggiore spiritualizzazione e un continuo arricchimento dei sensi; sì, vogliamo esser grati ai nostri sensi per la loro delicatezza, ricchezza e forza e offrir loro in cambio quanto di meglio possiede il nostro spirito. Cosa ci interessano le stigmatizzazioni dei sensi da parte di sacerdoti e metafisici! Noi di tali stigmatizzazioni non abbiamo più bisogno: è un segno distintivo della personalità armonica, l'esser legato alle "cose terrene" come lo era Goethe, con piacere e calore sempre crescenti". (F. Nietzsche, *Frammenti postumi*, giugno – luglio 1885, 37/12)

Il materialismo degli artisti è tutto speciale, perché essi sono costretti ad essere "corporei" dalla concretezza dell'arte, che si "sporca" continuamente le mani con la materia, con la realtà più basilare e fisica. Almeno fino all'avvento delle Avanguardie, l'artista è un materialista estremo. Ma il suo materialismo è di tipo tutto speciale: è un materialismo vero, non "ideologico"; è un essere immanenti alla materialità piena senza possibilità di fughe nell'ideologia e nell'astrattezza. Quella finta spiritualità di cui parla Davide Rondoni in un recente suo intervento. L'artista è costretto a fare i conti con la materia e a sporcarsi le mani continuamente con la concretezza: è questa è un'ancora di salvezza, un antidoto efficacissimo contro le ideologie alienanti al servizio del controllo sociale. Mentre per una persona religiosa la tentazione ideologica di una spiritualità pura è sempre molto forte, per l'artista, invece, la strada del corpo è segnata irreparabilmente come via per la vera riscoperta dell'incarnazione. L'artista non ideologico ha l'istinto verso ciò che è carnale e ciò che è immanente alla materia.

Ciò non significa, nondimeno, che l'artista non acceda costantemente nell'aldilà, tramite l'intuizione e l'ispirazione artistica. Essa è un vero "ascensore" dall'aldiqua all'aldilà, cioè il mondo che sta oltre all'aldiqua, eletto quest'ultimo dalla ideologia a suo dominio totale. Ovviamente, non bisogna cadere nella trappola tesa dalla ideologia che fa credere che nell'aldilà si possa accedere solo una volta, dopo la morte. Il potere sociale diffonde questa credenza con l'appoggio della scienza positivista e materialista, per potere dominare indisturbato nell'aldiqua. Ma l'artista autentico, molto di più dell'uomo religioso-ecclesiastico (preoccupato di avere una patria in comproprietà con il potere sociale), non cade nel tranello e non si fa spaventare dalle minacce di emarginazione o dalle lusinghe di successo che il potere dispensa a piene mani. Di questo genere di artisti è fatta la comunità di resistenza e di rinascita spirituale degli artisti che ho incontrato e con cui ho condiviso venti anni di avventure e di scoperte e di cui il M° "marketless" Americo Mazzotta è stato un vero e proprio "Mosè".

Ma in che senso l'artista autentico non è ideologico e porta con sé il segreto e l'antidoto per vincere l'ideologia in se stesso e nella società? Il segreto sta nel tipo di materialità che egli pratica e, di conseguenza, anche nel tipo di "aldilà" che frequenta costantemente. Infatti, la materialità dell'artista è diversa da quella proposta dal potere e, quindi, anche il concetto di "aldilà". Quella dell'artista è una materialità "bucata" da una energia che proviene da un aldilà e spinge verso un aldilà. E' proprio questa ferita sulla "tela" della materialità che impedisce che l'artista diventi strumento o ostaggio del potere sociale. La matrix vuole il dominio totale nell'aldiqua (la materia), ma per rendere possibile questo controllo assoluto, deve impedire che l'energia dell'aldilà passi nell'aldiqua e lo trasformi radicalmente. La matrix separa materia e spirito (energia), perché uniti sarebbero potentissimi e, quindi, sarebbe impossibile dominare gli uomini, perché troppo liberi e coscienti. La matrix fa credere che il passaggio dall'aldilà nell'aldiqua sia impossibile e che l'aldilà sia possibile solo attraverso una suggestione spiritualistica disprezzatrice del corpo e della materia. Per questo, per la matrix, l'artista autentico è particolarmente pericoloso e "disturbante": perché immette nell'aldiqua un aldilà non spiritualistico e non inquinato dalle contaminazioni con il potere.

Immaginiamo l'immensa distesa d'acqua di un oceano e cominciamo a penetrare all'interno di questa grandezza piena di potenza e di energia, come ne parla Guccini nella *Canzone della bambina portoghese*, che viene "presa" da questa potente energia, da questa attrattiva cosmica dell'immenso. Immergersi in questa "esperienza oceanica" (così la chiamava Freud), è una esperienza profondamente materiale, perché il mare, l'acqua è un "elemento" di cui è costituita la natura (è una realtà creaturale, segno di Dio), è fisica, reale, corporea; è fino in fondo materiale e corporea, ma, nello stesso tempo, questa materialità viene "bucata" da una potentissima energia vitale e "spirituale", così che entrare in questo mare è sì un'esperienza materiale, fisica, corporea, ma è, nello stesso tempo, una esperienza mentale profondamente energetica che crea uno stato di coscienza elevato e speciale, che permette di oltrepassare la materia e di andare oltre ad essa, come se fosse un'esperienza mistica (e lo è davvero, se non lo si intende in senso spiritualistico, staccato dalla materia, bensì in senso energetico unito profondamente ad essa).

Immergendomi in questo "aldiqua" che è l'immensa distesa acquatica dell'oceano e lasciando aperta la "breccia" dell'energia "spirituale", entra in me una percezione nuova del tempo e dello spazio, per cui non sono più solo nell'aldiqua materiale, ma vivo una esperienza di risonanza cosmica con il tutto, perché riesco a vibrare all'unisono con questa energia. In questo modo divento libero nella materia e, soprattutto, l'ispirazione e l'intuizione hanno una porta spalancata per entrare nel mio aldiqua e suggerirmi un mondo di cose migliori e di cose antiche nello stesso tempo. Un'esperienza analoga si può fare con la preghiera intensa o con la meditazione mistica, oppure con la musica o con altre intense esperienze corporee e spirituali insieme, come il disegno, il paesaggio, l'amore, il piacere, la relazionalità empatica.

Pensiamo, ora, che il potere sociale apprezzi queste incursioni dell'aldilà (cioè del divino, del sacro, del senza tempo) nel suo dominio materiale senza aldilà, nell'aldiqua della matrix? Lo aborre, in realtà, e cercherà di fare di tutto per impedire che le masse, che essa vuole tenere nel suo dominio, facciano questa esperienza. Allora che fa? Cerca che l'esperienza dell'oceano sia privata della sua energia naturale che porta con sé e cerca di sostituirla con il rumore di fondo, lo stordimento, la distrazione, quello che Pascal chiamava *"divertissement"*, per far sì che l'energia cosmica e naturale non entri nella materia, nel mare, nella spiaggia, nella pineta, nella natura, qualunque cosa siano, e al posto di questa energia entri nella materia solo quella energia distorta che è il *"divertissement"* sociale. Così, la materialità non viene più "bucata" e la gente vive solo sulla superficie della materia e non fa più il "viaggio verticale" "oltre", "più in là", come ha fatto Dante e di cui parla Montale: "perché tutte le immagini portano scritto: "più in là"!" (E. Montale, *Maestrale,* da *Ossi di seppia*, 1925)

Ora, l'artista autentico, quello che ho conosciuto in questa comunità di resistenza e di rinascita spirituale di artisti che è il Di.Segno e nei suoi Maestri, è il grande traghettatore tra questo aldiqua materiale libero dal dominio della matrix e l'aldilà energetico ed autenticamente "spirituale". E' colui che viaggia continuamente tra aldiqua e aldilà e guida quelli che si lasciano ispirare in questo viaggio energetico dello spirito nella materia e della materia che si innalza a stati di coscienza e di energia sempre più elevati.

La drammatica materialità dell'artista

La vita dell'artista è maieutica, è come, cioè, l'arte del partorire. La materialità in cui è inchiodata la sua vocazione è quella del suo stesso corpo per cui, come una donna che è destinata ad ospitare dentro di sé un figlio, a tesserlo nel suo grembo e a partorirlo nel dolore, così l'artista ospita nella sua carne, nel suo corpo, la luce divina dell'intuizione e dell'ispirazione artistica. In questi venti anni di famigliarità con la comunità degli artisti del Di.Segno e con il Maestro Americo Mazzotta, ho visto come l'opera d'arte si nutre per mesi della materialità corporea dell'artista, prima di venire generata e donata all'umanità. L'artista è inchiodato alla materialità dalle tecniche, che sono il suo linguaggio o l'alfabeto per l'espressione di questo corpo. Il Maestro Americo è stato un vero alchimista di tecniche miste, che ha sempre elaborato e trasformato, unendo materiali nuovi messi a disposizione dal progresso, in qualcosa di suo e di totalmente nuovo. Egli non ha mai avuto paura di utilizzare nuovi materiali pur di rendere più facile ed espressivo il suo lavoro.

L'artista vive sempre proteso sul vuoto, sul baratro: la sua vita è continuamente appesa al filo della committenza. Non esiste per lui il rassicurante beneficio del "posto" di lavoro fisso, sicuro. Il committente, per Americo, è stata la Chiesa, perché egli è stato fondamentalmente un artista del sacro, come Michelangelo. Tramite la committenza ecclesiastica, Mazzotta ha potuto lavorare "per il suo Signore", come lo chiama ultimamente, ha potuto servire ad un progetto originario. Tramite la committenza ecclesiastica, Americo ha potuto percorrere con la sua arte il suo cammino di risalita al progetto originario. Ma la committenza ecclesiastica che gli ha commissionato più di trenta chiese in varie parti del mondo, può diventare anche una trappola mortale. Primo, perché viene etichettato come "artista sacro" e, quindi, diventa *marketless*, com'egli stesso si definisce, cioè diventa un pittore fuori dal mercato che va per la maggiore. Secondo, perché la committenza ecclesiastica è diventata, dopo il Concilio, un pedissequo distributore di "forme" laiche, astratte e ideologiche, si è vergognata della sua stessa essenza e tradizione ed ha perseguito strade che la hanno portata ad abbracciare del tutto il pensiero dominante nell'estetica.

La conseguenza è la solitudine dell'artista che, rimanendo fedele a se stesso, si trova isolato dalla comunità principale dell'arte sacra. L'esperienza del Di.Segno è stata perlopiù minoritaria e nascosta rispetto alle linee prevalenti e vincenti nelle Conferenze Episcopali e nelle Commissioni Diocesane di Arte Sacra. Da questo Maestro abbiamo imparato il pensiero dell' "innovazione nella continuità", secondo la splendida definizione di Ratzinger, che l'arte è sempre sacra, perché è sempre frutto di una relazione di appartenenza dell'aldiqua nei confronti dell'aldilà (e questo era, in sintesi, il contenuto di tutta l'arte arcaica e classica, almeno fino a quella imperiale romana) e poi, quando diviene cristiana, diviene incarnata, cioè essa è frutto del *Logos* che si lega indissolubilmente all'umano, come in Gesù. Così il Maestro ha continuato a seguire questo alveo in cui confluiscono la tradizione religiosa antica e quella autentica cristiana senza farsi attrarre dalle sirene delle mode "moderniste" che sono andate per la maggiore nell'arte sacra cristiana dopo il Concilio.

La materialità in cui l'artista è immerso, comporta come conseguenza una lunga e faticosa scuola di esercizio, affinamento, perfezionamento delle tecniche acquisite ed apprese, per potere dare al talento naturale presente in lui, i mezzi tecnici per potersi esprimere al massimo. Non c'è talento che tenga se non è coltivato tramite un caparbio esercizio tecnico. Questo *habitus* acquisito in modo paziente e meticoloso da Americo, si è poi tradotto in scuola, in insegnamento verso i suoi discepoli, verso gli artisti del Di.Segno, soprattutto dopo la scomparsa del Maestro Alfredo Truttero nel 2015, Mazzotta, che era già il Maestro carismatico nei corsi del Di.Segno, lo è diventato ancora di più, in quelli organizzati dopo la scomparsa di Alfredo. Pur non avendo le doti didattiche di Truttero, Americo compensava con il suo carisma un po' rude. Ma ciò che conta è che in venti anni la scuola non è mai venuta meno e la consegna della tradizione dell'arte sacra fino alle giovani generazioni senza perdersi nelle paludi del modernismo; senza scuola e senza tradizione non c'è ricerca del progetto originario: in questo il Maestro Mazzotta ha dedicato tutto se stesso, per i suoi discepoli, a cercare le tracce dell'origine nella ricerca del proprio segno artistico.

Nella storia del Di.Segno gli artisti, aiutati dai Maestri Truttero e Mazzotta e, oggi, dal Maestro Paolo Baioni e da Suor Maria Gloria Riva, critica d'arte, hanno sperimentato non per sentito dire, ma sulla propria pelle, la drammaticità della creazione artistica, paragonabile ad una vera e propria gravidanza generativa di bellezza. L'opera futura, dopo la scintilla ispiratrice, deve "macerare" per settimane, mesi, anche anni, dentro l'io dell'artista, per trovare la sintonizzazione e la risonanza di tutto il proprio essere, con la rivelazione del mistero che si è balenata in lui. Affinché questa sincronia possa avvenire, non basta che l'artista faccia un grande sforzo di immedesimazione e di immaginazione, ma occorre che si inserisca anche nel flusso della tradizione artistica che non è possibile senza la conoscenza profonda delle forme estetiche intrecciate e collegate con la scelta materiale e formale fatta dall'artista. Occorre, in sintesi, che l'artista si immetta nella corrente che Gadamer chiama "storia degli effetti" che raccoglie tutta la ricchezza della tradizione che arriva fino all'artista, compresa la storia delle interpretazioni critiche e delle esemplificazioni storiche collegate con l'opera che l'artista sta maturando dentro di sé. Si tratta di un meticoloso e preciso cammino di documentazione e di confronto con il passato, un vero "circolo ermeneutico" che impegna l'artista fino allo spasmo.

Spesso abbiamo visto nella comunità di artisti questo travaglio in azione: infatti, non casualmente, i corsi dell'associazione Di.segno sono sempre stati introdotti da lezioni di confronto con i Maestri (la sezione "I Maestri ci parlano"): sia i grandi Maestri del passato, ma anche quelli presenti e viventi. Spesso Mazzotta, in questi corsi, ci ha parlato dei suoi cicli e delle sue opere, nonché del travaglio creativo che le ha sempre accompagnate. La meta di questo travaglio è la "fusione degli orizzonti", altra categoria gadameriana che si applica bene anche al processo creativo: in esso avviene una fusione di due flussi, quello che viene dal passato e quello che nell'artista proviene dal mistero, dal cosmo, dal divino, dall'infinito. Questi due orizzonti si incontrano, cominciano a risonare armonicamente nella "materialità spirituale" dell'artista, ma sempre dopo avere a lungo bussato alla porta del suo io. A chi bussa sarà aperto, chi cerca trova, a chi chiede sarà dato, a chi domanda sarà risposto, dice il vangelo: e non c'è verità più vera di questa nell'arte e nel drammatico travaglio dell'artista. E quando arriva la "fusione degli orizzonti", cioè la creazione dell'opera, inonda come uno *tsunami* l'artista di intense emozioni legate al sistema della ricerca, che è il sistema emozionale più intenso e benefico per l'io perché mette in moto tutti gli altri sistemi emotivi (tranne quello della paura).

Nei vent'anni nei quali ho condiviso anch'io questi percorsi emotivi, ho sperimentato l'altissimo vertice di felicità, di soddisfazione, di euforia, di verità e di grandezza che si sperimenta nel processo di creazione artistica.

Americo ci ha detto recentemente che la sua è stata una vita bellissima e ciò conferma che la sua è stata una vita di vera creazione artistica e non una vita di adeguamento al flusso delle mode e di conformazione al pensiero dominante, anche nell'arte.

Le "rischiose" incursioni dell'artista nell' "aldilà"

L'artista vive uno strano "mirabile commercio" tra aldiqua e aldilà: è un paradossale "trafficante" di aldilà nell'aldiqua e un mirabile traghettatore di aldiqua nell'aldilà. Uno degli errori più gravi diffusi dalla matrix sociale, e subiti spesso anche dalla teologia, è stato quello di riuscire a far credere che nell'aldilà ci si possa andare solo dopo morti e senza biglietto di ritorno. E' il più tragico inganno che lascia l'aldiqua in balia della matrix e della alleanza favorita dalla sua ideologia tra il potere e la religione degenerata in fariseismo e rabbinismo. Il vero artista, in realtà, "viaggia" molto frequentemente, in un senso e nell'altro, passando bellamente per questo confine di un altro mondo in questo mondo, dalla dimensione del senza tempo a quella del tempo, come dice il poeta T. S. Eliot. E non è il solo: stiamo prendendo in considerazione, infatti, moltissimi esempi di questo *admirabile commercium* tra aldilà e aldiqua che ha tutto di quello descritto nel "sogno della scala di Giacobbe". Prendiamo in considerazione queste ardite, ed anche un po' "pericolose", spedizioni dell'artista nell'aldilà e della necessaria immissione, altrettanto destabilizzante, dell'aldilà nell'aldiqua, che avviene in quel fenomeno che abbiamo definito gadamerianamente "fusione degli orizzonti".

Innanzitutto, bisogna ricordare che è l'Io Grande dell'artista il protagonista di questi viaggi verso il progetto originario, distinto, non separato, dall'io piccolo che è la mente che si occupa delle cose materiali e che ne è imprigionata e come tale, che maggiormente subisce il controllo e la manipolazione della matrix sociale tramite l'influsso della sua ideologia. L'Io Grande è la Mente Grande dell'artista stesso sviluppata secondo tutte le sue potenzialità insite nel suo talento e secondo tutti i fattori presenti nella realtà, senza esclusione a priori di nessuno. Non è, quindi, solamente un io spirituale, sbiadita fotocopia dell'io piccolo, ostaggio della materialità. E' l'io intero, grande, unito, unico che si dilata e si espande sino ai confini del cosmo vibrando e risonando sia come materialità che come energia che lo compone. E' l'Io proteso verso il "Misterio Grande", come lo chiamava Leopardi, verso l'Infinito, verso il cosmo (luna e stelle) di cui parla il poeta recanatese o che Van Gogh ha dipinto nei suoi notturni. Questo Io Grande dell'artista è il protagonista della grande danza cosmica, cioè la grande armonia dell'universo con la quale egli è in grado di mettersi in contatto, ancor più se è cristiano, perché questo risonare non è un ritrovato *"new age"*, ma un vero metodo di rinascita come descritto, ad esempio, nel capitolo sesto del vangelo di Giovanni, di cui ho parlato in altre occasioni.

Se il protagonista è l'Io Grande, diversi sono gli strumenti che egli stesso utilizza per le incursioni nell'aldilà e che poi condivide con la comunità degli artisti nella quale è coinvolto. Gli strumenti sono fondamentalmente sei: 1. l'ispirazione; 2. l'intuizione; 3. l'immaginazione; 4. la meditazione e la preghiera; 5. il talento; 6. il percorso dello sguardo. Ce ne parla in modo molto approfondito Nietzsche in *Ecce Homo*: "C'è qualcuno che, alla fine del XIX secolo, abbia un concetto chiaro di ciò che i poeti delle epoche forti chiamavano *ispirazione*? Altrimenti lo spiegherò io. – Se si serba in sé anche un minimo di superstizione, sarà difficile riuscire a rifiutare di fatto la rappresentazione secondo cui noi siamo soltanto incarnazione, soltanto strumento sonoro, soltanto *medium* di poteri che ci sovrastano. Il concetto di rivelazione, nel senso di qualcosa che, subitaneamente, con indicibile sicurezza e sottigliezza, si fa visibile, si fa udibile, qualcosa che ci scuote e sconvolge nel più profondo, è una semplice descrizione di un'esperienza di fatto. Si ode, non si cerca; si prende, non si domanda da chi ci sia dato; un pensiero brilla come un lampo, con necessità, senza esitazioni nella forma – io non ho mai avuto scelta. Un rapimento, la cui enorme tensione si scarica talvolta in un torrente di lacrime; che ora fa precipitare il passo, ora lo rallenta... Tutto avviene in modo involontario in massimo grado, ma come in un turbine di senso di libertà, di incondizionatezza, di potenza, di divinità... tutto si offre come l'espressione più vicina, più giusta, più semplice. Sembra veramente come se le cose stesse si avvicinassero e si offrissero come simbolo... Questa è la mia esperienza dell'ispirazione". (F. Nietzsche, *Ecce Homo*, p. 99ss)

1.   L'ispirazione è quello che i Greci chiamavano *enthousiasmos*, il sentirsi invasati, posseduti dalla divinità; termine da cui deriva entusiasmo, cioè eccitamento gioioso, provocato da una rivelazione divina. Questa è qualcosa che si fa visibile e udibile improvvisamente e con "indicibile sicurezza e sottigliezza". E' qualcosa di fronte alla quale l'artista è passivo: "un pensiero brilla come un lampo, con necessità, io non ho mai avuto scelta". Nietzsche ribalta la concezione dell'ispi-

razione artistica come creazione del soggetto: l'artista subisce passivamente, non è soggetto creatore, come tanto piace sentire ai modernisti: "Tutto avviene in modo involontario in massimo grado". Eppure, è proprio questa rivelazione che viene da fuori, dal cosmo, dal mistero e dal divino, che fa sentire l'artista dentro un "turbine di libertà, di incondizionatezza, di potenza, di divinità". L'artista si sconnette dalla matrix sociale e si connette con il cosmo e il divino. Sono le cose stesse che si presentano, si rivelano e si vengono ad "accucciare" ai piedi del poeta. "E' come se le cose stesse si avvicinassero e si offrissero come simbolo", cioè il completamento di qualcosa che è aldiqua con qualcosa che viene dall'aldilà. Simbolo è unione di due pezzi separati e l'artista è il ponte in cui avviene questa comunicazione mirabile tra aldilà e aldiqua.

2.   Sull'intuizione parla Igor Sibaldi. L'intuizione è una delle sette funzioni della mente (insieme a sensazione, sentimento, pensiero, immaginazione, morale e ragione: le sette funzioni sono per la mente quello che le mani e i piedi sono per il corpo, cioè gli strumenti. Sempre le si usa tutte e tutti. "L'intuizione risponde alla bellissima domanda: 'cosa c'è qui che io non vedo?'. L'artista la usa sempre, ma non sa quanto mette in moto questa funzione della mente; essa è la più azzardata; è quella che cerca direttamente la verità. Se il pensiero è poco usato, l'intuizione è usata ancora meno, perché è quella che ti apre di colpo oltre il limite. Tutto quello che sentono le altre funzioni, l'intuizione lo sente come insufficiente. La personalità intuitiva non si accontenta". (Fonte: Youtube: "Intuizione e Attenzione I parte" di Igor Sibaldi: https://www.youtube.com/watch?v=EwWQ40y_Pt0) L'intuizione è, dunque, l'ascensore che permette di fare il viaggio oltre il limite: non accontentandosi di ciò che costituisce l'aldiqua, la mente si lancia nell'aldilà, da cui derivano, tramite l'ispirazione, le conoscenze nuove che provengono, per risonanza cosmica, dal cosmo stesso. L'intuizione è la funzione della mente, l'ispirazione è l'evento che accade alla mente ispirata con la modalità descritta da Nietzsche. Di queste due cose, funzione (intuizione) ed evento (ispirazione) abbiamo fatto esperienza nel Corso di Saint Moritz (luglio 2017), quando abbiamo ripreso, per la prima volta, i corsi dopo la scomparsa del Maestro Truttero. Mazzotta ci è stato guida nello studio e nell'uso di questa funzione che è l'intuizione e aiuto nella capacità di accogliere l'ispirazione quando arriva, nelle opere prodotte *en plein air*. (cfr. G. Zennaro, *Alla scoperta del segno,* Amazon 2017)

3.   "Immaginazione, fantasia e invenzione non sono sinonimi, sono tre cose completamente diverse. Si può inventare la ricetta di una torta, ma non si può inventare un quadro o un romanzo, perché il quadro o il romanzo lo immagini. Se il quadro o il romanzo, invece di immaginarli, li fantastichi, perdi tempo, non combini niente. Nell'invenzione, nella creatività, nella fantasia, nella progettazione si è vincolati al mondo com'è già, com'è stato finora e a tutto ciò che quel mondo è stato pensato possa essere. Invece, nella immaginazione tu sei oltre a quello che quel mondo può essere. Lì le tue possibilità e prospettive vanno al di là delle possibilità e prospettive delle cose. Meno immaginazione c'è e più è facile ingannare la gente. Ogni potere lega l'immaginazione. In altre epoche l'immaginazione era più libera di adesso, oggi siamo a un livello bassissimo. Oggi bisogna districarsi da tutta una serie di paralisi che bloccano l'immaginazione. L'immaginazione è collegata alla creazione del mondo, alla resurrezione e alla fine (futuro) del mondo: l'occidente ha totalmente annullato questo strumento, tranne gli artisti. E' una delle cose più incredibili della nostra storia. L'unico scopo è politico: paura che la gente sia troppo libera e troppo difficile da incastrare". (Igor Sibaldi, Promo: L'immaginazione, Youtube: https://www.youtube.com/watch?v=M8515I17w2I)

Questa citazione ci spalanca le porte dell'aldilà: l'artista vero è quello che non lascia che la sua immaginazione sia controllata dal potere ma attinge direttamente dalla immaginazione divina nel momento della creazione del cosmo, si identifica con quella vibrazione energetica che il vangelo di Giovanni chiama "luce e vita"; l'artista, poi, con la sua immaginazione, risuscita, fa risorgere le cose, cioè spalanca i confini del progetto originario delle cose stesse. La resurrezione, poi, si intende nel senso del rinascere dall'alto di cui parla Gesù a Nicodemo, cioè riacquistare lo sguardo del progetto originario. L'immaginazione è, dunque, lo sguardo del progetto originario per l'artista. Oggi non si pensa più che le immagini si producano in autonomia, ma si usano, si ricevono e si fanno proprie quelle già predisposte dal potere. In questo modo, inevitabilmente, si sostituiscono i desideri con i bisogni indotti dal potere attraverso le immagini ad essi associate. Se l'artista è libero di creare le proprie immagini come se fosse il primo giorno della creazione o il primo della rinascita, egli può creare quella comunità di resistenza e di rinascita spirituale che può essere un "Piccolo Resto di Israele" che si libera e realizza il programma espresso in *Eros e civiltà*, cioè "l'immaginazione al potere" (anche se il termine viene confuso con fantasia).

4.   La meditazione e la preghiera sono due armi potentissime nelle mani dell'artista. La meditazione è l'alimento quotidiano della mente: senza la meditazione la mente si inaridisce. Cosa significa? Che la matrix si impossessa, tramite la mente piccola (io piccolo) della Mente Grande e la assedia, circondandola di ansia da prestazione, stress e paure. La meditazione è lo strumento di elevazione per vedere le cose dal punto di vista del progetto originario. E' l'uso sistematico del pensiero (una delle sette funzioni della mente) che consiste nel chiedersi: "cosa c'è al di là di quello che vedo, di quello che c'è qui?" Se la immaginazione è creazione di immagini, il pensiero è ricerca di conoscenza al di là del limite che lo separa dall'aldiqua. La preghiera è altrettanto indispensabile perché bisogna chiedere tutto, bisogna chiedere sempre. L'artista è un mendicante dell'ispirazione. Preghiera e meditazione sono due modalità con cui mente e corpo si sintonizzano con la danza cosmica della materia e dell'energia. Sono come talismani che captano le vibrazioni presenti nella natura e le indirizzano verso la generazione del nuovo e del bello. Sia il Maestro Alfredo che il Maestro Americo ci hanno sempre insegnato a pregare, soprattutto Alfredo con belle preghiere da lui composte. La preghiera dell'artista è la richiesta della Bellezza necessaria per salvare il mondo e perché il Bellissimo si manifesti nell'opera dell'artista come avveniva per gli iconografi bizantini che facevano precedere da lunghe preghiere e meditazioni la creazione di una nuova icona.

5.   Il talento è il bagaglio di un progetto originario che è presente fin dalla nascita nell'artista. Viene inteso come fonte di *performances* artistiche, capacità, abilità, sorgenti di successo. Ma il talento non esiste come *performance*, come capacità di prestazione per altri, sottoposta al riconoscimento, approvazione, accettazione e successo degli altri. Il talento dei Maestri Americo ed Alfredo e degli artisti della comunità, non esiste perché riceve il riconoscimento sociale, il talento non è cronologico, non risponde alla visione lineare del tempo. C'è il talento in quanto si manifesta e diviene nel momento in cui si esprime. Il talento è l'insieme delle parti che compongono il progetto originario dell'artista stesso. E' il suo essere nel momento della creazione ora, esiste in quanto agisce e si manifesta ora in atto. Non esiste come potenza di creare prestazioni gradite al potere, ma come divenire progetto originario che si realizza al presente e disegna ed inventa il futuro, rifiutando quanto già predisposto e programmato dalla matrix. Per

gli artisti della comunità di resistenza e di rinascita spirituale il talento coincide con la loro scoperta del proprio talento nel momento in cui lo guardano non più con gli occhi ideologici della matrix, ma con quelli puri e semplici di un bambino. Molti di loro non sapevano di averlo e lo hanno scoperto sia provando a disegnare come se fosse la prima volta, reimparando il disegno, sia guardandosi con occhi totalmente nuovi ed originari, proprio come se fossero nell'eden primordiale e si vedessero riflessi come Narciso. Molti hanno scoperto la propria vocazione di artista guardandosi con occhi vergini, come se fossero usciti appena un attimo prima dalle mani del creatore.

6.   Il cammino dello sguardo. Appunto, questo sguardo originario lo si impara vedendolo in atto nella comunità di resistenza e di rinascita spirituale e provando e riprovando a volgerlo verso se stessi. Il cammino dello sguardo non è, come si crede comunemente, una educazione graduale. Il cammino dello sguardo è quasi istantaneo: è guardare i propri progressi non come siamo abituati, cioè con il criterio della umiliazione e della misura (il criterio sociale secondo cui, per *performances* alte, bisogna porre l'asticella più in alto rispetto al proprio *standard*). E' istantaneo perché improvvisamente non si guarda più la *performance* e basta, si guarda solo che c'è un talento come dono e il cammino dello sguardo è riconoscerlo istantaneamente. Il cammino dello sguardo è istantaneo perché è l'immedesimazione con il proprio progetto originario. Spesso nell'associazione hanno fatto passi da gigante perone che vi si sono imbattute per pochissimo tempo: artisti di lungo corso non hanno fatto progressi in tempi così "folgoranti" come alcuni "novizi". Il cammino dello sguardo assomiglia al percorso di Paolo: una illuminazione istantanea, poi seguita da un lungo esercizio di de-costruzione della ideologia rabbinica che lo permeava e la ri-costruzione del pensiero nuovo dell'uomo nuovo. Il cammino dello sguardo è istantaneo nella luce nuova che entra nella mente, mentre è evolutivo (più o meno lento) nello sviluppo e nel cammino di sostituzione linguistica e ideologica: cioè, di come la visione originaria lentamente va a sostituire la stratificazione e la sedimentazione del vecchio linguaggio del potere. De-categorizzare per ri-categorizzare è la parte di sviluppo susseguente al fulmineo cambiamento di prospettiva, al *metanoein* nuovo che avviene quando ci si imbatte in questo sguardo originario che una comunità di resistenza e di rinascita spirituale ha su di sé, ognuno per sé, ed insieme collettivamente come un corpo di ballo o una orchestra che iniziano a muover-

si ed a vibrare sincronicamente ed armonicamente, creando un tutto unico ed unito. Il percorso dello sguardo, dunque, coincide con il cammino di scoperta dell'Io Grande e della Mente Grande verso il progetto originario della vita.

Il percorso dello sguardo e del segno dell'arte di Americo Mazzotta. La formazione di una comunità di artisti.

Come abbiamo visto, in un artista autentico, che non si accontenta di seguire le mode moderniste approvate o imposte dal potere, lo sviluppo del proprio talento e la conquista del proprio segno coincidono con il cammino dello sguardo, cioè con la trasformazione della sua mente (cfr. il *"metanoeite"* evangelico). Questa trasformazione è fulminea e consiste in un ri-orientamento di tutto il modo di pensare che va a sostituire quello ideologico di cui l'artista si è nutrito fino a quel momento.

Successivamente, per anni, l'artista dovrà de-categorizzare (cioè smontare il vecchio bagaglio ideologico costruito nella sua mente) e ri-categorizzare per immettere il nuovo linguaggio della nuova vita (rinascita) che comincia a fiorire in lui.

Per Americo questo è avvenuto nel momento del cosiddetto "svelamento", descritto in modo dettagliato nel volume *Alla ricerca del segno* (G. Zennaro, *Alla ricerca del segno,* Amazon 2017, pp. 115-160). Bisogna sottolineare che quello che accade nel Maestro è, nella sua essenza profonda, quello che accade nella comunità dei "discepoli" che da lui si forma. Ciò significa che per sapere in cosa consiste il dono di una comunità di resistenza e di rinascita spirituale di artisti, occorre guardare ai cambiamenti che avvengono nel Maestro o Maestri a cui quella comunità fa riferimento. Questo perché la comunità di discepoli si identifica nel Maestro e in quello che accade in lui; il cambiamento che avviene in lui è anche la trasformazione dello sguardo che avviene nel popolo. Americo è come Mosè che conduce il suo popolo attraverso il deserto verso la Terra Promessa, anche se all'inizio egli era perfettamente solo. Tutti gli artisti sono come il popolo di Israele in cerca del progetto originario che in quell'esodo si realizzava. Il progetto originario si manifesta come distacco e rottura rispetto ad un "faraone", rispetto ad una matrix di potere che soggiogano e che manipolano la mente dell'artista, per conformarlo ai propri obiettivi. Tale rottura costringe ad un lungo e contorto viaggio nel deserto della autenticità, luogo arido ed impervio, per conquistare il proprio nuovo linguaggio che è la Terra Promessa, cioè la rinascita dall'alto, di cui parla Gesù a Nicodemo, e la riconquista del progetto originario dell'artista. Mazzotta e Truttero sono stati Mosè ed Aronne di questo esodo dal faraone-matrix verso la conquista del proprio segno libero, attraverso il deserto della solitudine e della situazione di "marketless", a cui questa disobbedienza conduce, fino alla riconquista del proprio linguaggio autentico nella comunità liberata degli artisti (Terra Promessa).

Ma perché questo avvenga, il profeta (Americo) deve vivere nella sua carne una serie di esperienze, perché è necessario che ogni conoscenza nuova fuori della matrix, avvenga nella carne delle proprie esperienze. Innanzitutto l'artista deve salvarsi dalla matrix, cioè deve salvaguardare la propria unicità e non farsi risucchiare nelle allettanti mode che la matrix impone con il suo canto delle sirene del successo, sempre ammantato di anticonformismo che in realtà crea nuovi conformismi. In questa disobbedienza, l'artista, per salvaguardare la propria unicità dal conformismo, deve rivalutare dentro di sé la solitudine: non deve spaventarsi di essere solo ("marketless"), perché questa solitudine è salvifica, in quanto salva il pensiero critico e, attraverso di esso, salva la possibilità di ricerca del progetto originario, normalmente sostituito e camuffato da quello della matrix. L'importante è che ci sia da qualche parte una mente che mantiene ancora la propria unicità e la propria indipendenza dal potere dominante.

In questa esperienza la comunità di artisti individua nel Maestro colui che identifica il nemico e la sua strategia. Non ci si può realmente liberare dalla matrix e dalla sua pervasiva ideologia, se non si individua il nemico, cioè il progetto privato che egli impone andando a sostituirsi al progetto originario. In questo modo, Maestro e comunità di discepoli, presenti e futuri, mantengono la certezza morale, cioè la coscienza di rinascita, che non è altro che la conoscenza delle *crèencias* e delle evidenze originarie, degli archetipi ancestrali che sono scritti in modo indelebile nel cuore umano: desiderio di bellezza, verità, unità, giustizia, amore, libertà, felicità; in una parola, il progetto della vita autentica. Quello che il vangelo di Giovanni chiama "luce e vita", che sono venute nel mondo tra i suoi e che i suoi hanno rifiutato. Americo, come Mosè, ha sperimentato su di sé questo esodo dalla matrix e lo ha mostrato in un percorso educativo dello sguardo, nel deserto della solitudine ed incomprensione, facendo accadere ed imparando per esperienza personale quello che andava insegnando ai suoi discepoli. Inizia, dunque, il viaggio "pericoloso" della comunità di resistenza nel distacco dalla matrix, attraverso il deserto della differenza e della unicità. Ed inizia nella carne viva del suo Maestro Interiore Americo Mazzotta.

Questo percorso estetico è un'altra esemplificazione della ricerca del progetto originario e del viaggio da ciò che è aldiqua (materia) verso ciò che sta "più in là" (energia e divino) che l'artista compie continuamente quando crea. Questo viaggio può essere utile suggerimento per il viaggio che tutti possiamo compiere per liberarci da ciò che ci imprigiona.

Capitolo undicesimo

La comunità dei dieci giorni e dei dieci giovani (nel *Decamerone* di Giovanni Boccaccio)

"E per ciò che la gratitudine, secondo che io credo, tra l'altre vertú è sommamente da commendare ed il contrario da biasimare, per non parere ingrato, ho meco stesso proposto di volere, in quel poco che per me si può, in cambio di ciò che io ricevetti, ora che libero dirmi posso, e se non a coloro che me aiutarono, alli quali per avventura per lo lor senno o per la loro buona ventura non abbisogna, a quegli almeno a' quali fa luogo, alcuno alleggiamento prestare. E quantunque il mio sostenimento, o conforto che vogliam dire, possa essere e sia a' bisognosi assai poco, nondimeno parmi, quello doversi piú tosto porgere dove il bisogno apparisce maggiore, sí perché piú utilitá vi fará e sí ancora perché piú vi fia caro avuto". Lo scopo del *Decamerone* di Giovanni Boccaccio è qui esposto, nel *Prologo* dell'opera; esso è simile alla *Vita nova* di Dante e al *De amore* di Andrea Cappellano, ma anche al *Simposio* di Platone. E' un ulteriore manuale di ricerca della felicità e della libertà individuale e comunitaria che sta, insieme alla *Divina Commedia,* all'origine della letteratura italiana, per lo più incompreso e misconosciuto. Cosa dice Boccaccio? (Aldo Busi ha "tradotto" il linguaggio medievale di Boccaccio in italiano corrente, perché è veramente lontano da noi, ma solo apparentemente; infatti, se si prende dimestichezza con esso, non solo lo si trova comprensibile, ma anche piacevole ed espressivo, anche se un po' retorico, un po' ampolloso. Così faccio anch'io e lo traduco a mio modo).

"E questo perché la gratitudine, secondo me, è tra tutte le virtù quella da consigliare maggiormente, così come è da biasimare l'ingratitudine, il suo contrario. Per non apparire ingrato mi sono proposto di, per quel poco che posso e in cambio di ciò che ho ricevuto, ora che mi posso ritenere libero, volere portare un qualche sollievo. A chi? Se non a coloro che mi hanno aiutato, perché questi non ne hanno bisogno o per la loro buona sorte o per la loro saggezza, almeno a coloro che ne hanno bisogno. E nonostante il mio aiuto o conforto, come vogliamo chiamarlo, sia minimo per coloro che ne hanno bisogno, tuttavia mi pare che si debba offrire questo aiuto là dove il bisogno appare maggiore, sia perché in quelle situazioni gioverà di più, sia perché in esse sarà ritenuto più caro".

Di cosa sta parlando? Questo straordinario manuale di resistenza al potere e di rinascita spirituale che è il *Decamerone*, ha origine da una crisi spirituale di tipo amoroso. Lo afferma qualche riga prima: "Per ciò che, dalla mia prima giovanezza infino a questo tempo oltre modo essendo stato acceso d'altissimo e nobile amore, forse piú assai che alla mia bassa condizione non parrebbe, narrandolo io, si richiedesse, quantunque appo coloro che discreti erano ed alla cui notizia pervenne io ne fossi lodato e da molto piú reputato, nondimeno mi fu egli di grandissima fatica a sofferire: certo non per crudeltá della donna amata, ma per soperchio fuoco nella mente concetto da poco regolato appetito, il quale, per ciò che a niun convenevole termine mi lasciava contento stare, piú di noia che bisogno non m'era spesse volte sentir mi facea". "Poiché fin dalla mia prima giovinezza fino ad ora, essendo io stato infiammato da un nobile ed altissimo amore, più di quello che potrebbe sembrare guardando alla mia bassa condizione sociale, nel momento in cui mi venisse richiesto di raccontare di questo ardente amore, provavo grandissima fatica e ne soffrivo; e ciò accadeva nonostante che coloro che ne venissero a sapere fossero stati discreti e mi lodassero e mi considerassero molto di più di quanto facessero gli altri. Tutta la mia sofferenza era dovuta non certo alla crudeltà della donna da me amata, ma all'esagerato fuoco della mia mente, concepito da un desiderio poco controllato; esso, poiché non mi faceva essere contento di nessun limite conveniente, mi conduceva molte volte alla noia, più che ad un vero bisogno".

Questo ardente amore lo faceva deragliare dai suoi limiti ("a niun convenevole termine mi lasciava contento stare") e lo gettava in una frenesia che lo possedeva totalmente e di cui diventava ostaggio. Non era più lui stesso padrone della sua anima, ma era dominato da una ossessione: la sua passione amorosa era diventata patologia. L'esito di questa dinamica viene definito da Boccaccio "noia"; cioè un tedio, una malinconia, una tristezza, una infelicità, dovuta ad un nonsenso, ad un nulla da lui sperimentato per mancanza di amore ed incapacità di relazioni autentiche con gli altri e con il femminile. Ma il libro che egli decide di scrivere contiene preziosi suggerimenti, velati in metafore e simboli, di una possibilità di resistenza e di rinascita spirituale che egli ha sperimentato ed è riuscito a conquistare. Come?

Ce lo dice subito dopo: "Nella qual noia tanto refrigerio giá mi porsero i piacevoli ragionamenti d'alcuno amico e le sue laudevoli consolazioni, che io porto fermissima oppinione, per quello essere addivenuto che io non sia morto. Ma sí come a Colui piacque il quale, essendo egli infinito, diede per legge incommutabile a tutte le cose mondane aver fine, il mio amore, oltre ad ogni altro fervente ed il quale niuna forza di proponimento o di consiglio o di vergogna evidente, o pericolo che seguirne potesse, aveva potuto né rompere né piegare, per se medesimo in processo di tempo si diminuí in guisa, che sol di sé nella mente m'ha al presente lasciato quel piacere che egli è usato di porgere a chi troppo non si mette ne' suoi piú cupi pelaghi navigando; per che, dove faticoso esser solea, ogni affanno togliendo via, dilettevole il sento esser rimaso. Ma quantunque cessata sia la pena, non per ciò è la memoria fuggita de' benefici giá ricevuti, datimi da coloro a' quali per benivolenza da loro a me portata erano gravi le mie fatiche; né passerá mai, sí come io credo, se non per morte". "In questa situazione di noia mi sono stati di refrigerio i piacevoli ragionamenti e le lodevoli parole di consolazione di qualche amico: così decisivi che sono fermamente convinto che senza di essi sarei morto. Per fortuna, poiché Dio, essendo Lui infinito, volle, con decreto immutabile, che tutte le cose mondane avessero fine, il mio amore, si attenuò da se stesso in un certo periodo di tempo. Questo amore era così potente che non poteva essere piegato o interrotto da nessun forte proposito, nessun consiglio o nessuna vergogna evidente o pericolo in cui potesse imbattersi: eppure si estinse da se solo. Esso ha lasciato nella mia mente ora soltanto una sensazione di piacere che l'amore è solito donare a chi non si mette a navigare nei suoi più oscuri mari. Per questo, mentre ero solito percepirlo come faticoso, ora lo sento che mi è rimasto solo come piacevole, dal momento che ogni affanno è sparito. Ma nonostante sia cessata la pena, non per questo se ne andata via la memoria dei benefici che ho ricevuto allora da coloro che mi hanno fatto oggetto della loro benevolenza e che si sono presi a cuore la mia sofferenza.

Questa memoria non passerà mai, sono convinto, se non con la morte". La rinascita spirituale di Giovanni Boccaccio è stata possibile grazie all'aiuto decisivo di alcuni maestri interiori e di guide spirituali che gli hanno permesso di trovare la strada di uscita dalla "selva oscura" di tipo amoroso in cui era caduto, anche lui, come Dante. In lui la rinascita è consistita in una vittoria sulla "noia", cioè una vittoria su una visione tetra e cupa della vita, un pessimismo senza speranza e senza luce. L'opera che decide di scrivere è un inno di gratitudine verso questi amici che si sono presi cura di lui; ma, nello stesso tempo, vuole anche essere di aiuto a qualcun altro che si possa trovare nella stessa situazione in cui si è trovato lui. Cioè un'opera che possa essere da guida spirituale per chi voglia uscire dalla stessa "noia", dalla stessa mancanza di luce in cui si è venuto a trovare lui in conseguenza dei suoi fallimenti amorosi. Egli vuole descrivere in quest'opera, in modo simbolico, come si può uscire dal labirinto in cui ci si viene a cacciare quando si viene presi da un ardore amoroso frenetico. Ma vuole che di questo amore altri possano, come è successo a lui, sperimentare la liberazione che lui ha vissuto: "dove faticoso esser solea, ogni affanno togliendo via, dilettevole il sento esser rimaso" ("ora lo sento che mi è rimasto solo come piacevole, dal momento che ogni affanno è sparito"). Dunque, Boccaccio ci vuole parlare dell'amore e della vita in modo che la noia e l'affanno siano vinti e che trionfi solo il piacere e il diletto. Bello come progetto dell'opera!

"E quantunque il mio sostenimento, o conforto che vogliam dire, possa essere e sia a' bisognosi assai poco, nondimeno parmi, quello doversi piú tosto porgere dove il bisogno apparisce maggiore, sí perché piú utilitá vi fará e sí ancora perché piú vi fia caro avuto. E chi negherá, questo, quantunque egli si sia, non molto piú alle vaghe donne che agli uomini convenirsi donare? Esse dentro a' dilicati petti, temendo e vergognando, tengono l'amorose fiamme nascose, le quali quanto piú di forza abbian che le palesi, coloro il sanno che l'hanno provato e pruovano: ed oltre a ciò, ristrette da' voleri, da' piaceri, da' comandamenti de' padri, delle madri, de' fratelli e de' mariti, il piú del tempo nel piccolo circúito delle loro camere racchiuse dimorano, e quasi oziose sedendosi, volendo e non volendo in una medesima ora, seco rivolgono diversi pensieri, li quali non è possibile che sempre sieno allegri. E se per quegli, mossa da focoso disio, alcuna malinconia sopravviene nelle lor menti, in quelle conviene che con grave noia si dimori, se da nuovi ragionamenti non è rimossa:"

"Nonostante il mio sostegno, o conforto come lo vogliamo definire, possa essere o effettivamente lo sia ben poca cosa, per quelli che ne hanno bisogno, tuttavia mi sembra necessario che tale sostegno si debba rivolgere piuttosto là dove il bisogno appare maggiore, così che vi sarà più utile ed anche più gradito. **E chi potrà negare che sia conveniente donare questo sostegno molto di più alle belle donne che agli uomini?** Infatti, esse tengono nascoste dentro ai loro delicati cuori le fiamme amorose, per timore e vergogna. Queste fiamme amorose hanno molta più forza di quanto loro stesse lo abbiano a mostrare, come sanno quelli che l'hanno provato e lo provano. Oltre a ciò le donne sono controllate e limitate dai voleri, dai piaceri, dagli ordini dei loro padri, delle loro madri, dei fratelli e dei loro mariti: esse vivono la maggior parte del loro tempo racchiuse nel piccolo mondo delle loro camere, stando sedute quasi oziose, contemporaneamente secondo e contro la loro volontà, riflettono su se stesse con diversi pensieri che non è possibile che siano sempre allegri. E se a causa di quei pensieri, qualcuna di loro, mossa da un ardente desiderio, abbia la mente presa da qualche malinconia, necessariamente sopraggiungerà anche una pesante noia se non sarà distolta da nuovi ragionamenti".

Il *Decamerone* è dedicato da Boccaccio alle donne innamorate: "scrivo queste novelle perché possano essere di aiuto e di rifugio per le donne che sono innamorate, in un modo simile a quello per cui alle altre è sufficiente l'ago, il fuso e l'arcolaio" (cfr. *Prologo al Decamerone*).

Monika Antes nel suo recente libro *Giovanni Boccaccio e le donne*, ne ha parlato ampiamente. Di che natura è questo contributo alla liberazione della donna e alla valorizzazione della potenza femminile? Se guardiamo con attenzione, il mondo creato dalle sette giovani donne e dai tre ragazzi a Fiesole, rappresenta una nuova vita edenica ordinata e armonica, tutta improntata sulla potenza femminile, cioè risalente alle sorgenti primordiali ed originarie della vita e ai valori e contenuti profondi che da esse sgorgano. Egli vede, cioè, una via di scampo al caos sociale rappresentato dalla pestilenza, non solo nel rifugio e nell'isolamento, non solo nell'ordinare di nuovo secondo un modello di armonia originaria una vita diventata tossica, ma anche, e soprattutto, improntare questo modello alla potenza femminile, cioè a quell'insieme di attitudini, di forze carismatiche e di propensioni vitali e fortemente energetiche, che nel femminile originario si manifestano del tutto naturalmente. Insomma, il *Decamerone* è un Manifesto della vita rinnovata sul modello del progetto originario che si ritrova nella vita edenica e nel modello ancestrale di vita intrauterina così come nella potenza femminile si evidenzia chiaramente.

"Senza che, elle sono molto men forti che gli uomini a sostenere; il che degl'innamorati uomini non avviene, sí come noi possiamo apertamente vedere. Essi, se alcuna malinconia o gravezza di pensieri gli affligge, hanno molti modi da alleggiare o da passar quello, per ciò che a loro, volendo essi, non manca l'andare attorno, udire e veder molte cose, uccellare, cacciare o pescare, cavalcare, giucare e mercatare, de' quali modi ciascuno ha forza di trarre, o in tutto o in parte, l'animo a sé e dal noioso pensiero rimuoverlo almeno per alcuno spazio di tempo, appresso il quale, o in un modo o in uno altro, o consolazion sopravviene o diventa la noia minore. Adunque, acciò che per me in parte s'ammendi il peccato della fortuna, la quale dove meno era di forza, sí come noi nelle dilicate donne veggiamo, quivi piú avara fu di sostegno; in soccorso e rifugio di quelle che amano, per ciò che all'altre è assai l'ago, il fuso e l'arcolaio;"

"Infatti, **senza questi sostegni, le donne sono molto meno forti nel sostenere queste malinconie rispetto agli uomini innamorati,** come possiamo apertamente constatare. Infatti, gli uomini, se vengono presi da qualche malinconia o da pensieri tristi, hanno molti modi per alleviarne il peso o per farsela passare, perché, se lo vogliono, hanno molte possibilità di andare in giro, ascoltare e vedere molte cose, andare a caccia, a pesca, a cavallo, a giocare e a fare affari: attività dalle quali ciascuno ha la possibilità di recuperare la propria serenità d'animo, in tutto o in parte, distraendosi dal pensiero noioso, così che in un modo o in un altro, sopraggiunge o una consolazione o una diminuzione della noia. Per questo, affinché si corregga per me in parte la *defaillance* della sorte, la quale proprio laddove era meno favorevole, qui fu anche più avara di aiuto, **proprio come vediamo accadere alle donne delicate, scrivo queste novelle perché possano essere di aiuto e di rifugio per le donne che sono innamorate, in un modo simile a quello per cui alle altre è sufficiente l'ago, il fuso e l'arcolaio".**

La realtà sociale della donna, ovviamente, è agli antipodi rispetto a questa *vision*, sia allora, nel trecento, che oggi, pur in altre forme: la donna era, ed è, drammaticamente e dolorosamente sottomessa, controllata e compressa nella sua dignità e potenza femminile. Boccaccio elenca quattro modi in cui il potere sociale, soprattutto maschile, tiene soggiogate le donne, alleandosi con la loro stessa inconscia sottomissione:

1.   quando sono innamorate, le donne sono costrette dal pensiero sociale dominante a nascondere le loro profonde emozioni e, tanto più esse sono intense, tanto più devono mostrare esteriormente indifferenza;

2.   **le donne sono controllate e limitate** dai voleri, dai piaceri, dagli ordini dei loro padri, delle loro madri, dei fratelli e dei loro mariti: **esse vivono la maggior parte del loro tempo racchiuse nel piccolo mondo delle loro camere, stando sedute quasi oziose, contemporaneamente secondo e contro la loro volontà;**

3.   vivono in luoghi ristretti senza libertà e quando sono innamorate, invece che godere della bellezza di questo evento, vengono per lo più prese da malinconia e noia, perché non possono realizzare i loro desideri, costrette come sono da una matrix terribile di controllo sociale maschile o femminile che sia (meglio sarebbe dire di donne mascolinizzate dal punto di vista della mentalità);

4.   mentre gli uomini hanno a disposizione molte più attività espressive consone alla loro natura maschile, le donne hanno la propria potenza ed energia femminile compressa tra fuso, arcolaio e ago: la potenza femminile che si manifesta e si scatena nell'innamoramento, viene compressa e misconosciuta, oscurata e relegata all'impotenza, rimanendo solo come emozione spiacevole di annoiata tristezza.

"Esse tengono nascoste dentro ai loro delicati cuori le fiamme amorose, per timore e vergogna": Questa frase di Boccaccio dovrebbe farci sussultare di sdegno e fremere di dolore, anche a distanza di 670 anni: le donne nel Trecento erano tenute prigioniere con la paura e la vergogna. Venivano terrorizzate e colpevolizzate, per tenerle sottomesse. E' questa una forma potente e subdola di psicopotere, che comprime la loro potenza femminile, neutralizza la loro immensa energia e priva la società di questo apporto originario, aumentando in essa il tasso di barbarie e aggressività. E attraverso quali strumenti si realizza questa neutralizzazione della potenza femminile, secondo Boccaccio? Si realizza e si concentra sul loro linguaggio del corpo, dell'*eros* femminile e della *libido* femminile: **"esse tengono nascoste dentro ai loro delicati cuori le fiamme amorose"**. Questo evento, l'innamoramento, che è una esplosione di vita, deve, invece, essere oscurato e represso dalla paura e dal senso di colpa. E il corpo, con il suo linguaggio che si sviluppa nell'*eros* e nel piacere, deve essere tarpato e limitato dalla matrix sociale, riempito di complessi e di paure. E' prendendo possesso del linguaggio del corpo, dell'*eros* e del piacere, soprattutto femminile, che il potere sociale tiene sotto controllo, manipola e sottomette la società, soprattutto nel suo punto più elevato, più delicato e fragile, la dolce potenza femminile.

Infatti, come ci sono due generi, uomini e donne, che hanno dalla società trattamenti tragicamente e profondamente diversi e ingiusti, così ci sono anche, secondo Boccaccio, due tipi di donne: quelle che accettano silenziosamente e, abbassando la testa, si accontentano di quello che per loro passa la società (cioè si accontentano di vivere in ambienti chiusi e di limitarsi all'ago, al fuso e all'arcolaio, simboli di una pesante limitazione della potenza femminile ridotta ad un *cliché* stereotipato); e quelle donne libere che, invece, non hanno paura di vivere fino in fondo, con gioia e intensità, senza *"timore e vergogna"*, il linguaggio del loro corpo, del loro *eros* e del loro piacere. A queste donne Boccaccio dedica il *Decamerone*: **"scrivo queste novelle perché possano essere di aiuto e di rifugio per le donne che sono innamorate"**.

Attenzione, però, perché non si tratta di una dedica consolatoria, una specie di riparazione simbolica di una ingiustizia secolare, una specie di fiore portato sulla tomba della potenza femminile. No! L'opera che Boccaccio scrive è ben altro! Essa ha due finalità: la prima è quella di delineare un vero e proprio "progetto di rivalutazione e di valorizzazione della potenza femminile" alla quale, naturalmente, deve contribuire nella giusta misura, anche il maschile, adeguatamente ripensato in relazione ri-bilanciata e ri-calibrata rispetto alla potenza femminile. Vedremo nel corso dell'analisi in che modo Boccaccio scrive questo vero e proprio "Manifesto della potenza femminile" che è il *Decamerone*. La seconda è quella di fondare su questo ritrovato statuto della potenza femminile la comunità di resistenza (al potere sociale che tarpa le ali dell'umano sia maschile che femminile) e la comunità di rinascita spirituale. Infatti, sulle fondamenta della potenza femminile viene ricostruita tutta la società e il *Decamerone* ne rappresenta il modello utopico. Boccaccio non è *"il giornalista del gossip"* ("Secondo me Boccaccio può essere visto come un tipo di giornalista della stampa *gossip* di oggi, perché non rispetta nessun tabù nelle sue descrizioni e parla delle cose come sono". (Fonte web: *Boccaccio e le donne*, intervista con l'autrice del libro, la studiosa Monika Antes, a cura di Gabriele Parenti, 25 Marzo, 2016 https://www.stamptoscana.it/boccaccio.-e-le-donne-intervista-con-lautrice-la-studiosa-monika-antes/)

come è stato definito da critici ed esperti, ma un architetto del progetto originario della società che si contrappone alla sua privatizzazione e al suo sfruttamento a scopi egoistici ad uso della *élite* dominante.

"Io intendo di raccontare cento novelle, o favole o parabole o istorie che dire le vogliamo, raccontate in diece giorni da una onesta brigata di sette donne e di tre giovani nel pistilenzioso tempo della passata mortalitá fatta, ed alcune canzonette dalle predette donne cantate al lor diletto. Nelle quali novelle, piacevoli ed aspri casi d'amore ed altri fortunosi avvenimenti si vedranno cosí ne' moderni tempi avvenuti come negli antichi; delle quali le giá dette donne che quelle leggeranno, parimente diletto delle sollazzevoli cose in quelle mostrate ed utile consiglio potranno pigliare, e conoscere quello che sia da fuggire e che sia similmente da seguitare: le quali cose senza passamento di noia non credo che possano intervenire. Il che se avviene, che voglia Iddio che cosí sia, ad Amore ne rendano grazie, il quale liberandomi da' suoi legami m'ha conceduto di potere attendere a' loro piaceri". "Voglio raccontare cento novelle, favole, parabole o storie come vogliamo chiamarle, raccontate in dieci giorni da una compagnia di animo nobile di sette giovani donne e di tre ragazzi nel periodo della mortale peste di Firenze da poco passata, assieme ad alcune canzoni cantate dalle stesse donne per loro piacere. In questi racconti verranno narrati fatti d'amore sia piacevoli che dolorosi ed altre vicissitudini della sorte, avvenute sia in tempi antichi che attuali. **Ciò è fatto affinché le donne che leggeranno queste storie possano godere ugualmente sia del piacere riguardo alle divertenti cose che vi vengono narrate, sia di utili consigli. Nello stesso modo potranno conoscere ciò che c'è da evitare o in modo simile da perseguire. Il tutto, per di più, non credo che possa avvenire senza che avvenga un allontanamento della noia.** Cosa che, se avviene, e Dio voglia che sia così, ne siano rese grazie all'Amore, **Amore che liberandomi dai suoi legami (dell'Amore) mi ha concesso di dedicarmi ai loro (delle donne) piaceri"**.

Boccaccio vuole delineare chiaramente non solo la cornice narrativa basata sul profondo significato cosmico originario del numero dieci (di cui parleremo più avanti), ma anche i cinque obiettivi dell'opera, che sono anche, implicitamente, gli strumenti per la realizzazione di questo meraviglioso programma di rivalutazione della potenza femminile e di costruzione di una comunità di resistenza e di rinascita spirituale. Essi sono:

1.   **Il ricorso al piacere immaginativo**: "Voglio raccontare cento novelle, favole, parabole o storie come vogliamo chiamarle". Il disegno del modello originario si sviluppa attraverso lo scrivere secondo ciò che la immaginazione detta: la immaginazione è al potere nel dare la propria forma, il tocco del proprio assetto alla immagine di progetto originario alla società. A questa opera poetica e poietica creativa è legato il piacere della creatività e del sistema del gioco, l'emozione del piacere intenso della immaginazione creatrice, che imita quella dello stesso "Poeta cosmico" che è il divino quando crea il mondo, come è nella definizione schellinghiana dell'atto creativo dell'artista.

2.   **Il ricorso al piacere narrativo**: "In questi racconti verranno narrati fatti d'amore sia piacevoli che dolorosi ed altre vicissitudini della sorte, avvenute sia in tempi antichi che attuali". E' il piacere della immedesimazione che supera i limiti del tempo e dello spazio (molto ristretto concesso alle povere e frustrate donne di quel tempo – ma non meno che a quelle di oggi). Il lettore e, soprattutto la lettrice, possono identificarsi e immergersi nella storia e nei protagonisti di essa in modo da sublimare i propri traumi o da figurare immaginativamente i propri desideri. E' un esercizio potente ed utilissimo per allenare l'*arca della mente*, proprio come aveva fatto Dante con la *Divina Commedia*.

3.   **Il ricavarne una utilità etico-pratica: "sia di utili consigli. Nello stesso modo potranno conoscere ciò che c'è da evitare o in modo simile da perseguire".** Non c'è ricerca del progetto originario, in particolare della potenza femminile, se non c'è la individuazione del nemico, cioè della matrix sociale che tiene nelle catene del "timore e della vergogna" la potenza femminile, come anche dei pericoli che questo nemico dissemina sulla strada della vita delle donne affinché si confondano e perdano coscienza della loro potenza femminile. Evidentemente ciò vale anche per la individuazione di ciò che è amico e utile alla ricerca del progetto originario.

4.   **Il ricavarne un allontanamento della noia che, come l'ozio degli antichi, è il padre di tutti i vizi: "Il tutto, per di più, non credo che possa avvenire senza che avvenga un allontanamento della noia".** L'allontanamento della noia è l'allontanamento del nulla e questo avviene perché ci si mette alla ricerca del proprio progetto originario. E sappiamo che il sistema emotivo della ricerca è il più produttivo, perché mette in moto tutti gli altri sistemi, al contrario del sistema della

paura che li blocca tutti. Mentre la matrix sociale impone alla potenza femminile paura e vergogna (senso di colpa), il modello che Boccaccio immagina propone il "chi cerca trova" e la felicità sia del cercare che del trovare (che sono intensamente dopaminici, come mostrano le neuroscienze).

5. **Il ricavarne la liberazione dalla ideologia dell'Amor Cortese in vigore in quell'epoca: "Amore che liberandomi dai suoi legami (dell'Amore) mi ha concesso di dedicarmi ai loro (delle donne) piaceri".** La deprimente situazione delle donne era conseguenza della pervertita ideologia dell'*amor cortese* e della *donna angelicata*, criticata da Andrea Cappellano nel suo magistrale *De Amore*: l'amore femminile era subordinato alla ragione di stato e alla politica matrimoniale dinastica e alla donna era concesso di amare solo di nascosto e ipocritamente la persona amata. Boccaccio dichiara che nella scrittura del *Decamerone* è stato liberato da questa ideologia orribile e che ha potuto avvicinarsi al vero linguaggio della potenza femminile, del suo corpo, dell'*eros* e del piacere femminile, vera via di fuga dalla oppressiva sottomissione alla ideologia dell'amor cortese.

Tutto questo, non dimentichiamolo, è fatto da Boccaccio per la felicità delle donne nella loro ritrovata potenza femminile, cioè la riscoperta e riappropriazione del progetto originario del loro corpo, del loro *eros* e della loro *libido*, ingiustamente ed orribilmente repressi e frustrati dal potere sociale, allora come oggi: "**Ciò è fatto affinché le donne che leggeranno queste storie possano godere**". E' finalmente arrivato il tempo che soprattutto le donne riabbiano questa originaria potenza femminile nelle loro mani: ecco il senso del riprendere il progetto di valorizzazione della potenza femminile che è il *Decamerone*.

Il nesso tra la rinascita e la "mortifera pestilenza" nella struttura e nella cornice narrativa del *Decamerone* (una riflessione sulla *Introduzione alla Prima giornata*)

Il 1348 fu l'anno terribile del contagio della peste nera a Firenze: Boccaccio parla di centomila morti. Egli la descrive con analitica crudezza nella *Introduzione* della *Prima giornata* del *Decamerone*. Ebbene, nei tre anni successivi avvengono a Firenze due eventi di rinascita spirituale e di reazione al lugubre contagio: nel 1349 Boccaccio comincia a scrivere il

Decamerone e nel 1350 si attua il primo intervento della costruzione della meravigliosa facciata di Santa Maria Novella: "Il primo intervento si ebbe verso il 1350, quando il registro inferiore fu ricoperto di marmi bianchi e verdi grazie ai fondi da un tale Turino del Baldese deceduto due anni prima. In quella circostanza furono fatti i sei avelli o arche tombali, i due portali laterali gotici e, forse, anche l'ornamentazione marmorea a riquadri e archetti ciechi a tutto sesto fino al primo cornicione, che assomigliano a quelli del Battistero di San Giovanni". (wikipedia.org/wiki/Basilica_di_Santa_Maria_Novella)

Nel giro di due anni Firenze già volta pagina e rinasce: la morte è sempre presente, perché il tempio domenicano ospita nella facciata sei tombe, tra cui quella del donatore, morto di peste due anni prima; ma la rinascita architettonica della chiesa rappresenta il simbolo della rinascita spirituale della città e, soprattutto, della gioventù fiorentina, rappresentata dai dieci giovani che danno vita al *Decamerone*. Infatti, Boccaccio vuole legare strettamente questi due eventi, cioè la costruzione della facciata di Santa Maria Novella e il progetto della costruzione della comunità ideale di resistenza al male e di rinascita spirituale che è affidato al *Decamerone*: è a testimonianza di questo legame che l'intuizione e la proposta dell'evento, fatta da Pampinea ad altre sei giovani donne di età compresa tra 18 e 28 anni, avviene proprio nella chiesa di Santa Maria Novella, come ci racconta lo stesso Boccaccio: "**Stando in questi termini la nostra cittá, d'abitatori quasi vòta, addivenne, sí come io poi da persona degna di fede sentii, che nella venerabile chiesa di Santa Maria Novella, un martedì mattina, non essendovi quasi alcuna altra persona, uditi li divini ufici in abito lugubre, quale a sí fatta stagione si richiedea, si ritrovarono sette giovani donne, tutte l'una all'altra o per amistá o per vicinanza o per parentado congiunte, delle quali niuna il ventiottesimo anno passato avea né era minor di diciot**to, savia ciascuna e di sangue nobile e bella di forma ed ornata di costumi e di leggiadra onestà".

Sette giovani donne sono il fondamento della comunità della rinascita dalla quale sorgerà la grande Firenze rinascimentale, di cui Boccaccio è il grande progettista ed animatore. Infatti, è lui che, insieme a Petrarca, "sdogana" la mitologia antica tramite l'opera *De genealogia deorum*, permettendo ad artisti, letterati e poeti di attingere all'immenso serbatoio di miti e forme archetipiche antiche e classiche. Il *Decamerone* è il manifesto di questa nuova civiltà che Boccaccio ha in mente, civiltà che fonde gli antichi e potenti, ma anche fatiscenti e decadenti, valori della aristocrazia feudale con quelli dinamici e ambiziosi della nuova borghesia imprenditoriale e mercantile. L'opera delle dieci giornate spiega come si fa a rinascere, come si fa a vivere secondo il progetto originario, come si fa a ricreare l'Eden ideale dopo la terribile tempesta scatenata dalla peste. Il *Decamerone* è un manuale di resistenza e di rinascita per una comunità di giovani che vuole lasciarsi alle spalle la lugubre malattia e guardare al futuro con speranza e, soprattutto, vuole che il futuro abbia la forma del proprio sogno e del progetto originario che esso rappresenta. Per creare questo codice di costruzione di comunità felice Boccaccio si affida ad una solida struttura e ad una potente cornice narrativa, traboccanti di mirabili simbologie e di metafore sia numerologiche che poetico-bucoliche.

L'idea della rinascita è un avvenimento che accade con caratteri mistici. L'idea viene ad una donna dentro una chiesa dopo la preghiera del mattino, un martedì, verso la fine della pestilenza, dopo che la maggior parte della città era già stata decimata dal terrificante contagio. Pampinea, infatti, fa la proposta alle sei donne superstiti, perché la sua casa è vuota ormai e non le rimane che la sua fantesca. Ella è terrorizzata dalla solitudine angosciante di quella casa vuota, piena di ricordi amari, proprio perché le persone da lei amate sono state portate via dalla peste. Infatti, dice: **"e se alle nostre case torniamo, non so se a voi cosí come a me addiviene: io, di molta famiglia, niuna altra persona in quella se non la mia fante trovando, impaurisco e quasi tutti i capelli addosso mi sento arricciare, e parmi, dovunque io vado o dimoro per quella, l'ombre di coloro che sono trapassati vedere, e non con quegli visi che io soleva, ma con una vista orribile non so donde in loro nuovamente venuta spaventarmi. Per le quali cose, e qui e fuori di qui ed in casa mi sembra star male, e tanto piú ancora quanto egli mi pare che niuna persona, la quale abbia alcun polso e dove possa andare, come noi abbiamo, ci sia rimasa altri che noi"**.

Ma Pampinea non si abbandona alla depressione e decide di reagire con la vita e l'energia della speranza: ella vuole la rinascita e la propone alle sei donne con cui ha appena condiviso la preghiera. Esse si sono radunate per caso, senza un progetto preciso, seguendo la traccia della propria sacralità che nella donna prorompe potentissima: **"Le quali, non già da alcuno proponimento tirate, ma per caso in una delle parti della chiesa adunatesi, quasi in cerchio a seder postesi, dopo più sospiri, lasciato stare il dir de' paternostri, seco della qualità del tempo molte e varie cose cominciarono a ragionare"**.

Le sette donne sono scampate alla morte attorno a loro e vogliono reagire alla disperazione e alzare un inno alla vita che le ha volute risparmiare. Esse sono così investite dal destino di una missione rigeneratrice. Che questa riunione sia casuale e non progettata rappresenta un sigillo di questo destino. Che questa idea sia nata in una donna e proposta a sei compagne femminili significa che la vita prorompe e sgorga dalla potenza femminile. Il *Decamerone* è un inno altissimo elevato alla potenza femminile. La donna è connessa alle più potenti sorgenti della vitalità cosmica e la tempesta della morte e del contagio che le ha risparmiate ha creato in loro delle forze immuni alla depressione, le ha guarite e rafforzate: quello che non ci uccide, possono dire queste donne, ci rafforza!

Inoltre, Boccaccio non vuole usare nomi reali, per non entrare minimamente nella pericolosa area del *gossip*: egli vuole preservare la sacralità di queste donne ponendole al riparo dalle chiacchiere maliziose, attraverso l'uso di nomi metaforici. Infatti, dice: "Li nomi delle quali io in propria forma racconterei, se giusta cagione da dirlo non mi togliesse, la quale è questa, che io non voglio che per le raccontate cose da loro, che seguono, e per l'ascoltate, nel tempo avvenire alcuna di loro possa prender vergogna, **essendo oggi alquanto ristrette le leggi al piacere, che allora, per le cagioni di sopra mostrate, erano, non che alla loro età, ma a troppo più matura larghissime; né ancora dar materia agl'invidiosi, presti a mordere ogni laudevole vita, di diminuire in niuno atto l'onestà delle valorose donne con isconci parlari.** E però, acciò che quello che ciascuna dicesse senza confusione si possa comprendere appresso, **per nomi alle qualità di ciascuna convenienti o in tutto o in parte intendo di nominarle**".

Prima di proseguire nella descrizione della struttura e della cornice narrativa, occorre una chiarificazione che enucleo basandomi sulle stesse avvertenze offerte dall'autore. Boccaccio ci tiene moltissimo a sottolineare che lo scopo della sua opera è la rigenerazione attraverso il piacere, come specifica all'inizio della *Prima Giornata*: "**A questa brieve noia; dico brieve in quanto in poche lettere si contiene; seguirà prestamente la dolcezza ed il piacere il quale io v'ho davanti promesso e che forse da così fatto inizio non sarebbe, se non si dicesse, aspettato**". Dunque, il ricordo della mortifera pestilenza non è dovuto ad una sua inclinazione per il macabro, ma ha un senso mistico: è la discesa agli inferi della distruzione e del fallimento come premessa necessaria alla rinascita. E' come la prova delle avversità di cui parlano le studentesse nel libro sulla filosofia della quarantena, necessaria per potere ricominciare, trasformarsi e rigenerarsi: **"In questa "tempesta emotiva" è comparso dentro di noi uno spiraglio di sole che ci ha illuminato la strada per ritrovare noi stessi!** Ci siamo resi conto che questo virus non ci poteva impedire di essere felici: lentamente ci siamo ripresi la nostra vita, la nostra quotidianità, dedicandoci a ciò che ci faceva stare bene. Abbiamo iniziato ad apprezzare di più le piccole cose che non avevamo mai considerato, ad esempio una passeggiata; insomma, dentro ciascuno di noi è iniziata una RINASCITA, una CRESCITA INTERIORE che ci ha permesso di **affrontare con forza la situazione, senza mai arrenderci, rendendoci più potenti e sereni!** E' stato un periodo che ci ha messi a dura prova, ma allo stesso tempo ci ha permesso di conoscerci meglio e maturare". (dal Report del Laboratorio 5 su "Quarantena e rinascita" alla Summer School, settembre 2020)

Boccaccio spiega che la nuova città che rinascerà deve guardare in faccia i propri traumi e il proprio dolore, senza paura, certa che dopo la faticosa traversata delle avversità potrà riposare in un luogo ameno e paradisiaco: "Quantunque volte, graziosissime donne, meco pensando riguardo quanto voi naturalmente tutte pietose siate, tante conosco che la presente opera al vostro giudicio avrà grave e noioso principio, sì come è la dolorosa ricordazione della pestifera mortalità trapassata, universalmente a ciascuno che quella vide o altramenti conobbe dannosa e lagrimevole molto, la quale essa porta nella sua fronte. Ma non voglio per ciò che questo di più avanti leggere vi spaventi, quasi sempre tra' sospiri e tra le lagrime leggendo dobbiate trapassare. Questo orrido cominciamento vi fia non altramenti che a' camminanti una montagna aspra ed erta, appresso la quale un bellissimo piano e dilettevole sia riposto, il quale tanto più viene loro piacevole quanto maggiore è stata del salire e dello scendere la gravezza. E sì come la stremità dell'allegrezza il dolore occupa, così le miserie da sopravvegnente letizia sono terminate. (...) E nel vero, se io potuto avessi onestamente per altra parte menarvi a quello che io disidero che per così aspro sentiero come fia questo, io l'avrei volentier fatto: ma per ciò che qual fosse la cagione per che le cose che appresso si leggeranno avvenissono, non si poteva senza questa rammemorazion dimostrare, quasi da necessità costretto a scriverle mi conduco".

Il riferimento al dolore, alla morte, al male ed alle forze ostili è per Boccaccio necessario, ma non è fine a se stesso, bensì è la descrizione in forma simbolica di quel sistema ostile all'uomo che chiamo *matrix* e che è il progetto privato di una *élite* sociale che si sostituisce al progetto originario da cui ognuno nasce da quando è stato concepito all'interno dello spazio intrauterino che rappresenta per tutti l'eden originario. Questo progetto ostile prende per Boccaccio la forma della peste. Avviene esattamente quello che avviene per Camus: la peste di Orano è sì il morbo causato dalla pulce, ma è anche la ideologia nazista. Lo stessa cosa accade per Boccaccio: la descrizione della peste e della sua brutale disumanizzazione è necessaria per mettere a fuoco il nemico e il progetto privato delle forze ostili che sono all'opera nella distruzione della città. Ricordare la peste, dunque, non è solo un rito di memoria per le vittime, ma è anche una metodologia efficace per la individuazione del nemico della cittadinanza che impedisce ai cittadini di evolversi, di maturare e di crescere secondo il progetto originario in loro inscritto e, dunque, secondo il progetto di libertà, felicità, salute e creatività innato nel loro DNA.

Boccaccio descrive non solo i sintomi e gli effetti della malattia, ma anche le conseguenze traumatiche a livello sociale ed etico del morbo: la peste non rappresenta solo un contagio causato da un batterio, ma è simbolo di una degenerazione etica e sociale, di un sistema malato e tossico che degenera e sovverte i fondamenti della civiltà umana individuale e collettiva. La peste è sia un morbo fisico che una malattia psichica e sociale. In tal senso diventa emblema di una civiltà corrotta e decadente che deve venire rivoluzionata e cambiata da quei giovani che hanno mente nuova e coraggio aperto rivolto al futuro e che vogliono ricostruire e rinascere al di fuori dalla prigione di quella *matrix* rappresentata nella città diventata lazzaretto. Questa decadenza fa venire tanto in mente la decadenza morale e psichica che si ripercuote anche in tutta la natura susseguente al tradimento del patto di amicizia dei Cavalieri della Tavola Rotonda a causa del segreto imbarazzante della tresca amorosa tra Ginevra e Lancillotto, il cavaliere più fidato al servizio di Re Artù. Tutto il regno di Camelot viene invaso da una malattia mortale a causa di quella ferita etica: così anche la Firenze della peste è vittima di una degenerazione etico-sociale conseguente al morbo fisico, che porta i cittadini a perdere la cura per se stessi, gli altri e la natura. Tutto va in rovina se l'uomo perde la speranza, la cura e l'interesse alla vita, cioè la depressione e la frustrazione che prende la città impotente di fronte al contagio: la descrizione della degradazione morale della peste di Boccaccio mette in risalto, per contrasto, il rifiuto disobbediente delle sette giovani donne di lasciarsi andare alla disperazione e alla morte spirituale: "**Per la qual cosa essi così nelli loro costumi come i cittadini**

divenuti lascivi, di niuna lor cosa o faccenda curavano: anzi tutti, quasi quel giorno nel quale si vedevano esser venuti la morte aspettassero, non d'aiutare i futuri frutti delle bestie e delle terre e delle loro passate fatiche, ma di consumare quegli che si trovavano presenti si sforzavano con ogni ingegno. Per che addivenne che i buoi, gli asini, le pecore, le capre, i porci, i polli ed i cani medesimi fedelissimi agli uomini, fuori delle proprie case cacciati, per li campi, dove ancora le biade abbandonate erano, senza essere, non che raccolte, ma pur segate, come meglio piaceva loro se n'andavano: e molti, quasi come razionali, poi che pasciuti erano bene il giorno, la notte alle lor case senza alcun correggimento di pastore si tornavano satolli. Che piú si può dire, lasciando stare il contado ed alla città ritornando, se non che tanta e tal fu la crudeltà del cielo, e forse in parte quella degli uomini, che infra il marzo ed il prossimo luglio vegnente, tra per la forza della pestifera infermità e per l'esser molti infermi mal serviti o abbandonati ne' lor bisogni per la paura che aveano i sani, oltre a centomilia creature umane si crede per certo dentro alle mura della città di Firenze essere stati di vita tolti, che forse, anzi l'accidente mortifero, non si saria estimato, tanti avervene dentro avuti?".

La peste di Firenze è diventata simbolo del disordine a cui è pervenuta una società aristocratica che ha esaurito la sua forza vitale, irretita com'era nella sua ideologia politica dell'amor cortese. Una società che si ripete all'infinito da mille anni ed è ormai incapace di rinnovarsi, così come l'ha descritta Huizinga in *Autunno del medioevo*, viene da Boccaccio stigmatizzata come malata e disperata. Egli affida alle sette giovani il compito di rinnovare la mentalità, che deve diventare, da pensiero del disordine e del caos, il pensiero dell'armonia, della bellezza, della pace e della serenità. La villa in cui si ritrovano i giovani sarà il prototipo di questa nuova civiltà in cui la giovinezza resiste alla decadenza e usando le armi del "novellare" e dell'ordinare in modo armonico la vita, crea una comunità di resistenza a quel potere che è stato causa della schiavitù mentale e morale in cui sono stati ridotti gli uomini e, soprattutto, le donne. Insomma, le sette ragazze vogliono riportare il mondo alla creazione originaria, rigenerando l'eden del progetto primordiale. Per questo rifiutano la matrix e lasciano che "i morti seppelliscano il loro morti", secondo il detto evangelico, si disinteressano della morte e si isolano, tanto non c'è più nessuno da curare e da seppellire. Dal disordine esterno della città e dell'artificiale si passa all'armonia dell'interiorità di un piccolo gruppo che rinasce. La proposta di Pampinea è la idea di tornare all'eden originario, alla ragione naturale e al programma minimo di salvare se stessi e ciò che è salvabile di una società fallita, visto i risultati a cui è pervenuta la società che sta per finire: "Donne mie care, voi potete, così come io, **molte volte avere udito che a niuna persona fa ingiuria chi onestamente usa la sua ragione. Natural ragione è, di ciascun che ci nasce, la sua vita, quanto può, aiutare e conservare e difendere**: e concedesi questo, tanto che alcuna volta è già addivenuto che, per guardar quella, senza colpa alcuna si sono uccisi degli uomini. E se questo concedono le leggi, nelle sollecitudini delle quali è il ben vivere d'ogni mortale, **quanto maggiormente, senza offesa d'alcuno, è a noi ed a qualunque altro onesto alla conservazione della nostra vita prendere quegli rimedi che noi possiamo!**"

Oltre che alla potenza femminile, Boccaccio si affida alle fonti dell'energia cosmica simboleggiate nel numero sette e nel numero dieci e nella geniale originarietà del maschile, rappresentato nei tre ragazzi (cioè nel sacro numero tre). Il sette è il numero per eccellenza della creazione (sei giorni per creare il mondo e l'uomo e il settimo Dio si riposò), dei giorni della settimana, dei sacramenti, delle virtù e dei vizi. Il sette rappresenta vari concetti: ma la profonda radice e natura del sette, quella per cui il mese lunare di 28 giorni è diviso in quattro e genera la settimana, è che rappresenta le quattro fasi ascendenti e discendenti della luna. E' dunque il simbolo del completamento del tempo e della sua suddivisione in cicli più piccoli: 28 sono gli anni delle ragazze più anziane, 28 sono i giorni del ciclo lunare e quattro sono gli aspetti della donna nelle diverse fasi del suo ciclo mestruale legato alla influenza della luna: donna, madre, incantatrice e strega (secondo Jung). Il sette, dunque, rappresenta la potenza generatrice di nuova vita, auspicio di fecondità, legame con il cosmo e armonica perfezione e accordo tra astri e donna, perché è essa, madre e sposa, la cosa più importante, dopo Dio, nel cosmo e nella evoluzione.

Il numero dieci è il simbolo del *tetraktus* pitagorico, il numero perfetto della unità e totalità del cosmo, dato dalla somma dei primi quattro numeri (1+2+3+4=10). Mentre il sette rappresenta la perfezione generativa del femminile che si suddivide in fasi, in periodi e genere il ritmo del tempo, il 10 rappresenta "il ritorno all'unità dopo lo sviluppo del ciclo dei primi nove numeri. Per i Pitagorici la decade era, il più sacro dei numeri, il simbolo della creazione universale, sul quale si prestavano i giuramenti". (J. Chevalier – A. Gheerbrant, *Dizionario dei simboli*, Rizzoli, Milano 1986, Vol. I, p. 383-4) Nel progetto del *Decamerone*, dunque, il dieci rappresenta l'ordine universale e l'equilibrio cosmico che dovrà riflettersi nella comunità perfetta che è nel cuore e nell'intenzione d'essere generata dalle sette giovani donne. Esse, per Boccaccio, sono lo strumento di una divina intelligenza che progetta questo ritorno all'inizio edenico, dopo il *caos* della peste e della degenerazione della società. Le sette donne sono come l'arcobaleno dopo il diluvio: la speranza della rinascita dopo il grande male e la terribile morte data dalla pestilenza.

Il numero tre, altro simbolo di perfezione, esprime anch'esso un "ordine intellettuale e spirituale, in Dio, nel cosmo o nell'uomo. Sintetizza la triplice unità dell'essere vivente… E' il compimento della manifestazione: l'uomo, figlio del Cielo e della Terra, completa la Grande Triade. Anche per i cristiani è il compimento dell'unità divina: Dio è Uno in tre Persone". (J. Chevalier – A. Gheerbrant, *Dizionario dei simboli,* Rizzoli, Milano 1986, Vol. II, p. 486) E' il numero che ha maggiore caratterizzazione mistica e divina, che meglio rappresenta in divino sulla terra, in rapporto ad essa ed all'uomo. Se il sette rappresenta la vita e la sua sorgente e si identifica nella donna, il dieci rappresenta la relazione di armonia cosmica di questa vita e il tre rappresenta il nesso di questo tutto con il divino che si identifica nel maschile, cioè nella sua genialità originaria, cioè nel suo principio paterno che è sì all'origine come la donna, ma in servizio di questa e in tale veste fa da "capo", (non nel senso di potere, ma di principio che fa crescere) cioè rappresenta il principio di elevazione, di aumento (autorità), di memoria del progetto originario (padre, paternità) e tesoro di spirito creativo.

Per Boccaccio la nuova città ideale che deve nascere dalle ceneri della peste, dovrà essere la grande sintesi di questi tre principi: cosmo-Dio, potenza generativa femminile e genialità originaria del maschile. Su questi fondamenti solidi poggia la comunità dei dieci giovani e dei dieci giorni che prefigura il Rinascimento. Essa è un argine ed un antidoto al veleno che la malattia ed il potere aristocratico hanno sparso nella società, rendendo gli uomini schiavi di forme di controllo e di potere, sia biopotere che psicopotere, facendo degenerare totalmente la vita civile. Pampinea esprime questo giudizio di Boccaccio (è la donna che più si avvicina al pensiero dell'autore) sulla società degenerata del suo tempo e giustifica la scelta di costruirne una nuova su fondamenta antiche e nuovissime nello stesso tempo: "Ed ho sentito e veduto piú volte, se pure alcuni ce ne sono, quegli cotali, senza fare distinzione alcuna dalle cose oneste a quelle che oneste non sono, solo che l'appetito le cheggia, e soli ed accompagnati, di dí e di notte, quelle fare che piú di diletto lor porgono; e non che le solute persone, ma ancora le racchiuse ne' monisteri, faccendosi a credere che quello a lor si convenga e non si disdica che all'altre, rotte dell'obedienza le leggi, datesi a' diletti carnali, in tal guisa avvisando scampare, son divenute lascive e dissolute. E se cosí è, che essere manifestamente si vede, che facciam noi qui? che attendiamo? che sognamo? Perché piú pigre e lente alla nostra salute che tutto il rimanente de' cittadini siamo? Reputianci noi men care che tutte l'altre? o crediamo, la nostra vita con piú forti catene esser legata al nostro corpo che quella degli altri sia, e cosí di niuna cosa curar dobbiamo la quale abbia forza d'offenderla? Noi erriamo, noi siamo ingannate, ché bestialitá è la nostra se cosí crediamo; quante volte noi ci vorrem ricordare clienti e quali sieno stati i giovani e le donne vinte da questa crudel pestilenza, noi ne vedremo apertissimo argomento. E per ciò, acciò che noi per ischifiltá o per trascutaggine non cadessimo in quello di che noi per avventura per alcuna maniera volendo potremmo scampare, non so se a voi quello se ne parrá che a me ne parrebbe: io giudicherei ottimamente fatto che noi, sì come noi siamo, sì come molti innanzi a noi hanno fatto e fanno".

Questo eden rinnovato si presenta con le stesse caratteristiche della vita intrauterina e dell'eden paradisiaco della *Genesi*: viene rappresentato proprio come il giardino dell'eden, con tutte le caratteristiche di *hortus conclusus*, di paradiso terreste, di *locus amoenus*: un *topos* che verrà ripetuto spesso nell'arte e nella poesia: "Quivi s'odono gli uccelletti cantare, veggionvisi verdeggiare i colli e le pianure, ed i campi pieni di biade non altramenti ondeggiare che il mare, e d'alberi ben mille maniere, ed il cielo più apertamente, il quale, ancora che crucciato ne sia, non per ciò le sue bellezze eterne ne nega, le quali molto piú belle sono a riguardare che le mura vote della nostra città. Ed òvvi, oltre a questo, l'aere assai piú fresco, e di quelle cose che alla vita bisognano in questi tempi v'è la copia maggiore, e minore il numero delle noie: per ciò che, quantunque quivi così muoiano i lavoratori come qui fanno i cittadini, v'è tanto minore il dispiacere, quanto vi sono più che nella città rade le case e gli abitanti. E qui d'altra parte, se io ben veggio, noi non abbandoniam persona, anzi ne possiamo con verità dire molto più tosto abbandonate: per ciò che i nostri, o morendo o da morte fuggendo, quasi non fossimo loro, sole in tanta afflizione n'hanno lasciate. Niuna riprensione adunque può cadere in cotal consiglio seguire; dolore e noia e forse morte, non seguendolo, potrebbe avvenire. E per ciò, quando vi paia, prendendo le nostre fanti e con le cose opportune faccendoci seguitare, oggi in questo luogo e domane in quello quella allegrezza e festa prendendo che questo tempo può porgere, credo che sia ben fatto a dover fare; e tanto dimorare in tal guisa, che noi veggiamo, se prima da morte non siam sopraggiunte, che fine il cielo riserbi a queste cose. E ricordivi che egli non si disdice più a noi l'onestamente andare, che faccia a gran parte dell'altre lo star disonestamente".

Il forte e intenso rapporto con la natura e la ritrovata armonia con il paesaggio, simbolo del cosmo intero, avrà il suo apice perfetto nella escursione che i dieci ragazzi faranno nella Valle delle Donne, nella Settima Giornata. Pampinea ricorda che la loro non è una fuga vigliacca o una mancanza di cura o di rispetto per quelli che sono ammalati o che sono morti: il loro è il salutare salvataggio delle loro vite dopo che quasi tutti sono morti. Pampinea rivendica, dopo tanto dolore e *caos*, il diritto al piacere, alla felicità, all'ordine e alla serenità: "di questa terra uscissimo, e fuggendo come la morte i disonesti esempi degli altri, onestamente a' nostri luoghi in contado, de' quali a ciascuna di noi è gran copia, ce n'andassimo a stare, e quivi quella festa, quell'allegrezza, quello piacere che noi potessimo, senza trapassare in alcuno atto il segno della ragione, prendessimo".

Il femminile in rapporto con la potenza maschile

A questo punto, Filomena ed Elissa pongono il problema del maschile e del suo ruolo in questa nuova società basata su nuovi principi che si sta formando: quale è il ruolo del maschile nella comunità di resistenza e di rinascita spirituale? Importantissimo, ma in modo diverso da quello che la società impone, ormai da almeno tremila anni con l'avvento delle società guerriere e maschiliste che hanno soppiantato la centralità del femminile. Ecco in che modo pongono il problema: esse non vogliono fondare una civiltà di amazzoni che odiano il maschile e che vogliono eliminarlo o sostituirlo con surrogati, esse non vogliono copiarne i modi. Esse vogliono essere quello che sono secondo il progetto della natura ma vogliono che il maschile sia altrettanto naturale, originario e rispettoso della loro unicità e specificità.

"Ma **Filomena**, la quale discretissima era, disse: **Ricordivi che noi siamo tutte femine, e non ce n'ha niuna sì fanciulla, che non possa ben conoscere come le femine sien ragionate insieme e senza la provvedenza d'alcuno uomo si sappiano regolare. Noi siamo mobili, riottose,** sospettose, pusillanime e paurose, per le quali cose io dubito forte, se noi alcuna altra guida non prendiamo che la nostra, che questa compagnia non si dissolva troppo più tosto e con meno onor di noi che non ci bisognerebbe: e per ciò è buono a provvederci avanti che cominciamo.

Disse allora **Elissa:** — Veramente gli uomini sono delle femine capo, e senza l'ordine loro rade volte riesce alcuna nostra opera a laudevole **fine:** ma come possiam noi aver questi uomini? per che, **se alla nostra salute vogliamo andar dietro, trovare si convien modo di sì fattamente ordinarci**, che, dove per diletto e per riposo andiamo, noia e scandalo non ne segua. Mentre tra le donne erano così fatti ragionamenti, ed ecco entrar nella chiesa tre giovani, non per ciò tanto, che meno di venticinque anni fosse l'etá di colui che piú giovane era di loro".

Vi ricordo che siamo tutte femmine: nessuna di voi è così fanciulla da non sapere che **senza il contributo di un uomo che dia un ordine non sappiamo darci una regola**. Siamo troppo competitive tra di noi quando siamo tutte donne, abbiamo i nostri limiti, le nostre paure, le nostre volubilità dovute alla nostra molteplice natura legata al ciclo astrale della luna, siamo facilmente sospettose e invidiose, abbiamo bisogno di una guida per indirizzare la nostra grande potenza femminile. Dubito fortemente che possiamo farcela da sole: se partiamo da sole senza uomini la nostra compagnia si scioglierà ben presto facendo naufragare i nostri progetti. Da ciò ci deriverebbe un disonore ancora più grande perché le nostre strategie non sono capaci di essere all'altezza delle nostre aspirazioni. Gli uomini rappresentano il principio della autorità per noi dotate di questa potenza femminile che non sappiamo dominare e indirizzare, come se fosse un cavallo selvaggio o una Ferrari troppo potente. Troppo energia quale è quella che abbiamo noi ha bisogno di un principio di guida e di controllo: la potenza senza controllo è nulla, diceva una volta una pubblicità di pneumatici! E' verissimo per la potenza femminile. Senza l'appoggio e il sostegno dell'uomo al servizio di questa potenza femminile "**rade volte riesce alcuna nostra opera a laudevole fine**". Se "**alla nostra salute vogliamo andar dietro, trovare si convien modo di sí fattamente ordinarci**".

Ancora una volta, come avvenuto all'inizio, il caso vuole che i tre uomini si presentino nella stessa chiesa in cui le donne stanno elaborando il loro progetto di nuova cittadinanza basata sull'arte, sulla bellezza, sulla musica, sulla poesia, sulle canzoni, sulle danze, sulla voce, sul "novellare", sul rapporto armonico con la natura, sul riposo, sulla pace, sulla serenità, sulla amicizia, sui riti e sulla sacralità. Il destino provvidenziale ancora una volta si compie. I tre ragazzi sono conosciuti perché sono i fidanzati di tre delle ragazze in questione, come, ad esempio Neifile: "**Neifile allora, tutta nel viso divenuta per vergogna vermiglia, per ciò che l'una era di quelle che dall'un de' giovani era amata**". Ma interviene Filomena a ricordare che non c'è niente di male che nella loro compagnia ci siano dei fidanzati, anche se dormiranno in camere separate durante il soggiorno per il rispetto del pudore e delle altre donne presenti. *Omnia munda mundis*: Filomena introduce il principio che il linguaggio del corpo, dell'*eros* e del piacere è profondamente naturale e non deve essere oggetto di manipolazioni esterne, di sospetti introdotti dalla mentalità sociale.

"Disse allora **Filomena: — Questo non monta niente; là dove io onestamente viva né mi rimorda d'alcuna cosa la coscienza, parli chi vuole in contrario: Iddio e la verità l'armi per me prenderanno. Ora, fossero essi pur già disposti a venire, ché veramente, come Pampinea disse, potremmo dire, la fortuna essere alla nostra andata favoreggiarne**". Quello che pensa la gente è un problema loro, noi non dobbiamo lasciarci condizionare dal *gossip* della società che agisce come fattore di schiavitù e di controllo. Chissà cosa penseranno che andiamo a fare: questo non conta nulla, che pensino quello che vogliono. Se io vivo onestamente, secondo la mia coscienza e senza nessun rimprovero di essa, che dicano quello che vogliono: la cosa non mi tocca, non mi interessa il loro moralismo gretto. A testimoniare in mio favore c'è Dio stesso e la verità dell'intento profondo e del mio grande desiderio: essi prenderanno le mie difese. Magari, se questi tre ragazzi saranno disposti ad unirsi alla nostra compagnia, come detto da Pampinea, sarà chiaro che la fortuna è dalla nostra parte e il divino protegge il nostro tentativo. Ignorare il *gossip* e seguire il progetto originario: questo è il messaggio di Boccaccio. E pensare, come già detto, che alcuni critici moderni lo definiscono il "giornalista del *gossip*"! Che ottusità!

E' sparita la competizione tra maschile e femminile ed è subentrata l'empatia, la sinergia rispettosa della diversità dei ruoli. Ma questi ruoli sono vissuti secondo la natura e fuori dalla matrix: non sono ruoli assegnati dalla società, ma sentiti spontaneamente secondo quello che la natura suggerisce. Ed in questo programma dei dieci giovani c'è un ribaltamento dei ruoli che la società impone e che li riporta nella condizione naturale originaria: a donna sta al centro con la sua potenza femminile e l'uomo è al suo servizio come funzione di ordine, di elevazione e di memoria al progetto originario. Invece, la società sovverte questi ruoli e fa ruotare la donna come satellite attorno al centro di gravità del maschile, subordinandola e sottomettendola in modo materialistico. E quando la donne si vuole liberare, invece di sovvertire questo ordine innaturale, si mette a copiare il maschio, la sua competitività ed aggressività dimenticando la propria originaria e specifica potenza femminile. La società impone l'inversione funzionale dei ruoli maschili e femminili: la comunità di resistenza e di rinascita opera la nietzscheana trasvalutazione di questi valori invertiti, per riportarli nel giusto rapporto originario.

Chiariti i ruoli i giovani raggiungono il giorno dopo, mercoledì, la villa designata che diventa il nuovo eden, di cui Boccaccio di dà una bucolica descrizione: "Era il detto luogo sopra una piccola montagnetta, da ogni parte lontano alquanto alle nostre strade, di vari albuscelli e piante tutte di verdi frondi ripiene piacevole a riguardare; in sul colmo della quale era un palagìo con bello e gran cortile nel mezzo, e con logge e con sale e con camere, tutte ciascuna verso di sé bellissima e di liete dipinture ragguardevole ed ornata, con pratelli da torno e con giardini maravigliosi e con pozzi d'acque freschissime e con vòlte di preziosi vini: cose piú atte a curiosi bevitori che a sobrie ed oneste donne. Il quale tutto spazzato, e nelle camere i letti fatti, ed ogni cosa di fiori quali nella stagione si potevano avere piena e di giunchi giuncata la vegnente brigata trovò con suo non poco piacere".

Dioneo, il ragazzo più arguto, pone il problema dell'ordine e della autorità e subito Pampinea coglie l'importanza di questa questione, perché una anarchia, una specie di "comune sessantottina" non è quello che ha in mente Boccaccio. "A cui Pampinea, rispose: — Dioneo, ottimamente parli: festevolmente viver si vuole, né altra cagione dalle tristizie ci ha fatte fuggire. Ma per ciò che le cose che sono senza modo non possono lungamente durare, io che cominciatrice fui de' ragionamenti da' quali questa così bella compagnia è stata fatta, pensando al continuar della nostra letizia, estimo che di necessità sia, convenire esser tra noi alcun principale, il quale noi ed onoriamo ed ubidiamo come maggiore, nel quale ogni pensiero stea di doverci a lietamente vivere disporre. Ed acciò che ciascun pruovi il peso della sollecitudine insieme col piacere della maggioranza, e per conseguente, da una parte e d'altra tratti, non possa chi nol pruova invidia avere alcuna, dico che a ciascuno per un giorno s'attribuisca ed il peso e l'onore, e chi il primo di noi esser debba nell'elezion di noi tutti sia; di quegli che seguiranno, come l'ora del vespro s'avvicinerá, quegli o quella che a colui o a colei piacerá che quel giorno avrà avuta la signoria: e questo cotale, secondo il suo arbitrio, del tempo che la sua signoria dée bastare, del luogo e del modo nel quale a vivere abbiamo ordini e disponga". Noi vogliamo essere felici e per questo siamo venuti via dalla città: è utile ricordarcelo. Ma sappiamo che se non c'è un ordine e un metodo, le cose anche più belle non possono durare. Io ho iniziato a proporre di creare questa compagnia e così io stessa propongo di individuare uno di noi che a turno coordini al servizio degli altri il nostro laboratorio di felicità. Il principio proposto da Pampinea è una specie di conciliazione tra monarchia e democrazia: per un giorno uno o una è il capo e gli altri i cittadini coordinati e, così, a turno ruotando il compito di coordinare al servizio della comunità. Insomma, una comunità fondata sulla corresponsabilità e sulla condivisione della gestione, ma nella chiarezza dei ruoli e nella giustizia distributiva come la pensava Platone.

Ecco adesso un bellissimo programma giornaliero di convivenza ideale ordinata: "Licenziata adunque dalla nuova reina la lieta brigata, li giovani insieme con le belle donne, ragionando dilettevoli cose, con lento passo si misero per un giardino, belle ghirlande di varie frondi faccendosi ed amorosamente cantando. Dalle quali cose, per ciò che belle ed ordinate erano, rallegrato ciascuno, con piacevoli motti e con festa mangiarono; e levate le tavole, con ciò fosse cosa che tutte le donne carolar sapessero e similmente i giovani, e parte di loro ottimamente e sonare e cantare, comandò la reina che gli strumenti venissero: e per comandamento di lei, Dioneo preso un leuto e la Fiammetta una viuola, cominciarono soavemente una danza a sonare. Per che la reina con l'altre donne, insieme co' due giovani presa una carola, con lento passo, mandati i famigliari a mangiare, a carolar cominciarono, e quella finita, canzoni vaghette e liete cominciarono a cantare. Ed in questa maniera stettero tanto che tempo parve alla reina d'andare a dormire; per che, data a tutti la licenza, li tre giovani alle lor camere, da quelle delle donne separate, se n'andarono, le quali co' letti ben fatti e così di fiori piene come la sala trovarono: e similiantemente le donne le loro, per che, spogliatesi, s'andarono a riposare. Non era di molto spazio sonata nona, che la reina, levatasi, tutte l'altre fece levare e similmente i giovani, affermando esser nocivo il troppo dormire il giorno: e così se n'andarono in un pratello nel quale l'erba era verde e grande né vi poteva d'alcuna parte il sole, e quivi, sentendo un soave venticello venire, si come volle la lor reina, tutti sopra la verde erba si posero in cerchio a sedere".

Ma dopo il tempo libero, quello dedicato alla bellezza e quello necessario per il riposo, arriva il tempo del lavoro principale, quello della creatività dell'invenzione: il "novellare". Pampinea propone come attività principale la narrazione creativa di storie, il *novellare*. "A' quali ella disse così: Come voi vedete, il sole è alto ed il caldo è grande, né altro s'ode che le cicale su per gli ulivi, per che l'andare al presente in alcun luogo sarebbe senza dubbio sciocchezza. Qui è bello e fresco stare, ed hacci, come voi vedete, e tavolieri e scacchieri, e puote ciascuno secondo che all'animo gli è piú di piacere diletto pigliare. Ma se in questo il mio parer si seguisse, non giucando, nel quale l'animo dell'una delle parti convien che si turbi senza troppo piacere dell'altra o di chi sta a vedere, ma **novellando, il che può porgere, dicendo uno, a tutta la compagnia che ascolta diletto**, questa calda parte del giorno trapasseremo. **Le donne parimente e gli uomini tutti lodarono il novellare.** — Adunque, — disse la reina — se questo vi piace, per questa prima giornata voglio che libero sia a ciascuno di quella materia ragionare che più gli sarà a grado".

Quando dei giovani cominciano a scrivere, la storia comincia a cambiare: quando si scrive o si "novella" si decide di dare una svolta alla storia perché un io si pone non dentro la matrix ma fuori, fa emergere la mente grande e si eleva al disopra del modello sociale. Dentro la *matrix* sei piccolo, fuori della matrix sei immenso: cominciare a "novellare" significa mantenere in moto le tre funzioni libere della mente: immaginazione, pensiero e intuizione. Esse ti trasportano fuori della matrix e comincia a fare della tua vita un'opera d'arte, cioè diventi protagonista di storia. Il "novellare" cioè il creare storia, comporta l'uso della immaginazione come via per uscire dalla matrix. E' la creazione del vero mondo quello che sta oltre, "più in là" e critica del mondo fasullo che la matrix sa creare con la sua arte illusionista. Come ci ricorda Montale nella poesia *Forse un mattino andando in un'aria di vetro* mi girerò di scatto e vedrò il nulla dietro di me. Poi le cose si metteranno "di gitto" al loro posto, dopo un attimo di sorpresa, per l'"inganno consueto". In questo caso l'immaginazione è più potente della mente piccola che la matrix usa per condizionarci. Il "novellare" è, dunque, lo strumento principale di critica alla *matrix* e di ideazione e creazione, tramite la Mente Grande, del mondo nuovo e dell'io che lo abiterà.

La comunità di resistenza alla matrix e di rinascita spirituale dei dieci giovani e dei dieci giorni si può considerare come il prolungamento del *Simposio* Platone: infatti, tre delle dieci giornate, la quarta, la quinta e la settima, sono dedicate al linguaggio del corpo, dell'*eros* e del piacere, sempre in antitesi critica con la civiltà aristocratica ormai decrepita dell'amor cortese. Essa diventa una comunità nella quale l'amore e il corpo vengono rivalutati e visti in chiave positiva ed autonoma e non strumentali alla politica o alla *matrix*. Pasolini ci dà la chiave di lettura più corretta: si può e si deve parlare ed ascoltare il linguaggio del corpo, dell'*eros* e del piacere perché esso è un linguaggio naturale della vita, della potenza femminile e della genialità originaria del maschile; si può e si deve toglierlo dall'oscuramento ipocrita in cui lo ha relegato la matrix. Il programma con cui rivisitare questo territorio inesplorato e tenuto segreto e *off limits* è "*omnia munda mundis*" o l'agostiniano "ama a fa' ciò che vuoi". L'oscuramento del linguaggio di corpo, *eros* e libido, provoca la creazione della tenaglia ideologica, la morsa tragica e lugubre della proibizione e della trasgressione: contro di essa Boccaccio scatena la sua sferzante ironia, mettendo alla berlina tutti i paradossi e le contraddizioni assurde alle quali porta il sistema dell'amor cortese. Per farsi una idea, siamo di fronte ad una specie di età vittoriana dal punto di vista di moralismo e dell'ipocrisia nel campo del linguaggio del corpo: se Nietzsche è stato il demolitore di questa, Boccaccio lo è stato del moralismo dell'amor cortese, mentre Platone e Socrate sono stati i demolitori dell'*eros* aristocratico greco.

Un altro importante blocco di novelle, quelle della terza, sesta ed ottava giornata, è dedicato all'arma più potente in mano alla borghesia mercantile e colta di cui Boccaccio rappresenta l'intellettuale di punta: la *metis*, l'astuzia. L'astuzia è l'arma in mano al singolo che vuole sottrarsi alla matrix e difendersi dal suo opprimente controllo. Esaltando la *metis* Boccaccio esalta l'unicità del singolo contro l'uniformità e il conformismo di una razionalità che ragiona in modo unidirezionale. La *metis* corrisponde al pensiero laterale-divergente. Questo pensiero creativo e innovativo corrisponde alle tre funzioni anti-matrix della mente, cioè il pensiero, l'intuizione e l'immaginazione e mette sotto una luce ironica e sarcastica chi vive dentro la matrix senza avvedersi dei paradossi e delle incongruenze apparentemente razionali a cui va incontro sottomettendosi alla matrix. E' arrivata l'ora, dice Boccaccio, della rivincita del singolo e della comunità di resistenza e di rinascita che si prende beffe della oppressiva ed ipocrita maschera di conformismo imposta dal potere sociale. La *metis* è, dunque, l'antidoto alla tossicità della matrix. Essa si organizza, come sappiamo, in una grande supermatrix, che nel *Decamerone* è simboleggiata dalla peste, la quale rappresenta il potere sociale del progetto privato in cui le *élites* si identificano. Essa si suddivide, poi, in varie sottomatrix, come quella ecclesiastica, quella aristocratico-cavalleresca, quella intellettuale, e così via. Queste matrix impongono ai loro appartenenti un dominio ed un controllo denominato biopotere e psicopotere, che diventa dannoso per la loro salute fisica e mentale e produce comportamenti malati e degenerati. Ad ogni sottomatrix Boccaccio contrappone il progetto originario sotto diverse forme tante quante sono le forme tossiche della matrix e la *metis* ne è l'antidoto.

Ad esempio, la matrix ecclesiastica che disprezza il corpo ufficialmente, dimostra, però, di essere schiava delle sue perversioni sessuali o di perseguire il piacere di nascosto e ipocritamente, come nell'età vittoriana: Boccaccio mette alla berlina questa ipocrisia evidenziando le assurdità e i lati comici degli uomini che, senza accorgersi, agiscono sotto il controllo di questa matrix e ne sono schiavi. L'effetto è quello del ceffone che potrebbe risvegliare, se solo il soggetto avesse uno spiraglio di apertura mentale verso la via di uscita dalla matrix, cioè l'uso del suo Io Grande. I fallimenti di questi vari personaggi strumentalizzati dalla matrix, che vogliono esercitare il potere su un povero malcapitato più debole, sono dovuti ad un pensiero tossico che si è impadronito di loro attraverso la loro subordinazione al potere sociale. L'ironia e l'astuzia hanno per Boccaccio la funzione di liberare la mente e le cento novelle sono il manuale in cento immagini + una cornice strutturale narrativa in cui è descritto il modo in cui ci si libera dalla matrix, se ne mettono in luce le storture a cui porta e ci si prende beffe di un potente ma fragile e vuoto gigante con i piedi d'argilla, come è accaduto a Davide con Golia. Boccaccio individua bene il nemico e i suoi camuffamenti e li bersaglia con la sua ironia antitossica nelle cento novelle; poi delinea il progetto originario soprattutto nella cornice narrativa e strutturale, come abbiamo mostrato a proposito della *Introduzione alla Prima Giornata*; poi mette a punto le armi e le strategie della lotta alla matrix con la focalizzazione sui temi principali (linguaggio del corpo, dell'*eros* e della *libido* e *metis*, cioè pensiero divergente); infine, delinea la società ideale e i maestri che la illumineranno e la guideranno, soprattutto le donne che incarnano la potenza femminile.

Ad esempio, nella novella *Delle brache della badessa* si palesa una fattispecie della ipocrisia e del moralismo della matrix ecclesiastica, spesso oggetto di pruriginosa fustigazione: questo moralismo impone delle regole che, poi, la stessa *élite* viola costantemente o per motivi politici (come accade nell'amor cortese) o per motivi di incontinenza (nel mondo ecclesiastico-monastico), perché impone un modello di santità basato sul disprezzo del corpo e del piacere, che non può essere imposto a tutti e nemmeno a tutti quelli che intraprendono la vita ecclesiastica, visto che per lo più lo fanno sospinti dalla convenienza del potere sociale che questa sottomatrix dispensa a piene mani. Molte vocazioni non possono essere autentiche quando c'è una fetta di potere sociale così grossa e potente da spartire. In questa novella, che si trova nella nona giornata come seconda nella narrazione, viene stigmatizzata la interpretazione ipocrita del ruolo di autorità ecclesiastica, che impone regole agli altri ma poi le viola in privato: pubbliche virtù, vizi privati, esattamente come facevano i farisei stigmatizzati da Gesù. La novella descrive una dinamica di disobbedienza alla matrix: il linguaggio del corpo va ascoltato, compreso e rispettato. Pur nella sua forma rocambolesca e paradossale, questo messaggio colpisce il personaggio autorevole colto in fallo: l'inganno viene svelato e la matrix deve gettare la maschera e, imprevedibilmente rispetto all'età vittoriana in cui la maschera non viene mai gettata, anche l'autorità ammette il suo errore rispetto al linguaggio del corpo, dell'*eros* e della *libido* e dichiara fallita la ideologia della morsa proibizione/trasgressione sul corpo.

E' ovvio come un discorso del genere possa avere attirato l'interesse di una genialità come quella di Pasolini: egli concorda perfettamente con il ribaltamento del mondo aristocratico e della sua ideologia operato da Boccaccio e la sua rivalutazione del linguaggio del corpo. Il corpo, per Pasolini, è l'arma che ha il popolo per liberarsi dalla matrix borghese del suo tempo, esattamente come il corpo era l'arma per il popolo del Trecento per liberarsi dalla matrix aristocratica. Per Boccaccio la nobiltà consisteva nel disprezzo del popolo: contro questa matrix egli rivendica una rigenerazione edenica dell'umano, simbolicamente rappresentata nella villa in cui si svolge il *Decamerone;* per Pasolini è la stessa cosa. Nel *Decamerone* pasoliniano il corpo viene esaltato nella sua potenza vitale come arma nella lotta del popolo alla matrix: Pasolini è alla ricerca della verità e della realtà, ma queste sono state stravolte dalla matrix e dalla sua ideologia. Ma lo smascheramento della matrix, per Pasolini come per Boccaccio, possono avvenire solo con l'esercizio della Mente Grande, cioè salendo al livello simbolico/fantastico, al livello della immaginazione, pensiero e intuizione, come abbiamo visto per l'arca della mente di cui si serve Dante per la stessa operazione. Così fa Pasolini, ad esempio nell'episodio di Masetto e del vento, simbolo dell'antidoto alla ideologia che spazza via le ipocrisie e i pregiudizi sul corpo. Ne parla Paula Regina Siega nell'articolo pubblicato su "Heliotrpia" n. 14 del 2017 intitolato *Giovanni Boccaccio riletto da Pier Paolo Pasolini: un percorso di comunicazione letteraria, dalla prosa alla sceneggiatura*: "Così come il corpo della donna e il corpo della terra si fondono attraverso la figurazione della doppia attività di Masetto, che in loro "lavora" con amore ancestrale, gli elementi cosmici interagiscono con i personaggi, formando un'unica realtà corporale. Metafora efficace di questa unione è l'azione del vento su tutti gli elementi della scena: la brezza che arriva dal mare agisce soavemente sulla vegetazione come sui capelli di Masetto, porta con sé la monaca per soffiare sopra i suoi veli come sopra la cima degli alberi e, infine, alza di colpo la tunica del ragazzo per esporre agli occhi della donna la sua vigorosa nudità". (Fonte:https://www.brown.edu/Departments/Italian_Studies/heliotropia/14/siega.pdf)

Capitolo dodicesimo

Come ci si libera dalla matrix?
La *Prima Lettera ai Corinzi* di San Paolo come
"manuale" di liberazione dalla matrix destinato al
Discepolo Di Gesù

Come si fa a liberarsi dalla matrix? E come si fa a creare una comunità di resistenza alla matrix e di rinascita spirituale? Come si fa a creare una *classroom* di persone veramente libere, felici, sane e creative? E' molto più facile di quanto non sembri se ci si fermasse solo ai "pensieri che galleggiano in superficie", come dice Nietzsche. Se si va in profondità, invece, oltre la "minestra che passa il convento", ci si accorge che è molto più facile di quanto si pensi. Infatti, si può tentare da soli, ma questa è sì una impresa titanica difficilissima. Oppure, molto più semplicemente, ci si può affidare ad uno dei moltissimi e potentissimi "manuali" che ci sono in giro attualmente, tutti ampiamente collaudati ed efficacissimi. Non mi riferisco certo ai manuali di autoaiuto, perché quelli sono proprio creati apposta dalla matrix per dare l'illusione della liberazione e per sedare in modo più subdolo i riottosi all'obbedienza. Mi riferisco ai "manuali" provenienti dalla profonda esperienza dei popoli circa il progetto originario, molti di questi legati e figure di altissimo spessore "spirituale", cioè uscite definitivamente dal dominio della matrix e diventate totalmente libere. Una di queste, addirittura, sembra che sia originata o inviata dal Progetto Originario stesso e mi riferisco, ovviamente, a Gesù. Esempi? Abbiamo già visto un assaggio del vangelo di Giovanni. Ma possono esserci esperienze autonome, come, ad esempio, quella che abbiamo chiamato "magia di Neumarkt", recentemente rinnovata tramite la Summer School (settembre 2020). Nel "regno" del progetto originario non esistono confini di spazio né di tempo e una esperienza di duemila anni fa può essere facilmente imitata oggi. Infatti, chi vuole uscire dalla caverna e chi vuole bazzicare nei paraggi del progetto originario ha a disposizione tre funzioni della mente che le persone che sono prigioniere dentro sono inibite ad utilizzare, cioè il pensiero, l'intuizione e l'immaginazione. Queste sono le tre funzioni della Mente Grande che permette di fare i "viaggi" della liberazione fuori della caverna (matrix). Normalmente, la gente che vi è dentro, non le usa e, per questo, non immagina nemmeno quanto facile sia uscire dalla caverna.

Ora, per far capire quanto sia facile liberarsi dalla matrix prendo in mano uno di questi "manuali", e vi faccio un esempio: la *Prima Lettera ai Corinti*, scritta qualche anno dopo il 50 d. C. da Paolo di Tarso. Questo testo è un manuale perfetto di liberazione dalla matrix, ma nessuno lo sa. Perché? Perché, nell'accostarvisi, nessuno usa le tre funzioni appena dette. Non usandole che succede? Che le parole che vi sono usate diventano una prigione per la mente, la quale rimane schiava delle gabbie mentali delle parole, intese nei significati imposti dalla matrix, che indirizzano la mente solo in alcune direzioni e non verso altre.

Ebbene, per comprendere il significato di questo vero e proprio "manuale di liberazione dalla matrix" che è la *Prima Lettera ai Corinti*, immagino che il contesto storico in cui si trovava la neonata Comunità di Corinto creata da Paolo sia il contesto della comunità di oggi; che i problemi e difficoltà provati da quella comunità per affrontare le matrix di quel tempo siano semplicemente gli stessi problemi che ha una comunità oggi; infine, che le parole usate allora da Paolo possano essere tradotte nel linguaggio del progetto originario. E' la stessa idea che aveva avuto Pasolini e che sottoscrivo in pieno, quella di attualizzare la figura di Paolo di Tarso oggi progettando un film su di lui: "L'idea poetica – che dovrebbe diventare insieme il filo conduttore del film – e anche la sua novità – consiste nel **trasporre l'intera vicenda di San Paolo ai nostri giorni**. [...] Qual'è la ragione per cui vorrei trasporre la sua vicenda terrena ai nostri giorni? E' molto semplice: **per dare cinematograficamente nel modo più diretto e violento l'impressione e la convinzione della sua attualità. Per dire insomma esplicitamente, e senza neanche costringerlo a pensare, che «San Paolo è qui, oggi, tra noi» e che lo è quasi fisicamente e**

materialmente. Che è alla nostra società che egli si rivolge; è la nostra società che egli piange e ama, minaccia e perdona, aggredisce e teneramente abbraccia. [...] Il centro del mondo moderno – la capitale del colonialismo e dell'imperialismo moderno – la sede del potere moderno sul resto della terra – non è più, oggi, Roma. E se non è Roma, qual'è? Mi sembra chiaro: New York, con Washington. [...] San Paolo subirà il martirio in mezzo al traffico della periferia di una grande città, moderna fino allo spasimo, coi suoi ponti sospesi, i suoi grattacieli, la folla immensa e schiacciante, che passa senza fermarsi davanti allo spettacolo della morte, e continua a vorticare intorno, per le sue enormi strade, indifferente, nemica, senza senso. **Ma in quel mondo di acciaio e di cemento, è risuonata (o è tornata a risuonare) la parola «Dio».**" (Pier Paolo Pasolini, *Progetto per un film su San Paolo*, Einaudi 1977) Pasolini usa le tre funzioni della Mente Grande per progettare il film su San Paolo attuale. Portare la vicenda di san Paolo ai nostri giorni, "riscrivendo" *Lettera ai Corinzi* per noi oggi, lasciando intatta la sostanza e contestualizzando i problemi di quel tempo alla nostra situazione attuale: ecco quello che mi propongo di fare.

Per capire bene il contesto, occorre chiarire cosa era Corinto nel 50/51 d. C. quando Paolo la visita per portare tra i suoi abitanti il messaggio del Discepolo Di Gesù (DDG). Essa è sicuramente una delle città dell'Impero Romano più importanti, vero crocevia nelle rotte tra est e ovest del Mediterraneo. La città fu distrutta dai Romani quando la conquistarono, ma cento anni dopo Giulio Cesare decise di ricostruirla totalmente, vista la sua importanza geografica e strategica. I resti archeologici che vediamo oggi, dunque, sono quelli della ricostruzione romana ad opera di Giulio Cesare ed era anche la Corinto che San Paolo visitò per un anno e mezzo per fondare questa straordinaria comunità di resistenza al potere e di rinascita spirituale di cui stiamo parlando. "Il ruolo che ebbe la città all'interno della lega achea nella lotta contro i romani portò alla sua distruzione nel 146 a. C. dopo la battaglia di Corinto, che pose fine alla quarta guerra macedonica e consegnò a Roma il dominio sulla Grecia. Rimase quindi un cumulo di rovine fino al 45 a. C., quando Giulio Cesare vi fondò la *Colonia Iulia Corinthus*." (https://it.wikipedia.org/wiki/Corinto)

Poiché la comunità fondata da San Paolo risente moltissimo del clima sociale di questa città, occorre capire bene da quali elementi era caratterizzato questo contesto. Mi sembra che i caratteri peculiari di questa città si possano riassumere nei seguenti quattro:

1.   Corinto è una importantissima città portuale caratterizzata da due porti che sono la porta di comunicazione tra est ed ovest: questo determina un flusso potentissimo di persone da tutto il mondo conosciuto e, dunque, fa sì che Corinto sia una città cosmopolita, universale. Ciò non significa che sia priva di conflitti, anche se la sua popolazione era aperta alle novità: ma nella città erano fortissime sia le spinte verso le novità che quelle verso la conservazione. Risulterà, quindi, una città molto competitiva in cui sarà molto elevato il livello della conflittualità e della divisione sociale.

2.   Corinto è non solo una città ricchissima, ma anche estremamente raffinata ed elevata dal punto di vista del suo livello culturale. A questo altissimo grado di elevazione intellettuale contribuisce anche la religione che a Corinto è vissuta con una intensità ed un interesse elevatissimo. A Corinto il sacro è un fattore di grande interesse e non è affatto sinonimo, come magari potremmo pensare oggi, di arretratezza o di oscurantismo: anzi, invece che diventare una spinta all'oscuramento ed al tabù, il sacro è una spinta alla elevazione, alla relazione, alla illuminazione, alla discussione ed alla crescita sociale: il sacro a Corinto può essere, molto più che in altre città, strumento e via di liberazione più che essere strumento di schiavitù all'interno di una matrix sociale.

3.   A tale caratterizzazione contribuiscono due specificità di Corinto: la prima è che essa è una città sacro-sportiva, attività specificatamente maschile, perché si svolgono in essa i Giochi Istmici. Tutti i giochi greci erano sacri, ma quelli di Corinto (insieme, per la verità, con quelli di Delfi) erano particolarmente connotati di elementi religiosi, sacri com'erano a Poseidone, il dio del mare, dei naviganti e dei porti. "Si svolgevano ogni due anni nel primo e nel quarto anno dell'Olimpiade, nel periodo compreso tra aprile e maggio. **Erano i giochi più solenni dopo quelli di Olimpia per numero di concorrenti e per afflusso di popolo. Inoltre la particolare posizione geografica della sede delle gare, presso la città di Corinto, contribuì a dare ai Giochi istmici un carattere più aperto socialmente, particolarmente festoso e talvolta anche caotico".** (https://it.wikipedia.org/wiki/Giochi_istmici)

4.   La seconda specificità, molto importante, deriva dal fatto che Corinto è protetta da Afrodite, la divinità che sovrintende a tutte le

forme di *eros* ed alla bellezza femminile, che sono, a loro volta, il principale fondamento della potenza femminile. A Corinto, Afrodite aveva tre templi a lei dedicati, più uno in una delle due città portuali situate sull'istmo. Il più importante, anche se non di grandi dimensioni, era quello situato sulla rocca di Acrocorinto. Inoltre, Strabone, parla della esistenza in Corinto di una potente organizzazione di etere, più di mille, che egli chiama ierodule, che fanno di Corinto una città particolarmente significativa dal punto di vista della potenza femminile e della speciale visione che vi si aveva del linguaggio del corpo, *dell'eros* e del piacere, soprattutto dal punto di vista del femminile. Ma questo è un punto talmente importante ed innovativo che necessita di uno specifico approfondimento. Pertanto devo dedicare un paragrafo a Corinto come città di un innovativo linguaggio del corpo, dell'*eros* e del piacere dal punto di vista della potenza femminile.

Rimane da dire che la maggior parte dei problemi che la lettera di Paolo tratta, discende dal contesto culturale molto speciale della città, unico in tutto il Mediterraneo ed ancora più interessante, perché più libero, di quello della stessa Roma. Non a caso Paolo è visceralmente affezionato alla comunità di DDG che è nata da lui in questa città e che gli dà, oltre a tanti grattacapi, anche immense soddisfazioni. La lettera, infatti, che Paolo scrive, più che essere una esposizione di teoria del DDG, è al contrario, una trattazione pratica di problemi che si generavano dall'impatto di una comunità di DDG con un contesto culturale tanto avanzato e raffinato, oltre che insidioso dal punto di vista ideologico e sociale. Insomma, Corinto è forse il banco di prova più difficile che abbia trovato la comunità di DDG dopo lo scontro con l'ebraismo al tempo di Gesù e vero primo impatto con il mondo non ebraico nella temperie ellenistico-romana: un vero campo di sperimentazione per il futuro, perché comincia a diventare ovvio che il DDG non ha più come suo interlocutore principale la matrix ebraica, come ai tempi di Gesù, ma la ben più complessa e variegata matrix ellenistico-romana. Corinto è la porta di questo nuovo mondo e i problemi affrontati sono il prototipo del futuro, così come le soluzioni trovate da Paolo sono altrettanto interessanti per il futuro. Questo spiega anche l'interesse di Pasolini su Paolo in generale: Paolo è la cerniera tra la logica del DDG e il mondo moderno.

Corinto: un luogo dove la potenza femminile è altamente considerata e rispettata

Sappiamo che i greci hanno per il corpo e il suo linguaggio una venerazione altissima. Ciò è derivato dal fatto che per loro il corpo è sacro e, quindi, la loro sensibilità per esso è di natura ed origine religiosa. Il corpo ha un profondo rapporto con il divino: in tale senso, il corpo umano ha un posto particolarmente importante nei templi e in tutte le manifestazioni religiose collegate, dalle attività sportive all'arte che lo ritrae. Tale culto sacrale della corporeità, sia maschile che femminile, permette ai greci di non avere quei blocchi mentali che spesso opprimono le menti degli altri popoli, complici religioni che hanno, invece, nei confronti del corpo tremende ossessioni e paure. Per i greci la corporeità è una forma di liberazione della mente, mentre per altre religioni e culture l'oppressione del corpo e il disprezzo per esso è uno strumento di controllo sociale e di manipolazione della massa da parte delle *élites* dominanti. La nudità, ad esempio, è una cartina al tornasole di questa libertà del corpo che proviene dalla sua sacralità nel mondo greco, esattamente all'opposto di quello che accade in altri popoli dove la religione è, al contrario, fonte di tabù ed oscuramento, con conseguente fobia e scandalo nei confronti della nudità come emblema della essenza pura ed originaria del corpo. In pratica, mentre per i greci il corpo è espressione del divino e, quindi, via e strumento di elevazione ad esso, per altri popoli il corpo è la negazione del divino e, quindi, ostacolo alla via di risalita al divino stesso. Si potrebbe dire che il corpo per i greci è divino, per altri popoli è diabolico.

A Corinto si venerava particolarmente il corpo in questa prospettiva di liberazione in rapporto alla mente, secondo la potente sensibilità religiosa che caratterizzava lo spirito greco: e questo sia nella componente maschile che in quella femminile. E' altamente risaputo che i Giochi (Istmici, in questo caso) erano riservati esclusivamente agli uomini e che gli atleti gareggiavano rigorosamente nudi (*gymnoi*): i Giochi erano, dunque, il momento massimo di esaltazione e venerazione del corpo maschile secondo la prospettiva evidenziata, tenendo anche conto che tutti i Giochi, nel loro insieme, avevano una fortissima valenza religiosa, come abbiamo sottolineato. Il corpo femminile non era considerato certo da meno di quello maschile nella cultura greca, ma la sua relazione con il sacro era molto più complessa. Possiamo considerare che la concezione greca del corpo femminile e delle sue molteplici valenze sia sintetizzato, soprattutto, ma non in modo esclusivo, nella figura della divinità di Afrodite, simbolo sintetico della manifestazione esteriore e corporea della potenza femminile. Ebbene, Corinto è la città nella quale Afrodite ha un posto veramente speciale e, dunque, anche la potenza femminile in una prospettiva sacrale. In particolare, essa è elevata a principio di creazione e a fond*amento* della stessa *polis*.

La figura che rappresenta simbolicamente questa diversa considerazione della potenza femminile a Corinto è l'etera. In Corinto, secondo Strabone, ce n'erano più di mille che svolgevano un ruolo importante nella città e che egli confonde con prostitute sacre. In realtà le etere erano ben altro. "Le **etère** (in greco antico: ἑταίραι), nella società dell'antica Grecia, erano particolari donne di compagnia, per alcuni aspetti assimilabili a cortigiane e prostitute. Si trattava, tuttavia, di sofisticate figure che, oltre a prestazioni sessuali, offrivano compagnia e spesso intrattenevano con i clienti relazioni prolungate. **Nell'antica società Greca le etere costituivano in pratica l'unica tipologia femminile che poteva realmente dirsi indipendente, a volte riuscendo anche ad esercitare un'influenza notevole sui personaggi pubblici** di una certa rilevanza tra quelli frequentati; indossavano sempre abiti di prima qualità e dovevano pagare le tasse sui proventi dei loro uffici. **Per lo più si trattava di ex-schiave provenienti da altre città**, rispetto a quelle in cui in seguito si trovavano a risiedere, **erano famose per le loro spiccate capacità nell'arte, dalla danza alla musica, così come per i loro talenti sia fisici sia intellettuali. A differenza della maggior parte delle altre donne delle *poleis* greche, le etere avevano ricevuto o si erano procurate un'educazione ed erano quindi assai colte. Erano infine l'unica classe di donne nella Grecia antica con un accesso e un controllo indipendente a considerevoli quantità di denaro.** Potendo gestire autonomamente i propri averi, al contrario delle donne comuni, a volte arrivavano a creare delle vere e proprie aziende di accompagnatrici; potevano essere delle compagne occasionali oppure concubine, **potevano uscire a loro piacimento, avere una vita pubblica, coltivare libere frequentazioni e prender parte attivamente al *Simposio* maschile dai quali le donne erano invece generalmente escluse, dove il loro parere veniva accolto e rispettato da tutti gli uomini senza discutere.**" (https://it.wikipedia.org/wiki/Etera)

Tutto quello che noi oggi potremmo identificare come carattere di una donna emancipata lo ritroviamo nell'etera antica:

1. l'indipendenza rispetto al ruolo maschile: l'etera era l'unica categoria di donna non sottomessa passivamente al maschile;

2. tale indipendenza arrivava anche all'aspetto economico, per cui era l'unica categoria di donne che aveva la possibilità di gestire autonomamente il proprio denaro senza dipendere totalmente dall'uomo, al punto che dovevano pagare le tasse sui proventi delle proprie attività.

3. Potevano così, in base alle proprie autonome capacità imprenditoriali, gestire il proprio patrimonio anche collettivamente e creare delle vere e proprie organizzazioni di donne sofisticate ed evolute che facevano una attività paragonabile ad una società di pubbliche relazioni e di rappresentanza, dalla quale, ovviamente, le altre categorie di donne erano rigorosamente escluse.

4. Erano le uniche donne che avevano un alto grado di istruzione e di varie competenze culturali: poesia, musica, danza, canto, arte. In tal senso erano molto apprezzate nei ricevimenti e nelle feste dell'alta aristocrazia, oppure nelle cerimonie ufficiali della città. Erano presenze di grande prestigio che davano lustro alla cornice mondana della *élite* cittadina. Essendo altamente alfabetizzate, a differenza delle altre donne, esse avevano accesso ai simposi maschili e la loro parola era ascoltata e rispettata esattamente come quella degli uomini.

5. Potevano avere, senza essere condannate dal potere maschile, una propria vita pubblica, potevano uscire liberamente e frequentare chi volessero.

6. Erano le uniche donne che potevano esibire la propria eleganza nel vestire e che potevano valorizzare adeguatamente il proprio aspetto fisico e il proprio corpo, per esempio truccandosi e creando delle vere e proprie mode nel vestire. Potevano riuscire ad avere un forte ascendente sugli uomini potenti di allora, influire sulle volontà politiche di grandi personaggi: sono famose le storie di Aspasia, l'etera di Pericle, di Frine, la modella - amante di Prassitele, Lamia l'etera e compagna del tiranno Demetrio I Poliorcete, Campaspe, l'etera compagna di Alessandro Magno, Archeanassa, compagna di Platone; Taide, concubina del generale macedone Tolomeo, futuro re d'Egitto, e Pizionice, etera di Arpalo, il diadoco di Babilonia. Come si vede, era l'unico tipo di donna che poteva avere un ruolo politico, seppure indiretto nella Grecia.

7. Si trattava di ex schiave che erano riuscite ad affrancarsi grazie alle proprie doti e ed ai propri talenti e provenivano da città diverse rispetto a quelle in cui erano conosciute come schiave.

Poiché raggiungevano vette altissime di prestigio sociale e di autonomia, spesso finivano in scandali che suscitavano un grandissimo scalpore: forse il più famoso di tutti fu quello riguardante Frine. In questo caso essa fu salvata dal fatto che, avendo dato il proprio corpo come immagine per Prassitele della dea Afrodite (si pensa che ella fece da modella per la famosa e bellissima *Afrodite di Cnido)*, i giudici pensarono che non fosse per loro onorevole condannare una donna che era stata associata alla divinità forse più amata dell'antichità. E' chiaro anche, vista la professione che esercitavano come donne di rappresentanza (oggi si direbbe *"escort"*) potessero facilmente essere accostate e confuse alle prostitute, soprattutto se qualcuno voleva calunniarle, se fossero state odiate o fossero entrate in conflitto con qualcuno.

A Corinto, dunque, esisteva una "industria" fiorente di più di mille etere, come dice Strabone, che si riferisce al 2 a. C. Corinto era famosa per questo "servizio" che comportava, ovviamente, prezzi altissimi, visto il livello di cultura e di raffinatezza di queste *escort* antiche, tant'è vero che vigeva il detto: "Non tutti gli uomini possono permettersi un viaggio a Corinto". Corinto è paragonabile ad una città in cui, rispetto all'ambiente sociale circostante, la potenza femminile era particolarmente rispettata e valorizzata in aspetti normalmente preclusi alle donne. A Corinto si era creato un clima generale in cui la potenza femminile era sottratta alla cappa di oscuramento e di controllo da parte del potere che aveva fortissime connotazioni maschiliste. Questo creava non solo una fiorente "industria" della rappresentanza sociale raffinata ed elegante (non certo della prostituzione), ma, direi, soprattutto, creava un clima culturale per cui la potenza femminile veniva ad incidere fortemente sullo stesso principio di formazione di una *polis* e di una convivenza sociale atipica rispetto al resto della Grecia e nella quale l'influsso del femminile era molto più forte, senza essere osteggiato dal potere maschile. In pratica, è l'unico esempio, forse, dell'antichità dove si poteva ricreare il clima delle antiche società matriarcali che ruotavano intorno al ruolo della donna. Corinto rappresenta un'oasi in un deserto: il miraggio in cui la potenza femminile poteva dare un contributo determinante alla creazione di un tessuto di cittadinanza e non essere passivamente relegata ad un ruolo marginale di sudditanza al maschile. Era, insomma, l'unico luogo dove si poteva assaporare finalmente come poteva essere una società in cui alla potenza femminile fosse data la libertà di esprimersi senza paura e senza manipolazioni da parte della matrix del potere maschilista. Una specie di eden primordiale originario in cui si poteva assaporare qualcosa della armonia che il principio femminile, adeguatamente valorizzato, poteva portare alla convivenza sociale. Ben presto questo equilibrio venne rotto dalla aggressività e dalla violenza delle società maschiliste fondate sulla guerra e sulla competizione. Ma a Corinto si poteva respirare un po' di quell'aria paradisiaca definitivamente perduta.

Ciò genera due conseguenze diametralmente opposte: da una parte, Corinto diventa una città interessantissima, perché il linguaggio del corpo, dell'*eros* e del piacere è liberato, grazie alla valorizzazione della potenza femminile e, quindi, potendo generare una convivenza molto più armonica e soave di quello che genera una società maschilista, attira un universo di persone curiose di questo fenomeno unico nel panorama sociale circostante e desiderose di attingere a questo tipo di relazionalità molto più armonico e piacevole, perché rispettoso degli elementi fondamentali dell'umano. Corinto potrebbe avvicinarsi ad una Amsterdam (esclusa l'industria attuale del sesso e della droga), una città libera ed aperta unica al mondo nel Seicento intollerante, che accoglie eretici come Spinoza.

Dall'altra parte, però, si genera, come è facilmente comprensibile, una reazione da parte della matrix del potere sociale di allora, di forte caratterizzazione maschilista, che dà origine ad una ideologia denigratoria tesa a mettere in cattiva luce questo tipo di convivenza: si genera, dunque, il "mito della prostituzione sacra" di Corinto. Questo mito è smontato scientificamente da Gabriella Pironti, docente di Storia delle religioni presso l'Università di Napoli "Federico II" in un suo studio fondamentale dal titolo *L'Afrodite di Corinto e il "mito della prostituzione sacra"*. (Si trova in *Corinto luogo di azione e luogo di racconto*, Atti del Convegno Internazionale di Urbino, 23-25 settembre 2009, a cura di Paola Angeli Bernardini, edito da Fabrizio Serra Editore, Pisa – Roma 2013, alle pp. 13-26) La studiosa dell'Università di Napoli chiarisce nel suo documentato studio sia il ruolo di Afrodite nella temperie culturale di Corinto, sia il ruolo delle etere, e, infine, decostruisce il "mito della prostituzione sacra".

La base della sua argomentazione è lo studio di tutto il *corpus* di passi che tratta di questo mito: Strabone, Pindaro, Plutarco, Teopompo, Alessi e Ateneo. Poiché non ci sono prove certe extraletterarie di questa prassi, la studiosa esamina le fonti letterarie in modo critico e da altri punti di vista rispetto a quanto fatto finora, pur tenendo conto della ricca letteratura scientifica in materia. La Pironti osserva che l'unico passo che parla esplicitamente di prostituzione sacra è quello di Strabone che definisce le etere di Corinto *ierodoule*, cioè, appunto, prostitute sacre. Gli altri autori, invece, non ne parlano mai apertamente, bensì i loro testi sono interpretati alla luce di questo "mito", ma potrebbero essere benissimo interpretati in altro modo. Così la Pironti si dedica a decostruire il mito a partire da Strabone e rileva che in lui è prevalente un intento denigratorio e che assimila Corinto ad una città orientale che aveva un alto tasso di prostituzione forse sacra.

"Smontato" il passo principale a sostegno della tesi della prostituzione sacra, la Pironti passa ad esaminare il resto del *corpus* con diverso occhio critico. Ecco le conclusioni alle quali perviene: "Ritorniamo adesso, in sintesi, all'Afrodite corinzia. La documentazione disponibile permette di riconoscere a questa figura divina, dispensatrice di protezione e di vittoria, un ruolo tutelare in parte analogo a quello di una qualsiasi altra divinità *poliade* della Grecia antica, in parte specifico di Afrodite: si tratta infatti della potenza divina che controlla l'eros in tutte le sue forme e può disporne a favore della comunità nel suo insieme, sia in pace che in guerra; la sfera della dea include senz'altro la sessualità e quindi la continuità e la vitalità del corpo civico, ma accanto a queste non vanno dimenticate le prerogative di Afrodite relativamente alla navigazione e al commercio, determinanti per comprenderne il legame privilegiato con la città di Corinto. Quanto alla partecipazione delle etere al culto pubblico della dea, non è possibile escluderla né confermarla in via definitiva, ma in nessun caso questa può essere confusa con una qualsiasi forma di prostituzione sacra".

Poi, per quanto riguarda il ruolo delle etere: "Il dossier sul principale culto corinzio di Afrodite permette dunque di riconoscere a questa divinità un vasto spettro di azione: dalla funzione tutelare nei confronti della città nel suo insieme e dalle prerogative militari in contesti bellici, alla prosperità del corpo civico, attraverso le mogli dei cittadini, e alla protezione della sessualità in genere e delle professioniste del settore, prostitute e etere. Anche il culto pubblico della dea rifletterebbe quest'ultimo dato: un frammento di Alessi ci informa infatti che le autorità cittadine organizzavano feste di Afrodite sia per le donne libere sia per le etere, prova del fatto che la polis domandava a tutte le sue donne, anche se separatamente, di onorare la dea. Vale la pena sottolineare a questo punto che prostitute e etere non erano escluse dalla vita cultuale delle città greche. E se è chiaro che Afrodite è la divinità a cui si rivolgono di preferenza queste categorie professionali, pare altrettanto evidente che un tale stato di cose non implichi né a Corinto, né altrove, la prostituzione sacra. Nel quadro delineato finora per la città dell'Istmo, non c'è dunque nulla, a parte il passo di Strabone, che possa lasciar pensare alla pratica della prostituzione sacra".

Lo studio della Pironti sottolinea il fatto che Afrodite era considerata a Corinto come la protettrice di tutti i tipi di eros, compreso "l'eros della battaglia", come viene definito da Plutarco, nella supplica delle donne ad Afrodite prima della battaglia di Salamina. Quindi, non bisogna meravigliarsi se Afrodite aveva anche una sfaccettatura guerresca: si tratta di amare la propria patria e difenderla quando questa viene attaccata dai barbari. In tutto il *corpus* che viene riferito come fondamento testuale della prostituzione sacra, le etere non appaiono mai come prostitute nel senso che normalmente intendiamo con questa parola, ma come una categoria di donne che, cosa eccezionale in tutta la Grecia, fa parte ufficiale della cittadinanza nelle cerimonie e nei riti pubblici sia militari che sportivi. Si tratta dei riti che definiscono la autocoscienza pubblica della città, un po' come si fa nei nostri ambiti odierni in cui partecipano alle celebrazioni ufficiali le autorità civili, militari e religiose o come se fossero il corpo di guardia ufficiale dei carabinieri ad una cerimonia di protocollo. Le etere erano una componente ufficiale della cittadinanza, accettate e riconosciute da tutti i poteri della *polis*, perché l'influsso benefico e protettivo di Afrodite sulla città si estende grazie alle donne, sia quelle nascoste nelle case, sia quelle che avevano un ruolo importante nella vita pubblica come le etere.

"Smontato" il mito della prostituzione sacra, dunque, si può ora meglio chiarire come era considerato il ruolo della donna a Corinto. Potremmo dire che, invece di parlare di prostituzione sacra, sarebbe più appropriato parlare di sacralizzazione della sessualità. E' stato Platone che ha infranto il pregiudizio della quadruplice suddivisione del femminile in mogli (generatrici di figli), prostitute (piacere a pagamento), concubine (*personal body trainer*) ed etere ("*escort*" raffinate ed eleganti), sempre ad uso e consumo del maschile che rimane al centro di tutto l'universo femminile che gli ruota attorno. Platone del *Simposio* rompe il modello maschilista dell'*eros* e, con il discorso di Diotima, unifica tutte le funzioni della donna in un'unica funzione sacrale generatrice di vita ed elevante al mondo superiore, dando così una dignità inaudita alla donna nel mondo antico. La concezione delle donne a Corinto si può considerare la realizzazione pratica di questa utopia platonica in cui la potenza femminile era pienamente rispettata e valorizzata. Le etere di Corinto erano le donne che più si avvicinavano a questo modello ideale di sacralizzazione del corpo, dell'*eros* e del piacere femminile e di piena valorizzazione della potenza femminile. La considerazione delle etere come prostitute sacre fa parte della ideologia denigratoria generata dalla matrix del potere maschilista per frenare e rallentare il più possibile l'influsso e la estensione della potenza femminile, vera incarnazione delle qualità sacre di Afrodite, nella realtà cittadina. E' molto probabile che una componente di questa ideologia denigratoria sia fluita nella problematica trattata dalla lettera paolina alla comunità di Corinto, ad esempio riguardo al problema dei frequentatori di prostitute sacre, oppure al problema del ruolo delle donne nelle assemblee della comunità dei DDG a Corinto. Ciò che conta è che, anche dal punto di vista polemico, denigratorio e ideologico, emerge da tutta questa vicenda che a Corinto esiste un ruolo atipico, innovativo e dinamico del femminile basato sulla potenza del femminile simboleggiata nella figura di Afrodite e che corrisponde alla sacralizzazione del linguaggio del corpo, dell'*eros* e del piacere femminile.

Paolo affronta tutti questi problemi: in alcuni casi lo farà brillantemente, in altri risulterà più impacciato a causa della mentalità ebraica ancora all'opera in lui, nonostante la conversione radicale della sua vita. In ogni caso, comunque, la *Prima Lettera ai Corinti* ci restituisce la visione del progetto originario sul corpo, sull'*eros*, sul piacere e sulla potenza femminile che la originaria comunità dei DDG possedeva. Ma la mentalità ebraica sul corpo e sulla donna è così potente che non riesce neanche in un uomo travolto dalla trasformazione del DDG a riportare completamente e definitivamente la potenza femminile nel suo alveo originario. In ogni caso, vedremo che nella *Lettera ai Corinti* è potentemente all'opera lo stile di vita e la mente grande del DDG, in un contesto di vita particolarmente fecondo come poteva essere allora quello di Corinto, che ci richiama meglio a quale potrebbe essere, oggi, il modello a cui tendere per una comunità dinamica di rinascita spirituale: la lettera, così lontana nel tempo, diventa piena di insegnamenti anche per noi oggi. Il testo proposto fra virgolette è una parafrasi del testo paolino attualizzata alla situazione ed al linguaggio dell'oggi, come nell'intenzione di Pasolini.

***Prima lettera ai Corinzi* – Capitolo 1**

La caratteristica della matrix è la divisione perché divide corpo il corpo dalla mente e, nella società, divide le persone tra loro e i gruppi tra loro. L'empatia unanime, che è la perfetta unione di due funzioni della mente, cioè il pensiero e la sfera emozionale (sentimento), è il carattere distintivo del DDG che ricerca il progetto originario; invece, laddove ci sono divisioni là si manifesta l'ideologia della matrix, cioè il progetto privato organizzato. "Ora so che voi siete una comunità di resistenza e di rinascita esemplare. Tuttavia, mi è stato segnalato da alcuni amici comuni che tra di voi ci sono delle discordie, perché sembra che ci siano tra voi dei gruppi che si definiscono seguaci miei, altri seguaci di Pietro, altri ancora seguaci di Apollo e, infine, alcuni altri seguaci di Gesù. Ma Gesù è stato diviso? E non è morto per tutti in modo eguale? Che senso ha spartirsi questo tesoro tra gruppi più o meno sapienti? Non ci sono riti di iniziazione diversi, ma uno solo: dunque, c'è un unico modo di essere DDG. Se questo è vero non ha senso richiamarsi ad una sapienza diversa da quella del DDG: infatti la filosofia della croce è semplicissima e rivoluziona tutte le filosofie che non ricercano il progetto originario. Io, infatti, non mi sono avvalso di un ideologia della matrix, bensì sono andato direttamente al progetto originario così come lo ho ricevuto e compreso dallo stesso Maestro". (Riferimento a *1Cor* 1, 10-17)

Il testo dal v. 19 al v. 31 è una rivisitazione paolina del famoso incontro-scontro di Paolo sull'Areopago di Atene con i rappresentanti superstiti delle scuole filosofiche di Atene. La filosofia è un altro dei grandi prodotti della cultura greca. All'inizio la filosofia è nata come disobbedienza alla religione, come una via per accedere all'aldilà attraverso il pensiero e l'intuizione, invece che con la religione e lo sciamanesimo. Ma con l'andar del tempo anche la filosofia è stata risucchiata dentro la matrix e, invece di essere strumento di liberazione dalla caverna, è diventata occasione di prigione mentale e di inganno a favore del potere. I filosofi che Paolo incontra ad Atene erano solo parti e strumenti del potere sociale ed avevano abbandonato la ricerca del progetto originario. In loro il progetto privato aveva creato una ideologia così potente che vivevano chiusi in una bolla mentale ed erano incapaci di aprirsi ad ogni vera ricerca del progetto originario. Rimangono, pertanto, sordi ed insensibili al messaggio di Paolo che parla loro in modo inaudito del progetto originario. A Corinto si ripresenta una situazione analoga, con la variabile, però, che siamo all'interno della stessa comunità: il fumo dell'ideologia si è insinuato anche in essa. Il testo che segue può essere considerato la continuazione e l'approfondimento dell'incontro di Paolo con l'ideologia della matrix, sotto forma di filosofia (che Paolo chiama sapienza), avvenuto all'Areopago. Ma qui c'è l'aggravante che la perdita del progetto originario e la sua sostituzione con il progetto privato in forma di pensiero ideologico autoreferenziale, avviene all'interno di una comunità di discepoli di Gesù e, quindi, la pretesa è ancora più diabolica. A questa Paolo non contrappone un'altra ideologia, ma una cosa totalmente diversa, cioè l'infamia e il fallimento di un uomo condannato alla pena di morte più atroce ed infamante che esistesse. Non poteva esserci, per un intellettuale di quel tempo, una sconfitta più totale e radicale. Ecco il testo "rivisitato" di Paolo:

"Parlare di un uomo fallito come può essere uno finito a morire su una croce, la più crudele delle condanne a morte inventata dai romani, è considerato stupido da quelli che sono dentro alla ideologia della matrix. Ma per la nostra comuità che è alla ricerca del progetto originario, proprio quel fallimento totale è il punto in cui si è manifestata pienamente la potenza del progetto originario, perché io sono stato testimone personalmente che quell'uomo finito e morto in croce è risorto ed è vivo attualmente. Questa cosa è già presente nella Sacra Scrittura ebraica, dalla quale io provengo e che conosco bene, laddove Dio dice che disperderà e distruggerà la supponente sapienza di quelli che si credono intelligenti perché si fidano delle ideologie prodotte per loro dalla matrix. Mostratemi tutti questi sottili ragionatori, dotti, sapienti secondo la logica della matrix ed io mostrerò loro come, resuscitando quel fallito il progetto originario abbia, invece, riportato i DDG alla evidenza luminosa e inchiodato questi superbi intellettuali alla loro tronfia pseudosapienza ideologica, nonostante sia ben retribuita dalla matrix e nonostante questi si fregino del titolo di DDG, diventato di moda oggi, grazie ad un accordo tra matrix. Infatti, c'è una differenza tra l'argomentazione filosofica prigioniera della ideologia e la predicazione che è, invece, mostrare l'evidenza di questo fallimento ribaltato in rinascita. State bene". (Riferimento *1Cor* 1, 18-21)

"Mi sono confrontato con due matrix: quella ebraica pretende da me, come garanzia per credere a quello che dico, manifestazioni di potenza fuori dal normale; la matrix greca, invece, pretende una conoscenza (ideologia) eccezionale. Ma io, invece, propongo di essere discepolo di un fallito e fatto fuori dal potere in modo infamante e questo fa reagire male le due matrix che si scandalizzano e ritengono la cosa non all'altezza del loro livello intellettuale. Ma per i discepoli di Gesù, egli è la strada al progetto originario, piena di energia ("potenza") e di conoscenza ("sapienza o filosofia"). Questo uomo fallito in modo infamante ribalta i criteri di tutte le matrix, per cui ciò che vince dal punto di vista del progetto privato è insignificante dal punto di vista del progetto originario e viceversa. Infatti, la vostra comunità ne è la dimostrazione, perché tra di voi non ci sono nobili e ricchi, intellettuali e potenti. Per il progetto originario questo nobiltà e ricchezza non contano, perché il criterio è capovolto: se vale per la matrix non vale per il progetto originario e se vale per il progetto originario non vale per la matrix. La sapienza e la potenza per il progetto originario non corrispondono alla sapienza e alla potenza per la matrix. Ma questo ribaltamento non è casuale, ma corrisponde ad una ben precisa strategia del progetto originario che combatte il progetto privato capovolgendone i criteri per confonderlo: con quelli che prediligono la potenza utilizza la debolezza e con quelli che prediligono la conoscenza utilizza la apparente ignoranza del progetto originario. Nel suo Maestro il discepolo trova tutto questo: la realizzazione piena del suo obiettivo e la sua soddisfazione. State bene." (Riferimento *1Cor* 1, 22-31)

Prima lettera ai Corinzi – **Capitolo 2**

"Quando mi sono presentato a voi per proporvi la ricerca del progetto originario non lo ho fatto attraverso delle abilità retoriche o filosofiche, perché ritenevo che la mia unica conoscenza riguardasse l'essere discepoli di Gesù e del suo paradossale insegnamento, basato sull'apparente fallimento della sua uccisione ignominiosa che chiamiamo "croce". Non mi sono affidato ad una preparazione istituzionale o accademica, anche se non mi mancavano competenze in tal senso, ma, ho confidato solo sulla energia che proviene dal progetto originario, quando questo si manifesta. Per questo i discorsi persuasivi dei retori li ho lasciati ai sofisti e mi sono fondato solo sulla energia proveniente dal progetto originario e questo perché anche la vostra fiducia fosse basata su di esso e non sul sapere accademico, che è funzionale alla matrix. Tra coloro che sono discepoli di Gesù, quando si parla di sapienza, non si intende la ideologia della matrix: quelli che dominano oggi il mondo sono destinati a perdere tutto, cioè il loro potere non può renderli veramente felici. Noi parliamo della sapienza del progetto originario che per molti secoli è rimasta inaccessibile, ma che si è rivelata a noi negli ultimi tempi. Nessuno di quelli che operano nella matrix l'ha riconosciuta, se no non avrebbero eliminato Gesù, cioè colui che rivelava pienamente il progetto originario. Infatti, dice la Scrittura, *"quelle cose che occhio non vide, né orecchio udì, né mai entrarono in cuore di uomo, Dio le ha preparato per coloro che lo amano".*" (Riferimento 1*Cor* 2, 1-9)

"Il Progetto Originario si è manifestato a noi sia come Principio di di Vita che di Conoscenza di tutto il cosmo fino ai suoi più estremi confini e nella sua più intima profondità. Questo Principio di Vita e di Conoscenza è valido anche per l'uomo, perché l'uomo è fatto della stessa sostanza del cosmo e del suo principio originario (*"Oneness"*). Dunque, se non ci connettiamo con questo Principio del Cosmo, ci connettiamo anche con il Principio di Vita e di Conoscenza dell'uomo. Chi conosce questi segreti (del cosmo, dell'uomo e del progetto originario)? Chi si connette con essi e chi ha la stessa funzione d'onda di essi. Noi abbiamo ricevuto la password per connetterci con il cosmo e non per connetterci alla matrix. La mia comunicazione e il mio linguaggio sono stati di questo tipo: sconnesso dalla matrix e connesso con il progetto originario. E' questo il nuovo linguaggio suggerito in noi dal Principio di Vita e di Conoscenza. Ovviamente, se sei connesso alla matrix, non puoi capire questo linguaggio ed esso ti appare folle o incomprensibile. Se sei, invece, connesso con il progetto originario, puoi capire tutti i linguaggi senza che nessuno ti possa giudicare, contestare o confonderti. Infatti, essendo connessi con l'origine stessa di tutti i linguaggi, possiamo comprenderli tutti, senza però che essi possano intenderlo, se non si connettono con la loro stessa origine". (Riferimento: *1Cor* 2, 10-16)

Prima lettera ai Corinzi – Capitolo 3

"Io, fratelli, sinora non ho potuto parlare a voi come a esseri spirituali, ma carnali, come a neonati in Cristo. Vi ho dato da bere latte, non cibo solido, perché non ne eravate ancora capaci. E neanche ora lo siete, perché siete ancora carnali. Dal momento che vi sono tra voi invidia e discordia, non siete forse carnali e non vi comportate in maniera umana?"

In questi tre versetti Paolo usa il termine "carnale" non nel senso di "corporeo" (come si dice "Il Verbo si fece carne"), né nel senso di "sessuale" (come quando si dice "rapporto carnale"), bensì in un senso anti-comunitario. Infatti, al v. 3 spiega che essere "ancora carnali" significa avere al proprio interno, cioè nel corpo della propria comunità, invidie e discordie. Essere carnali significa il contrario di essere "uomini spirituali". Paolo individua due mentalità nell'essere discepolo di Gesù, una matura ed una immatura. La seconda è quella dell'"essere carnali", cioè di essere un discepolo caratterizzato da molti aspetti dell'uomo vecchio precedente a questo cambiamento. E' l'essere "appena neonati", cioè immaturi e ancora molto dentro alla matrix della vita vecchia e subirne ancora gli influssi. Questa immaturità fa ancora ragionare con la mentalità della matrix che è competitiva e conflittuale. Invece, l'altra modalità è detta "uomini spirituali" ed è caratterizzata dall'essere uomo nuovo, cioè con una mentalità rinnovata ed aliena dalla matrix, cioè capace di pensare secondo il progetto originario che Gesù è venuto a portare.

"[16]Non sapete che siete tempio di Dio e che lo Spirito di Dio abita in voi? [17]Se uno distrugge il tempio di Dio, Dio distruggerà lui. Perché santo è il tempio di Dio, che siete voi. [18]Nessuno si illuda. Se qualcuno tra voi si crede un sapiente in questo mondo, si faccia stolto per diventare sapiente, [19]perché la sapienza di questo mondo è stoltezza davanti a Dio. Sta scritto infatti: Egli fa cadere i sapienti per mezzo della loro astuzia. [20]E ancora: Il Signore sa che i progetti dei sapienti sono vani. [21]Quindi nessuno ponga il suo vanto negli uomini, perché tutto è vostro: [22]Paolo, Apollo, Cefa, il mondo, la vita, la morte, il presente, il futuro: tutto è vostro! [23]Ma voi siete di Cristo e Cristo è di Dio".

Il secondo brano tratta due argomenti collegati: Il "tempio di Dio" non è il corpo fisico, il "soma", ma il corpo comunitario. Guai a distruggere questo tempio vivente di Dio, che è la comunità, con le discordie, le divisioni e le invidie. Paolo implora l'unità, perché rotta questa, è profanato il Tempio di Dio. E chi profana e distrugge questo tempio, Dio lo distruggerà. "Santo è il Tempio di Dio che siete voi". L'origine di queste divisioni è l'ideologia, chiamata qui da San Paolo "sapienza", cioè la presunzione di sapere. Qui Paolo fa il Socrate contro i sofisti. Se uno pretende di conoscere il pensiero di Dio e si sostituisce a Lui, genera un suo progetto privato, che si sostituisce a quello originario di Dio. Non bisogna contare sulla ideologia (sapere) che è in realtà stoltezza perché pretende di sostituirsi al progetto originario. Se uno fonda il suo criterio di valore sul progetto originario, allora ha il vero possesso di tutto (il "centuplo quaggiù" di cui parlava Gesù) che viene dato come linguaggio nuovo, vita nuova, rinascita spirituale e "visione-conoscenza di Dio" (vera "sapienza"). "Tutto è vostro": nasce un nuovo modo di possedere totale.

"Il destino del discepolo di Gesù è quello di non essere accettato dal potere, perché Gesù è stato disobbediente al potere e obbediente al progetto originario (che Lui chiamava "Padre"). Per questo, chi è fedele a questa discepolanza viene sempre messo agli ultimi posti nella gerarchia sociale, come se fosse un condannato a morte ed alla infamia presso gli uomini, come se fosse un fenomeno da baraccone di deformità da esporre nei musei di arte degenerata. Ora, a Corinto sta capitando una cosa clamorosa: voi siete a posto. Io che sono quello che vi ha portato il progetto originario secondo il modello del discepolo di Gesù continuo ad essere considerato ignorante, inetto, infame, fuori dall'accademia, dal giro che conta. Io fino a questo momento non ho da mangiare, da bere, da vestire, sono percosso, cacciato da ogni posto dove vado e costretto a spostarmi ogni giorno in un luogo diverso. Io mi sbatto per lavorare e guadagnarmi il pane con le mie mani, se mi insultano e mi perseguitano, io sopporto e perdono volentieri; se mi calunniano e mi accusano ingiustamente, io rispondo come San Francesco, con il sorriso ed il "pace e bene". Sono diventato un deposito di insulti e una specie di immondezzaio dove tutti scaricano l'odio e il rifiuto verso il discepolo di Gesù fino ad oggi a partire dall'inizio della mia missione. Ebbene, cosa sento dire della comunità di Corinto? Che vi considerano degli intellettuali alla moda anche come discepoli di Gesù, cioè nella ricerca del progetto originario; che vi considerano potenti e che vi onorano, mentre io e gli altri cercatori del progetto originario, siamo deboli e disprezzati. Sentiamo notizie che vi descrivono come acclamati, arricchiti, addirittura affermati come VIP. Se così fosse veramente, perché non mi chiamate e mi preparate un posto tra voi? Così da diventare un VIP, un famoso, un uomo di successo anch'io come voi! State bene." (Riferito a *1Cor* 4, 8-13)

Sembra quello che sta accadendo oggi alla chiesa istituzione: viene osannata ed acclamata da tutti quelli che stanno al potere, da tutti i VIP, da tutti gli *influencer*, da tutti gli *opinion maker*. Essere cattolici è diventato di moda ed un fattore che dà successo. Ma per Paolo è, invece, molto strano che essere discepoli di Gesù diventi un trampolino di lancio per il proprio successo personale o per quello collettivo di una comunità; è molto strano quando una comunità del progetto originario sta troppo bene ed è troppo apprezzata dal potere. A Paolo vengono seri dubbi che abbiano svenduto l'essere discepoli di Gesù alla mentalità del potere e la serie di problemi che gli vengono posti dalla comunità gli fa pensare in questo senso: cioè che abbiano accolto la mentalità del progetto privato al posto di rinascere al progetto originario.

Prima lettera ai Corinzi – Capitolo 5

"[1]Si sente dovunque parlare di immoralità tra voi, e di una immoralità tale che non si riscontra neanche tra i pagani, al punto che uno convive con la moglie di suo padre. [2]E voi vi gonfiate di orgoglio, piuttosto che esserne afflitti in modo che venga escluso di mezzo a voi colui che ha compiuto un'azione simile! [3]Ebbene, io, assente con il corpo ma presente con lo spirito, ho già giudicato, come se fossi presente, colui che ha compiuto tale azione. [4]Nel nome del Signore nostro Gesù, essendo radunati voi e il mio spirito insieme alla potenza del Signore nostro Gesù, [5]questo individuo venga consegnato a Satana a rovina della carne, affinché lo spirito possa essere salvato nel giorno del Signore".

"Devo introdurre una tematica comportamentale privata nella nostra comunicazione perché i problemi sono due: 1. un appartenente alla comunità dei discepoli di Gesù "convive con la moglie di suo padre"; 2. c'è un partito che si "gonfia di orgoglio" nel difendere questo comportamento, invece di addolorarsi e di espellere dalla comunità quella persona motivo di scandalo. Consideratemi presente anche se non fisicamente e il mio giudizio è che questa persona appartiene al progetto privato del nemico. Nella prospettiva del progetto originario dentro una comunità nella quale siamo in sintonia io e voi radunati, ma tutti all'interno del campo energetico del progetto originario stesso, dichiariamo che persone così appartengono al progetto privato del Nemico, che pensano secondo la mentalità vecchia, nella speranza che possa ricredersi e cambiare mentalità di fronte a questa rivelazione del progetto originario". (Riferimento *1Cor* 5, 1-5)

"[6]Non è bello che voi vi vantiate. Non sapete che un po' di lievito fa fermentare tutta la pasta? [7]Togliete via il lievito vecchio, per essere pasta nuova, poiché siete azzimi. E infatti Cristo, nostra Pasqua, è stato immolato! [8]Celebriamo dunque la festa non con il lievito vecchio, né con lievito di malizia e di perversità, ma con azzimi di sincerità e di verità. [9]Vi ho scritto nella lettera di non mescolarvi con chi vive nell'immoralità. [10]Non mi riferivo però agli immorali di questo mondo o agli avari, ai ladri o agli idolatri: altrimenti dovreste uscire dal mondo! [11]Vi ho scritto di non mescolarvi con chi si dice fratello ed è immorale o avaro o idolatra o maldicente o ubriacone o ladro: con questi tali non dovete neanche mangiare insieme. [12]Spetta forse a me giudicare quelli di fuori? Non sono quelli di dentro che voi giudicate? [13]Quelli di fuori li giudicherà Dio. *Togliete il malvagio di mezzo a voi!"*.

Dopo averne condannato il comportamento, ma dato al peccatore la possibilità di redimersi, Paolo passa al secondo problema, per cui si esce dalla questione personale e si passa ad un livello comunitario: "Non è bello che voi vi vantiate". Il comportamento del singolo era diventato la ideologia di un gruppo. Questo dimostra che nella comunità dei discepoli di Gesù molti sono ancora immersi nella mentalità della matrix. Per rendere efficace il suo ammonimento, Paolo si riferisce sia alla tradizione ebraica che a quella cristiana della Pasqua (probabilmente questa lettera è scritta nel periodo di preparazione alla Pasqua), sia alla polemica di Gesù contro il "lievito dei farisei". Paolo parte dalla evidenza fisica che il lievito, facendo fermentare la pasta, la fa "gonfiare": in questo senso, anche un solo pizzico di lievito fa "gonfiare" molta pasta. Paolo vuole dire che anche un solo caso di ideologia e di schiavitù della mentalità della matrix rovina ed inquina tutto il resto della comunità. Questa funzione del lievito, per cui anche una piccola quantità di esso è in grado di influire su tutto l'insieme, è utilizzato in senso positivo da Gesù come esempio del metodo del vangelo e del discepolato di Gesù: essi sono come un pizzico di lievito, piccoli e pochi, ma la loro presenza influenza in positivo tutta la comunità in cui sono inseriti. Ovviamente, questa dinamica vale anche in negativo, come in questo caso. Ma Paolo non si ferma a ribaltare l'azione del lievito, bensì procede evidenziando che c'è un "lievito vecchio" da cui bisogna liberarsi. Qui Paolo si riferisce al fatto che anche Gesù aveva messo in guardia i suoi discepoli dal "lievito dei farisei" (*Lc* 12, 1-4). Ma, mentre in quel contesto il *focus* polemico era la ipocrisia, cioè il "bipensiero ideologico" dei farisei, nel caso di Paolo la simbologia è più complessa e ricca, in quanto il *focus* polemico è l'orgoglio di una parte della cemunità che diventa una ideologia della matrix nel difendere un comportamento privato anomalo e scandaloso.

Il "vecchio lievito" rappresenta la vecchia mentalità, il vecchio principio di vita che dominava la mente prima di conoscere la comunità dei discepoli di Gesù: è simbolo della mentalità della matrix. Paolo, poi, riferendosi all'esodo degli ebrei dall'Egitto, vuole sottolineare che il vecchio lievito è la mentalità degli schiavi, dei sottomessi al dominio della mente e del corpo esercitato dal Faraone, simbolo della matrix. Infatti, dice subito dopo che chi appartiene alla comunità dei discepoli di Gesù è una "pasta nuova", una creatura nuova. Poi, introduce il termine "azzimi"; "poiché siete azzimi". Il pane azzimo era il pane senza lievito che, in memoria dell'esodo, gli ebrei mangiano per una settimana a Pasqua. Su questo punto l'insegnamento biblico, diventato poi rito, è duplice: 1. il pane senza lievito da mangiare per sette giorni; 2. "togliere ogni lievito dalle vostre case". "Perché il normale pane dove essere sostituito dalle azzime ovvero da pane non lievitato durante questo periodo? La spiegazione si trova in *Dt* 16, 3 in cui è detto di **mangiare "pane azzimo, *pane d'afflizione*, poiché uscisti in fretta dal paese d'Egitto, affinché per tutta la vita ti ricordi del giorno che uscisti dal paese d'Egitto".** Il pane non lievitato doveva far ricordare ogni anno agli ebrei che essi erano partiti in fretta dall'Egitto, tanto che non ebbero il tempo di far lievitare il pane: "Il popolo portò via la sua pasta prima che fosse lievitata; avvolse le sue madie nei suoi vestiti e se le mise sulle spalle" (*Es* 12, 34). Il pane non lievitato rammentava l'afflizione e la schiavitù da cui erano stati liberati da Dio. Dovevano rendersi conto e riconoscere, non dimenticandolo, che la loro libertà (personale e nazionale) la dovevano a Dio". (https://www.biblistica.it/wordpress/?page_id=831)

Il riferimento all'azzimo è, dunque, un riferimento alla fretta in cui si svolse la fuga: ciò significa memoria della precarietà e del pericolo in cui ci si trova quando ci si deve liberare dalla matrix. Si è sempre in una situazione di sospensione e di fragilità, in cui si percepisce la propria dipendenza dal progetto originario. Paolo ricorda al discepolo di Gesù che egli vive in questa situazione precaria se vuole liberarsi. Il secondo insegnamento riguarda il togliere il lievito vecchio dalle proprie case. "Ora si noti come prosegue *Es* 12 al v. 15: "**Per sette giorni mangerete pani azzimi**. Fin dal primo giorno toglierete ogni lievito dalle vostre case; perché, chiunque mangerà pane lievitato, dal primo giorno fino al settimo, sarà tolto via da Israele"." Ed ancora: "Per sette giorni non si trovi lievito nelle vostre case, perché chiunque mangerà qualcosa di lievitato, sarà eliminato dalla comunità d'Israele, sia egli straniero o nativo del paese". – *Es* 12, 19. (*Ibidem*) Il riferimento agli azzimi, dunque, per Paolo, estremamente pregnante, perché tutti gli ex ebrei della comunità di Corinto a cui si rivolgeva sapevano benissimo che era loro richiesto di liberarsi completamente dalla mentalità della matrix, visto che è questo il significato di una settimana a pane azzimo e di pulizia della propria casa da ogni tipo di lievito vecchio. A questo punto diventa chiaro quella che Paolo vuole dire ai discepoli di Gesù di Corinto.

"Non è secondo lo spirito del progetto originario che vi "gonfiate" di vanto nel difendere chi ha un comportamento privato inappropriato: infatti, basta anche un pizzico di vecchia mentalità per inquinare tutta la comunità, come fa poco lievito per tutta la pasta. Come ci esorta la Scrittura mentre ci prepariamo alla Pasqua imminente, buttiamo via dalla nostra comunità ogni residuo di mentalità vecchia, per essere persone nuove, senza influssi del vecchio modo di pensare tipico della matrix. Noi celebriamo una Pasqua completamente nuova nella quale l'agnello immolato in Egitto è stato sostituito dallo stesso Dio che aveva liberato il popolo a quel tempo. Buttiamo via ogni fermento di malizia e perversità e viviamo con uno stile di vita basato sulla sincerità e sulla verità. Non vi ho detto di non mescolarvi con coloro che vivono nella mentalità della matrix fuori della comunità dei discepoli di Gesù, ma di non mescolarvi con quelli che vivono nella mentalità della matrix all'interno della comunità. I comportamenti di costoro sono improntati a mancanza di pudore, ad avarizia, alla tendenza al furto ed alla idolatria, cioè alla ideologia religiosa: ma questi uomini sono dentro alla comunità, altrimenti vi avrei detto di uscire dalla terra! Infatti vi ho detto di non mescolarvi con quelli che hanno questa mentalità dichiarandosi discepolo di Gesù ed è esattamente come tutti gli altri che sono nella matrix: senza pudore, avaro, ideologico, calunniatore, beone e avvinazzato, ladro: con questi falsi discepoli di Gesù non dovete neanche sedervi a tavola insieme. Non sto giudicando quelli fuori della comunità cosa che non spetta a me giudicare ma a Dio, ma sono i sedicenti discepoli di Gesù all'interno della comunità che bisogna criticare, seguendo la Scrittura: *"Togliete il malvagio di mezzo a voi"*. State bene." (Riferimento *1Cor* 5, 6-13)

Prima lettera ai Corinzi – Capitolo 6

Nel capitolo sesto Paolo affronta altri due problemi della comunità di Corinto: 1. per ottenere giustizia un membro della comunità si è rivolto ai giudici non credenti; 2. uno o più membri della comunità hanno frequentato la comunità delle etere di Corinto. Secondo Paolo questi fatti mostrano che la mentalità vecchia è ancora molto influente all'interno della comunità dei discepoli di Gesù e interviene con forza per chiarire i criteri nuovi con cui affrontare queste situazioni. Prendiamo in considerazione il primo problema: vedremo come Paolo porti tutto all'interno del criterio nuovo che essere discepoli di Gesù ha introdotto e incita a trarne tutte le conseguenze.

"**1**Quando uno di voi è in lite con un altro, osa forse appellarsi al giudizio degli ingiusti anziché dei santi? **2**Non sapete che i santi giudicheranno il mondo? E se siete voi a giudicare il mondo, siete forse indegni di giudizi di minore importanza? **3**Non sapete che giudicheremo gli angeli? Quanto più le cose di questa vita! **4**Se dunque siete in lite per cose di questo mondo, voi prendete a giudici gente che non ha autorità nella Chiesa? **5**Lo dico per vostra vergogna! Sicché non vi sarebbe nessuna persona saggia tra voi, che possa fare da arbitro tra fratello e fratello? **6**Anzi, un fratello viene chiamato in giudizio dal fratello, e per di più davanti a non credenti! **7**È già per voi una sconfitta avere liti tra voi! Perché non subire piuttosto ingiustizie? Perché non lasciarvi piuttosto privare di ciò che vi appartiene? **8**Siete voi invece che commettete ingiustizie e rubate, e questo con i fratelli! **9**Non sapete che gli ingiusti non erediteranno il regno di Dio? Non illudetevi: né immorali, né idolatri, né adulteri, né depravati, né sodomiti, **10**né ladri, né avari, né ubriaconi, né calunniatori, né rapinatori erediteranno il regno di Dio. **11**E tali eravate alcuni di voi! Ma siete stati lavati, siete stati santificati, siete stati giustificati nel nome del Signore Gesù Cristo e nello Spirito del nostro Dio".

"Quando c'è tra di voi un contenzioso, vi rivolgete prima alla comunità o alla società? Sapete che la giustizia sociale è ispirata a criteri di progetto privato ed essa difende chi è più forte e non si ispira a criteri di uguaglianza, anche se a parole dice così, ispirata com'è al bipensiero e all'ipocrisia. Non è stato dimostrato ampiamente questo dal processo a Gesù nel quale sia la giustizia della matrix ebraica che quella pagana dei romani hanno mostrato la loro faziosità e falsità? Quella finta giustizia non ci appartiene perché è basata sulla ipocrisia e sul bipensiero ideologico che difende gli interessi del progetto privato. Noi che siamo discepoli di Gesù abbiamo conosciuto una giustizia completamente diversa: siamo noi che giudichiamo la matrix e non viceversa! E se questo è vero, perché mettiamo le nostre liti nelle mani dei giudici ottusi e perversi della matrix? Se il nostro criterio di giustizia è quello del progetto originario, quanto più sapremo giudicare le cose quotidiane di questa vita! Smettetela di affidarvi ai giudici della matrix se avete delle questioni tra di voi: recatevi da qualche persona saggia all'interno della comunità: o forse non c'è nessuno tra di voi che abbia questo requisito e che possa fare da arbitro giusto tra membri della comunità dei discepoli di Gesù? Già è qualcosa di molto anomalo che un discepolo litighi con un altro discepolo; ma in sovrappiù questi discepoli si rivolgono ad un giudice della matrix per avere giustizia? "È già per voi una sconfitta avere liti tra voi!" Riprendo l'insegnamento di un grande pensatore precedente alla nostra comunità di discepoli de Gesù, Socrate che diceva: "E' meglio subire ingiustizia che commetterla" (si tratta del secondo "paradosso socratico"); ma lo diceva anche Gesù: "porgi l'altra guancia". Voi, invece, commettete ingiustizie e rubate all'interno della comunità dei discepoli di Gesù! Questo comportamento denota che alcuni di voi sono ancora totalmente schiavi della mentalità della matrix e questi non potranno mai entrare nella prospettiva del progetto originario, se non sono disposti a cambiare mentalità. "Non illudetevi: né immorali, né idolatri, né adulteri, né depravati, né sodomiti, né ladri, né avari, né ubriaconi, né calunniatori, né rapinatori" potranno mai appartenere veramente alla comunità dei discepoli di Gesù. Alcuni di voi eravate così e vi comportavate così, ma siete stati purificati, salvati e cambiati dall'incontro con la figura di Gesù, inviato per riaprirci la relazione con il nostro progetto originario. State bene". (Riferimento *1Cor* 6, 1-11)

Passando ora al secondo problema affrontato in questo capitolo, Paolo prende posizione rispetto al fatto che alcuni membri della comunità hanno frequentato la fiorente comunità di etere presente a Corinto e alcuni della comunità dei discepoli di Gesù si sono scandalizzati di questo comportamento. Colpisce il fatto che la reazione di Paolo non sia così veemente come nelle altre problematiche affrontate e come ci aspetteremmo su un caso di comportamento privato anomalo come quello affrontato all'inizio della lettera. Cercheremo di capire perché. Più che inveire stigmatizzando duramente il comportamento in questione, Paolo sembra volere stabilire dei criteri generali lasciando, poi, alle persone la libertà nella loro applicazione.

"**12**«Tutto mi è lecito!». Sì, ma non tutto giova. «Tutto mi è lecito!». Sì, ma non mi lascerò dominare da nulla. **13**«I cibi sono per il ventre e il ventre per i cibi!». Dio però distruggerà questo e quelli. Il corpo non è per l'impurità, ma per il Signore, e il Signore è per il corpo. **14**Dio, che ha risuscitato il Signore, risusciterà anche noi con la sua potenza. **15**Non sapete che i vostri corpi sono membra di Cristo? Prenderò dunque le membra di Cristo e ne farò membra di una prostituta? Non sia mai! **16**Non sapete che chi si unisce alla prostituta forma con essa un corpo solo? *I* *due* – è detto – *diventeranno una sola carne.* **17**Ma chi si unisce al Signore forma con lui un solo spirito. **18**State lontani dall'impurità! Qualsiasi peccato l'uomo commetta, è fuori del suo corpo; ma chi si dà all'impurità, pecca contro il proprio corpo. **19**Non sapete che il vostro corpo è tempio dello Spirito Santo, che è in voi? Lo avete ricevuto da Dio e voi non appartenete a voi stessi. **20**Infatti siete stati comprati a caro prezzo: glorificate dunque Dio nel vostro corpo!"

"Mi viene riferito che qualcuno di voi frequenta la comunità di etere (devote di Afrodite) presenti a Corinto e mi giustificate questo dicendo che «Tutto mi è lecito!».

1. Io dico che è vero: per un cristiano, di per sé, è tutto lecito se lo fa dentro la prospettiva della mentalità nuova del discepolo di Gesù e non nella prospettiva della matrix (primo criterio). Lo dice anche Agostino: "Ama e fa' ciò che vuoi", perché chi ama veramente secondo la prospettiva del progetto originario ha veramente la libertà dei figli di Dio, di cui parla Gesù. Anche Manzoni ricorda che *"Omnia munda mundis"*: che per i puri di cuore ogni cosa è pura: anche questo è un altro modo per esprimere il cambiamento che avviene diventando discepoli di Gesù: ogni cosa viene vista in modo diverso rispetto alla matrix (e, quindi, appare pura, laddove la matrix vi vede malizia) perché viene vista secondo la prospettiva del progetto originario. Dunque, non mi oppongo a questo principio che è il principio genuino della libertà dei discepoli di Gesù, ma visto che, dal punto di vista pratico, può creare dei problemi e dei fraintendimenti all'interno della comunità dei discepoli di Gesù, ritengo opportuno fissare dei criteri generali a cui mi sembra conveniente attenersi, in quanto corollari della mentalità nuova del progetto originario.

Essi sono:

2. E' vero, tutto è lecito per il discepolo di Gesù, ma non tutto giova (secondo criterio). La liceità non coincide con la convenienza e l'utilità. Alcuni comportamenti, seppure leciti, possono essere non opportuni o poco utili. Frequentare le etere di Corinto può benissimo non essere una cosa illecita, ma può non essere opportuna, soprattutto se dà adito a denigrazioni come quella di considerarle alla stregua di prostitute, ancorché sacre. Io lo so che non lo sono, ma non tutti possono avere questa capacità di distinzione. Pertanto, direi che sarebbe meglio sviluppare quel tipo di emancipazione delle donne all'interno della vostra

comunità dei discepoli di Gesù e che il messaggio che le etere portano nel mondo contemporaneo sia assunto dalle donne discepole di Gesù, senza però assumere la mentalità della matrix che, almeno in parte, anche le etere assumono. Insomma, raccogliete la sfida di queste donne e fate evolvere la concezione della donna nella comunità dei discepoli di Gesù, affinché sviluppi tutte le caratteristiche presenti nella potenza femminile; del resto, abbiamo degli esempi stupendi di questo all'interno del gruppo delle donne che sono diventate discepole di Gesù, come Maria di Magdala, la "donna del nardo", ecc..: queste sono le nostre etere, il modello di donna che dobbiamo coltivare all'interno della comunità dei discepoli di Gesù , magari prendendo il buono che la comunità di etere di Corinto ci può dare, "vagliando tutto e trattenendo il valore", come dice Pietro.

3. Il terzo criterio è che, accanto al "tutto è lecito per il discepolo di Gesù ", c'è la condizione, però, che non mi lasci dominare da ciò che dichiaro lecito. Se mi domina imita la matrix: il progetto originario libera, non domina mai. Dunque, se mi lascio sequestrare, vuol dire che sono ancora dentro l'influsso del potere sociale. La ideologia ha questo carattere totalizzante ed autoreferenziale: si è risucchiati dentro una bolla e se ne diventa prigionieri. Il discepolo di Gesù, invece, è totalmente libero, perché è tutto proteso al progetto originario e si è liberato dalla matrix.

4. Passando ad un altro problema, voi dite: «I cibi sono per il ventre e il ventre per i cibi!». Cioè, intendete dire che la materia ha il suo nutrimento e il corpo ha il suo cibo di cui ha bisogno. State, cioè, sottilmente separando il corpo dal suo progetto originario e dal suo principio di vita e di conoscenza? Il fatto che abbiamo un corpo non è né un impedimento al nostro procedere nel progetto originario né è la fine di questo itinerario. Il corpo è una via e uno strumento e non un assoluto in se stesso: è collegato con tutto ciò che lo circonda e la sua materialità non è scollegata dalla energia che lo alimenta e continuamente si trasforma in essa. Se ricordate con quella frase la materialità, ebbene, non dimenticate l'energia che è strettamente connessa con la materia corporea. Del resto il dionisiaco corporeo è strettamente legato con l'apollineo spirituale. Nella prospettiva del progetto originario non esiste una concezione assoluta del corpo, del cibo, del ventre, ma ogni aspetto assume il suo posto come parte in armonia con il tutto. Dobbiamo allargare il concetto di nutrimento: il nutrimento della materia non è solo la materia, ma qualcosa di materiale unito a qualcosa di energetico, spirituale. Dunque,

quando si parla di cibi per il corpo, si deve intendere anche la parte energetica e spirituale del nutrimento e non solo quella riduttivamente materiale.

5. "Il corpo non è per l'impurità, ma per il Signore, e il Signore è per il corpo". Sottolineo che non di impurità rituale si tratta: dunque, come ha detto Gesù, nel corpo non c'è niente di intrinsecamente impuro, perché, se viene visto nella prospettiva corretta che è quella del progetto originario, esso è uscito dalle mani del creatore e Dio non può avere fatto qualcosa di intrinsecamente cattivo e impuro. Per questo dico che ogni cosa che c'è nel corpo, se viene vista nella prospettiva del progetto originario, è originaria, dunque positiva e perfetta: il corpo esprime il progetto originario e appartiene ad esso: entrambi si richiamano a vicenda. Tutto cambia se si vede il corpo dalla prospettiva della matrix: allora il corpo diviene prigione dell'anima, oppure, all'opposto, l'anima diviene nemica del corpo: spirito e corpo vengono messi in competizione e divisi tra loro. E' l'opera della matrix che, dividendo, vuole dominare il corpo e depotenziare lo spirito, mentre è quando spirito e corpo sono uniti, come nel progetto originario, che trasmettono all'uomo tutta l'energia cosmica.

6. "Dio, che ha risuscitato il Signore, risusciterà anche noi con la sua potenza". La stessa rigenerazione di vita nuova nel presente che ha caratterizzato Lui caratterizzerà anche i discepoli di Gesù se rimarranno nella prospettiva del progetto originario. Non bisogna proiettare **solo** nell'aldilà dopo la morte questa rigenerazione, ma noi possiamo realizzare questa rigenerazione in ogni aldilà che possiamo sperimentare anche prima della morte.

7. "Non sapete che i vostri corpi sono membra di Cristo?": il corpo appartiene al progetto originario e non al progetto privato. Non lasciate che la matrix si impossessi del vostro corpo.

8. "Prenderò dunque le membra di Cristo e ne farò membra di una prostituta? Non sia mai! ": se fosse vero che la comunità delle etere di Corinto è una comunità di prostitute sacre, non sarebbe concepibile che un discepolo di Gesù adotti questo comportamento, perché la sacralizzazione della sessualità, o meglio la sacralizzazione del linguaggio del corpo, dell'*eros* e della *libido* che avviene nella comunità dei discepoli di Gesù è completamente diversa da quella che si pratica nella cosiddetta,

in modo denigratorio, "prostituzione sacra". In realtà, si tratta di ben altra cosa e cioè non di prostituzione sacra ma della comunità di etere presenti a Corinto: ma è meglio essere molto prudenti perché, come ci fa pensare quello che dice Strabone, è molto facile cadere nella tentazione di concepire queste etere come prostitute. Noi dobbiamo stare molto attenti, perché niente nel corpo può essere venduto e comprato, perché il corpo è possesso del divino, il corpo non ha prezzo, non è commerciabile e, tanto meno, il suo linguaggio, il linguaggio dell'*eros* e del piacere.

9. "Non sapete che chi si unisce alla prostituta forma con essa un corpo solo? *I due* – è detto – *diventeranno una sola carne*". Avere un rapporto sessuale non è come mangiare una mela: il linguaggio del corpo, dell'*eros* e della *libido* ha un suo profondo mistero che va conosciuto e rispettato. Nel rapporto sessuale si crea una fusione dei corpi che ricrea la unità originaria, il progetto originario, perché la via della generazione e della nascita (il coito attraverso cui ci può essere un concepimento) è la via della nostra origine, cioè della vita intrauterina e, dunque, della nostra esperienza edenica e paradisiaca, cioè del progetto originario. Dunque, un coito non sarà mai come soddisfare un qualsiasi altro bisogno, perché esso ha un rapporto del tutto speciale con l'origine di tutti noi. In particolare, il coito realizza una unione originaria totale che ripercorre quella della nostra origine. Pertanto, non può mai essere sottoposto ad un regime di pagamento.

10. "Ma chi si unisce al Signore forma con lui un solo spirito". Lo stesso avviene quando ci connettiamo al divino e rigeneriamo con la vita all'interno della comunità dei discepoli di Gesù la stessa unità originaria con il mistero dal quale proveniamo. Questa unità noi la sperimentiamo ogni volta che due o tre discepoli di Gesù si mettono d'accordo per chiedere qualcosa al progetto originario e là dove due o tre discepoli di Gesù sono uniti nel suo nome Lui è in mezzo a loro.

11. "State lontani dall'impurità! Qualsiasi peccato l'uomo commetta, è fuori del suo corpo; ma chi si dà all'impurità, pecca contro il proprio corpo". L'impurità è usare il corpo contro il progetto originario: le altre trasgressioni riguardano le relazioni con gli altri, ma le trasgressioni del progetto originario del corpo si volgono contro il corpo stesso e dunque contro il progetto originario insito in esso.

12. "Non sapete che il vostro corpo è tempio dello Spirito Santo, che è in voi? Lo avete ricevuto da Dio e voi non appartenete a voi stessi". Nel corpo è presente il progetto originario: dunque imparatene il linguaggio, il linguaggio del corpo, dell'*eros* e della *libido*. In questo linguaggio è presente, anche se nascosto e spesso confuso dalla matrix, il Principio stesso della Vita e della Conoscenza. Voi, che appartenete alla comunità dei discepoli di Gesù, lo avete ricevuto in abbondanza, avete ricevuto le chiavi di interpretazione di questo linguaggio.

13. "Infatti siete stati comprati a caro prezzo: glorificate dunque Dio nel vostro corpo!": queste chiavi sono costate la vita e il sacrificio a Gesù e, dunque, non sprecate questo dono che vi è stato fatto. Nel vostro corpo si manifesta l'energia e la potenza del Progetto Originario: dunque, sviluppate tutte le potenzialità immesse nel vostro corpo non con i criteri oppressivi della matrix ma con quelli liberatori del Progetto Originario. State bene". (Riferimento *1Cor* 6, 12-20)

Prima lettera ai Corinzi – Capitolo 7

"Cari amici, mi avete chiesto se nella comunità dei discepoli di Gesù si può trattare la donna come la considerano gli ebrei o come la considerano i non cristiani: io vi rispondo né l'uno né l'altro. La donna non dovete proprio manipolarla, né considerarla un oggetto di vostra proprietà, né uno strumento per i vostri scopi. La donna, proprio, non dovete "toccarla" in questo senso, cioè oggettivizzarla, né dovete profanarla, né desacralizzarla. La vera immoralità è proprio questo: profanare la potenza femminile e sottometterla con l'umiliazione e la frustrazione sotto il potere maschile, come fanno sia gli ebrei che i pagani, pur con motivazioni diverse. La vera moralità che il discepolo di Gesù persegue è venerare il linguaggio del corpo, dell'*eros* e della *libido* sia del maschile che del femminile ed essere fedeli al nesso dell'*eros* che si crea tra i due *partner* che chiamiamo marito e moglie.

Ognuno ascolta il linguaggio del corpo, dell'*eros* e della *libido* dell'altro e viceversa: ognuno dona se stesso e dà in questo modo quello che l'altro o l'altra chiede. Dare alla moglie quello che è dovuto da parte del marito significa realizzare quello che il linguaggio del corpo, dell'*eros* e della *libido* suggerisce come dono e gratuità. Se la moglie ha esigenze di coccole, di attenzione, di cura, di tenerezza, di stima, di affetto, di dolcezza, di amorevolezza, è compito del marito prendersi cura di queste esigenze e, viceversa, è compito della donna dare al marito ciò di cui ha bisogno nel campo del linguaggio del corpo, dell'*eros* e della *libido*. In un rapporto d'amore che si decide liberamente di intraprendere, i due decidono di non essere più i padroni esclusivi del proprio corpo, anzi, si decide proprio reciprocamente di espropriarsene per donarlo all'altro/a. Questo è scritto nel progetto originario del linguaggio del corpo, dell'*eros* e della *libido*. Ciò significa che il desiderio del mio corpo non appartiene a me, ma al mio partner: significa che cerco di ascoltare il linguaggio del corpo, dell'*eros* e della *libido* del mio *partner* come io ascolto il linguaggio del corpo, dell'*eros* e della *libido* del mio corpo. C'è uno scambio di linguaggi del corpo, dell'*eros* e della *libido* e di corpi: detto in un altro modo, due corpi diventano un'unica entità tutta unita. Due *eros* e due corpi diversi si sintonizzano in modo talmente potente e profondo che diventano un unico linguaggio.

In questa logica non esiste rifiuto, ma solo l'ascolto del desiderio e del bisogno dell'altro in modo reciproco: i due linguaggi danzano in sintonia come se fossero due danzatori di tango in cui ognuno ascolta il ritmo dell'altro ed insieme si fondono in unico movimento di danza. Questo non significa che ognuno non abbia bisogno del proprio tempo per ritrovare i propri ritmi cosmici con il proprio corpo e con la natura. Dunque, è normale che ognuno prenda del tempo per ascoltare il proprio linguaggio del corpo, dell'*eros* e della *libido* separatamente e per mettersi in connessione con il Tutto tramite la preghiera e la meditazione. Può, infatti, accadere benissimo che questi momenti di avvicinamento e di distacco dei due linguaggi si alternino periodicamente, proprio per permettere loro di arricchirsi, di ricaricarsi, di abbeverarsi ognuno diversamente alla fonte cosmica del proprio desiderio, così che quando questa energia del desiderio è arrivata al massimo, i due linguaggi, come dice Thérèse Hargot, si re-incontrino e si riavvicinino nuovamente, comunicandosi e nutrendosi reciprocamente dell'energia che ognuno è andato, nel frattempo, a "rubare" al cosmo per donarla al *partner*. Cercate che il Nemico non si insinui in questa armonia dei vostri linguaggi, tramite una debolezza che è comune: il non sapere aspettare. Nel linguaggio del corpo, dell'*eros* e della *libido* c'è un'unica limitazione al desiderio: aspettare l'armonia. Ci deve essere l'armonia, anche a costo di aspettare. Come in un'orchestra bisogna aspettare che tutti gli strumenti siano accordati, così nel linguaggio del corpo, dell'*eros* e della *libido* di due *partner* bisogna aspettare che la propria energia si accordi con quella dell'altro, occorre che i tempi ed i ritmi siano conosciuti ed attesi reciprocamente. Ciò può costare il sacrificio di trattenersi e di aspettare che anche l'altro acquisti l'energia ed il ritmo necessario perché i due linguaggi comincino a vibrare, oscillare, danzare insieme.

Non voglio creare in questo un nuovo prontuario di regole come ha fatto il rabbinismo in *Levitico* e via dicendo. Vi farei passare disgraziatamente dalla padella alla brace. Così, amici, non vi impongo nessun comando, perché nel linguaggio del corpo, dell'*eros* e della *libido* non esistono protocolli e procedure, regole e formule da applicare. Esiste solo una unica legge: la condiscendenza, cioè la armonizzazione volontaria e libera dei reciproci desideri e dei reciproci linguaggi. Questo è quello che sta scritto nel progetto originario inscritto dal Tutto in quell'Eden primordiale che è la vita intrauterina che ognuno di noi ha avuto. Io sono completamente dedito alla predicazione e, quindi, ho deciso di orientare il mio linguaggio del corpo, dell'*eros* e della *libido* verso il divino come un bonzo, un monaco e di sublimarlo totalmente nel rapporto con il progetto originario ed in funzione della missione che mi è stata affidata. Ma io sono un caso speciale e non posso pretendere che per tutti sia così. Sarebbe bello che tanti fossero come me, ma ognuno riceve il linguaggio del corpo, dell'*eros* e della *libido* come dono da Dio in modo diverso dagli altri ed è giusto così. State bene". (Riferimento *1Cor* 7, 1-7)

Adesso Paolo dedica diverse righe alle situazioni "limite" più problematiche in merito alla gestione del linguaggio del corpo, dell'*eros* e della *libido*, diciamo, "in emergenza". Anche le situazioni particolari vanno affrontare nella prospettiva del progetto originario e così fa Paolo. Bisogna solo ricordare che non si tratta di situazioni normali da estendere a tutti. Se uno non è sposato, a questi Paolo consiglia di rimanere tale. Perché? Anche lui lo è. Ma noi diremmo: non può essere una buona ragione, perché ognuno ha una sua vocazione. Qui Paolo evidenzia un certo disagio di fronte al linguaggio del corpo, dell'*eros* e della *libido* normale, nonostante le cose stupende che ha detto nei versetti precedenti, veramente ispirati al progetto originario. Qui sembra subire, da una parte, un rigetto verso la pratica del matrimonio nella società non cristiana e, dall'altra, la stratificazione anche in lui della mentalità ebraica che considera il matrimonio **solo** o prevalentemente un rimedio contro la "concupiscenza", cioè al linguaggio del corpo, dell'*eros* e della *libido* stesso, nella sua essenza: "meglio sposarsi che bruciare di desiderio sessuale". Qui, proprio, non ci siamo, caro Paolo, perché non può essere che il rimedio al LICEL (LInguaggio del Corpo, dell'E*ros* e della *Libido)* sia il LICEL, cioè che il rimedio della concupiscenza, che è una forma del LICEL, sia il matrimonio, che è il LICEL stesso. Il LICEL non è rimedio a nulla, ma una espressione originaria del corpo inventata da Dio e il matrimonio non ripara a nulla, altrimenti vuol dire che il LICEL rimedia o ripara al LICEL. E' evidentemente contraddittorio. A meno che Paolo non intenda il matrimonio come una gabbia sociale, un contratto con cui la società ingessa il LICEL per controllarlo ed immetterlo in un alveo di parametri accettabili dalla matrix, il matrimonio come uno strumento della matrix. Paolo rischia di scivolare su questa china. (Riferimento *1Cor* 7, 8-9)

Nei versetti 10-11 Paolo parla di separazione, ripudio, divorzio, sempre problematiche al limite, con linguaggio giuridico, improvvisandosi dottore della Legge, lui che i dottori della Legge li detesta visceralmente. Ma nella comunità emergono questi problemi ed a Paolo venivano posti. E' il paradosso che nasce dal fatto di non rivolgersi a giudici esterni alla comunità dei discepoli di Gesù: va a finire che il predicatore diventa un esperto universale anche in campo giuridico. I versetti 12-16 sono molto interessanti, perché in essi Paolo si confronta con la propria ex-matrix ebraica che proibisce matrimoni con gli "infedeli". Qui Paolo torna ad essere il disobbediente che conosciamo ed amiamo. Non è il fatto che il *partner* sia "infedele" che rende impuro il credente, ma, viceversa, è il credente che può aiutare il non credente ad aprirsi al progetto originario. Ma anche in questo senza automatismi: come non c'è impurità automatica se un/a credente sposa un/a non credente, così non c'è conversione e purificazione automatica nello stesso caso: la purezza non dipende da un rito, ma da un cambiamento della mente. Il versetto 15 tratta di un'altra pessima usanza ebraica: in caso di separazione illegittima il fratello o la sorella erano soggetti a schiavitù. Questa orribile pratica è abolita correttamente da Paolo. D'altra parte, non è il credente che salva il non credente, coniuge o *partner* che sia, ma è il dono di Dio, come Paolo sottolinea al versetto 16.

Dal versetto 17 al versetto 21 Paolo trasferisce questo giudizio nella situazione degli ebrei convertiti: non conta più nulla la circoncisione o la non circoncisione, perché il progetto originario non dipende da un rito, ma da una grazia che investe e da una mentalità che cambia. Lo stesso dicasi per la condizione schiavo/libero, una problematica tipica del mondo pagano: non conta la condizione sociale. Paolo non è un rivoluzionario sociale, politico, giuridico: è un disobbediente religioso. E' un conservatore dal punto di vista sociale e ordina che ognuno rimanga nella condizione in cui era quando è stato investito dall'evento che lo ha reso discepolo di Gesù. Ciò che rende liberi o schiavi è il rapporto che si ha con il progetto originario: si è liberi se si è dentro il progetto originario, si è schiavi se si è estranei al progetto originario, perché si viene inevitabilmente risucchiati dentro la matrix. Il discepolo di Gesù è stato liberato a prezzo altissimo, infinito e non ha senso, quindi, che si renda schiavo della matrix.

Nella rassegna delle problematiche "estreme", dal versetto 25 al versetto 28, Paolo tratta il problema delle giovani vergini non sposate che desiderano fidanzarsi. Paolo vive con angoscia il suo momento presente ("a causa delle presenti difficoltà"), perché è braccato dai nemici, soprattutto quelli interni alla comunità dei discepoli di Gesù e, dunque, pensa che il matrimonio ed il LICEL siano l'ultima cosa a cui si deve pensare in una situazione di emergenza. Ma Paolo pensa come un chiamato alla vita monastica e vede tutto da questo punto di vista. Egli consiglia di non sposarsi perché sente di essere come in guerra: "il tempo si fa breve" (v. 29) e "passa la scena di questo mondo" (v. 31): Paolo vive in una prospettiva escatologica, come se si dovesse avverare ora o di lì a poco. Ma, comunque, suggerisce un criterio che potrebbe essere il criterio del progetto originario all'interno della società creata dal progetto privato: "come se non". Quello che viviamo è provvisorio e collochiamolo nella prospettiva del progetto originario: viviamo nella matrix, ma viviamo come se fossimo nella prospettiva del progetto originario. Ecco una splendida definizione della comunità di resistenza e di rinascita spirituale: vivere intensamente il reale, ma illuminandolo dal punto di vista di una prospettiva originaria, come se non fosse dominio della matrix, anche se le apparenze vanno in direzione opposta. Il discepolo di Gesù vive tutto in questa sospensione tra una intensità totale in cui vive il presente ed una prospettiva eterna e di assoluta originarietà. (Riferimento *1Cor* 7, 25-32)

Il pensiero non interessato al linguaggio del corpo, dell'*eros* e della *libido* nasce in Paolo da questa prospettiva escatologico-apocalittica "emergenziale", da questo "risucchio" verso l'aldilà che Nietzsche, ad esempio, rifiuta radicalmente e capovolge totalmente. Su questo, Paolo e Nietzsche divergono completamente: ma anche Nietzsche non è riuscito a vivere il linguaggio del corpo, dell'*eros* e della *libido* originariamente ed ha vissuto come un profeta laico; neanche Pasolini è riuscito a vivere il suo linguaggio del corpo, dell'*eros* e della *libido* naturalmente ed è stato un profeta tragico. Paolo, Pasolini e Nietzsche condividono questa tragicità, però ci insegnano come salvarci.

I versetti che vanno dal 33 al 40 riflettono sulle varie vocazioni in rapporto al progetto originario. Sappiamo che, per Paolo, è avvantaggiato chi non si sposa, perché è meno distratto dall'amare il progetto originario. E' il fondamento della vita consacrata. Invece, la donna e l'uomo che si sposano sono preoccupati di compiacere al *partner* e sono più facilmente fuorviati e risucchiati nella matrix. Lo stesso se un padre ha una figlia vergine da maritare, fa bene se la fa sposare, ma fa meglio se non la dà in sposa. E' chiaro il carattere utopico della riflessione di Paolo, tutta protesa verso l'aldilà dal potente "risucchio" degli ultimi tempi, del "tempo che si fa breve" e della "figura di questo mondo che passa". E' difficile conciliare questo utopismo escatologico con l'iperattivismo evangelizzatore di Paolo, come se l'incontro con Gesù bloccasse i progetti; ma Paolo elabora continuamente nuovi progetti di viaggi e di predicazioni. Dunque, l'utopismo di Paolo è simbolico: vivi "come se non", gioisci "come se non", lavora "come se non"... Cioè vivi, gioisci e lavora non per il vivere, il gioire e il lavorare in se stessi, ma per l' "oltre" che essi portano in sé, per l'aldilà che essi portano inscritto nel loro progetto originario.

Prima lettera ai Corinzi – Capitolo 8

Nella vicenda del cibarsi delle carni sacrificate agli idoli di cui si tratta in questo capitolo, ancora una volta a Corinto si scontrano due tendenze o partiti, quello dei cristiani convertiti dall'ebraismo e quello dei convertiti dal paganesimo: quello di origine ebraica vede in questo cibarsi una forma di idolatria, di cedimento al paganesimo. In realtà, gli ex ebrei trasferiscono nella comunità dei discepoli di Gesù le loro ancestrali ossessioni sulla purezza rituale e sulle contaminazioni derivanti da gesti ed oggetti, non capendo che la purezza viene dall'amore di Dio (si diventa puri amando Dio) e non viceversa (si può amare Dio quando si è puri). L'altro partito è, all'opposto, il partito del "Tutto mi è lecito", perché è quello di chi ha la libertà perché ha capito la verità, a differenza degli ebrei ed ex ebrei che non hanno capito e sbagliano. Questa volta Paolo spezza una lancia a favore degli ex ebrei, considerati come le persone che hanno la fede più debole. "Badate che questa vostra libertà non diventi occasione di caduta per i deboli" (v. 9). La libertà non può essere sbandierata senza carità ed amore e, quindi, i comportamenti devono essere rispettosi anche di chi non ha capito e non devono scandalizzarli troppo. Non deve accadere che per la tua conoscenza vada in rovina un debole (v. 11). Paolo dice che non è un pezzo di carne che si mangia che determina il nostro atteggiamento verso il progetto originario: "Non sarà certo un alimento ad avvicinarci a Dio" (v. 8). Ma questo non tutti lo riescono a capire, a causa della loro mentalità pregressa, anche se sono diventati discepoli di Gesù. Ma sapere di essere dalla parte giusta non deve essere un'arma usata contro chi è più debole e non riesce ancora a comprendere. La conoscenza senza amore, infatti, distrugge, perché riempie di orgoglio. Pretendere di sapere è sapere in modo sbagliato: qui Paolo è socratico al 100%: "Se qualcuno crede di conoscere qualcosa non ha ancora imparato come bisogna conoscere" (v. 2). La chiave della vera conoscenza è, invece, riceverla dal progetto originario: "Chi, invece, ama Dio è da lui conosciuto" (v. 3)

Noi sappiamo che gli idoli non esistono e, quindi, non possono contaminare il cibo, ma esistono le ideologie che sono il sostituto degli idoli, cioè pensieri, idee, conoscenze che diventano sostitutive del progetto originario. Questo è quello che veramente contamina e possono essere contaminati anche coloro che credono di essere immuni dalle superstizioni (come quella di avere paura di contaminarsi mangiando le carni sacrificate agli idoli). "Chi crede di stare in piedi, guardi di non cadere": il detto evangelico può essere preso come cifra di questo discorso paolino nel capitolo 8. In fondo, qui Paolo è molto più severo con quelli che credono di essere nel giusto che non con quelli che sbagliano per debolezza.

***Prima lettera ai Corinzi* – Capitolo 9**

Questo è uno dei capitoli in cui si manifesta la voce del progetto originario in maniera più notevole. Si vede che la coscienza di Paolo raggiunge livelli così elevati che trasmette anche a noi una energia potentissima. Sarebbe molto interessante riuscire a trasmettere anche oggi questa energia. Sappiamo che Corinto era una città sportiva dove ogni due anni si celebravano i Giochi Istmici. Non poteva essere, dunque, che un genio come Paolo si perdesse l'occasione di paragonarsi ad un atleta che corre per la vittoria: paragona il discepolo di Gesù ad un velocista o mezzofondista che gareggia in uno stadio olimpico.

"Paragoniamo la comunità ad una competizione olimpica in cui tutti cercano di correre per vincere una medaglia: la legge è che tutti si allenano, tutti si preparano al massimo delle proprie possibilità, ma, nonostante questo, solo uno di loro conquista il premio. Il secondo è solo il primo degli ultimi: è la legge spietata dello sport e di ogni attività umana basata sulla competizione. Ora, la matrix vi impone un regime simile a quello sportivo: una competizione nella quale viene misurato solo il vostro risultato e non quello in cui voi siete cresciuti, la umanità che avete conquistato, la Mente Grande che avete saputo fare emergere in voi. La matrix premia solo i più bravi e i più efficienti, esattamente come fa la società. Così anche tutti noi discepoli di Gesù ci siamo messi a correre, ad allenarci e ad impegnarci per vincere anche noi la nostra competizione sportiva dello vita. Ma per noi è stato diverso, però: nessuno di noi è arrivato ultimo, né secondo, siamo arrivati tutti insieme e nessuno è rimasto indietro. Perché la competizione noi non la facevamo contro gli altri, gli uni contro gli altri, ma la facevamo al nostro interno, cioè affinché la parte migliore di noi emergesse. Combattevamo, cioè, contro la nostra pigrizia, contro quella parte di noi che non si vuole mettere in gioco, perché sapevamo che il nostro peggiore nemico non sono gli altri, ma siamo noi stessi, quando ci lasciamo ingannare dalle varie matrix e quando diventiamo sordi al progetto originario. Proprio come nella preghiera, bellissima, di *Yellow Lark* (Allodola Gialla), un Capo Indiano della tribù Lakota (soprannominata spregiativamente Sioux) rivolta al Grande Spirito:

"O Grande Spirito, la cui voce sento nei venti e il cui respiro dà vita a tutto il mondo, ascoltami.
Vengo davanti a Te, uno dei tuoi tanti figli.
Sono piccolo e debole. Ho bisogno della tua forza e della tua saggezza.
Lasciami camminare tra le cose belle e fa' che i miei occhi ammirino il tramonto rosso e oro
Fa' che le mie mani rispettino ciò che Tu hai creato e le mie orecchie siano acute nell'udire la Tua voce.
Fammi saggio, così che io conosca le lezioni che hai nascosto in ogni foglia, in ogni roccia.
Cerco forza, non per essere superiore ai miei fratelli, ma per essere abile a combattere il mio più grande nemico: me stesso.
Fa' che io sia sempre pronto a venire da Te, con mani pulite ed occhi diritti, così che quando la vita svanisce, come la luce al tramonto, il mio spirito possa venire a te senza vergogna".

Per noi quello che conta non è la vittoria contro gli altri, ma la disciplina, cioè la vittoria contro la parte peggiore di se stessi, quella che porta a distogliere le energie dal progetto originario e rivolgerle verso progetti privati che sono manipolati dal potere sociale. Mentre gli atleti si spendono per una vittoria che dura poco, noi, invece, combattiamo per un obiettivo duraturo e una vittoria che non sarà mai perduta, una medaglia che non si ossiderà mai: la conquista di noi stessi. Noi, dunque, ci impegniamo e ci mettiamo in gioco da protagonisti, ma la nostra metà non è vincere in una competizione ma riuscire a realizzare i nostri desideri più veri e profondi; e non brancoliamo nel buio né siamo *"ciechi che guidano altri ciechi e che vanno a finire tutti nel fosso"*, come nel quadro omonimo di Bruegel al Museo di Capodimonte a Napoli. Anzi, noi ci alleniamo duramente cercando di ascoltare il linguaggio del nostro corpo e disciplinarlo, affinché non facciamo prediche per gli altri e poi siamo noi i primi a tirarci indietro e ad avere paura. Noi ce la mettiamo tutta non per farci vedere dagli altri, ma perché amiamo il progetto che c'è scritto dentro di noi e vogliamo, tramite la disciplina, tirare fuori il meglio di noi stessi che sonnecchia dentro di noi. State bene e buon esercizio". (Riferimento *1 Cor,* 9, 24-27)

Prima lettera ai Corinzi – **Capitolo 10**

¹Non voglio infatti che ignoriate, fratelli, che i nostri padri furono tutti sotto la nube, tutti attraversarono il mare, ²tutti furono battezzati in rapporto a Mosè nella nube e nel mare, ³tutti mangiarono lo stesso cibo spirituale, ⁴tutti bevvero la stessa bevanda spirituale: bevevano infatti da una roccia spirituale che li accompagnava, e quella roccia era il Cristo. ⁵Ma la maggior parte di loro non fu gradita a Dio e perciò furono sterminati nel deserto.

"Prendiamo come modello l'*Esodo,* interpretato da Paolo come manuale di uscita dalla matrix. Il problema grosso è questo: come mai uscirono migliaia di ebrei dall'Egitto sotto la guida di Mosè, ma solo pochi si salvarono e solo pochi entrarono nella Terra Promessa, simbolo del progetto originario? Cioè molti, anche essendo stati liberati, non hanno capito e preferirono tornare alla vecchia mentalità degli schiavi della matrix e si perdettero nel deserto. Eppure, videro tutti i miracoli e i prodigi fatti da Mosè, cioè da Dio, per loro. Ma miracoli e prodigi non servirono a guarirli dalla ideologia, dal bipensiero e dalla ipocrisia di sostituire il loro progetto particolare a quello originario. Per questo non furono conquistati ad esso ma si lasciarono convincere e condizionare dal progetto privato".

⁶Ciò avvenne come esempio per noi, perché non desiderassimo cose cattive, come essi le desiderarono. ⁷Non diventate idolatri come alcuni di loro, secondo quanto sta scritto: Il popolo sedette a mangiare e a bere e poi si alzò per divertirsi. ⁸Non abbandoniamoci all'impurità, come si abbandonarono alcuni di loro e in un solo giorno ne caddero ventitremila. ⁹Non mettiamo alla prova il Signore, come lo misero alla prova alcuni di loro, e caddero vittime dei serpenti. ¹⁰Non mormorate, come mormorarono alcuni di loro, e caddero vittime dello sterminatore. ¹¹Tutte queste cose però accaddero a loro come esempio, e sono state scritte per nostro ammonimento, di noi per i quali è arrivata la fine dei tempi. ¹²Quindi, chi crede di stare in piedi, guardi di non cadere".

"Impariamo da questo manuale di liberazione: non cadiamo nello stesso errore di sostituire la ideologia al progetto originario, simboleggiato dalla Terra Promessa alla quale Mosè voleva guidarli. Questi uomini sostituirono il loro liberatore con un surrogato, il progetto privato. Poi pretesero segni prodigiosi per giustificare la propria renitenza al progetto originario: mormoravano tra di loro contro chi li aveva liberati. Sì, erano stati liberati fisicamente, ma la loro mente era ancora schiava della matrix. Non basta partecipare a qualche convegno per cambiare veramente mentalità. Tutti questi nostri antenati sono il pessimo esempio di fallimento da evitare: quello che hanno fatto è l'esatto contrario di quello che dobbiamo fare noi che veniamo adesso quando finalmente l'entrata nella Terra Promessa si è avverata: noi siamo entrati nella prospettiva del progetto originario là dove quei nostri padri non hanno voluto accedere. Ora cerchiamo di non cadere anche noi nello stesso errore e chi crede di essere migliore guardi di non fare la stessa fine di quelli che giudica".

¹³Nessuna tentazione, superiore alle forze umane, vi ha sorpresi; Dio infatti è degno di fede e non permetterà che siate tentati oltre le vostre forze ma, insieme con la tentazione, vi darà anche il modo di uscirne per poterla sostenere. ¹⁴Perciò, miei cari, state lontani dall'idolatria. ¹⁵Parlo come a persone intelligenti. Giudicate voi stessi quello che dico: ¹⁶il calice della benedizione che noi benediciamo, non è forse comunione con il sangue di Cristo? E il pane che noi spezziamo, non è forse comunione con il corpo di Cristo? ¹⁷Poiché vi è un solo pane, noi siamo, benché molti, un solo corpo: tutti infatti partecipiamo all'unico pane. ¹⁸Guardate l'Israele secondo la carne: quelli che mangiano le vittime sacrificali non sono forse in comunione con l'altare? [19]*Che cosa dunque intendo dire? Che la carne sacrificata agli idoli vale qualcosa? O che un idolo vale qualcosa?* [20]*No, ma dico che quei sacrifici sono offerti ai demoni e non a Dio. Ora, io non voglio che voi entriate in comunione con i demoni;* [21]*non potete bere il calice del Signore e il calice dei demoni; non potete partecipare alla mensa del Signore e alla mensa dei demoni.* [22]*O vogliamo provocare la gelosia del Signore? Siamo forse più forti di lui?*

"Non è che noi siamo più forti né più deboli di loro: siamo semplicemente fortunati perché un nuovo Mosè si è preso cura di noi, come se un nuovo schiavo liberato fosse sceso nella caverna per aiutarci a liberarci. Quindi, l'aiuto ce l'abbiamo, se vogliamo. La cosa essenziale è di stare lontani dalla ideologia, quella religiosa, soprattutto. Prendo ad esempio la ideologia religiosa come esempio di ogni tipo di ideologia, che è l'arma di ogni tipo di matrix. Ad esempio, l'ideologia religiosa usa dei riti non per sacralizzare la vita, ma per dominare il popolo: invece che liberarli tramite il rapporto con il sacro, l'*élite* sacerdotale utilizza i riti per dominare e controllare la massa religiosa. I discepoli di Gesù non hanno seguito il loro Maestro per cadere nello stesso equivoco, nella stessa ideologia e nella stessa strumentalizzazione e diventare schiavi di una nuova matrix. I discepoli di Gesù hanno un altro sacrificio ben diverso da quello della ideologia religiosa, perché è il sacrificio della propria misura e del proprio interesse per entrare in sintonia con il progetto originario. Il sacrificio di questo maestro ha sostituito tutti gli dei e tutti i sacrifici offerti ad essi, compresi quelli ebraici. Tutto è semplificato e unificato: si adora il progetto originario in spirito e verità rinascendo un'altra volta dall'alto, cioè cambiando mente e tornando alla esperienza originaria intrauterina, in cui tutte le cose tornano semplici come erano in origine".

[23]*«Tutto è lecito!». Sì, ma non tutto giova. «Tutto è lecito!». Sì, ma non tutto edifica.* [24]*Nessuno cerchi il proprio interesse, ma quello degli altri.* [25]*Tutto ciò che è in vendita sul mercato mangiatelo pure, senza indagare per motivo di coscienza,* [26]*perché del Signore è la terra e tutto ciò che essa contiene.* [27]*Se un non credente vi invita e volete andare, mangiate tutto quello che vi viene posto davanti, senza fare questioni per motivo di coscienza.* [28]*Ma se qualcuno vi dicesse: «È carne immolata in sacrificio», non mangiatela, per riguardo a colui che vi ha avvertito e per motivo di coscienza;* [29]*della coscienza, dico, non tua, ma dell'altro. Per quale motivo, infatti, questa mia libertà dovrebbe essere sottoposta al giudizio della*

coscienza altrui? ³⁰Se io partecipo alla mensa rendendo grazie, perché dovrei essere rimproverato per ciò di cui rendo grazie? ³¹Dunque, sia che mangiate sia che beviate sia che facciate qualsiasi altra cosa, fate tutto per la gloria di Dio. ³²Non siate motivo di scandalo né ai Giudei, né ai Greci, né alla Chiesa di Dio; ³³così come io mi sforzo di piacere a tutti in tutto, senza cercare il mio interesse ma quello di molti, perché giungano alla salvezza.

"Vi ripeto quello che vi ho già detto: non date scandalo perché sapete la verità. Il test della verità, cioè che uno ha la verità, non è la supponenza, ma la dolcezza e la soavità, per cui sa porgere la verità con totale carità e totale amorevolezza. Sappiamo che i sacrifici antichi sono riti degenerati e resi strumento della matrix: ma non facciamo di questa conoscenza occasione di un nuovo dominio e di creazione di una nuova matrix. Utilizziamo questa certezza per il cambiamento di tutto: cioè tutto ciò che è utile per la crescita della nostra persona e per non offendere nessuno con la nostra libertà. Nessuno deve sentirsi a disagio in nostra compagnia, ma accolto per come è senza essere giudicato da nessuno. Nessuno deve sentirsi in colpa perché il rimprovero, la colpevolizzazione e la punizione sono tutti strumenti della matrix. "Tutto è lecito" perché la vecchia Legge è stata abolita, ma una nuova è nata spontaneamente nei nostri cuori, la legge della natura delle cose, la legge del progetto originario, la legge della libertà e della spontaneità. Noi lo sappiamo e cominciamo a vivere secondo questa nuova legge che non è una Legge (secondo le modalità della Procedura), ma una armonia. Nessuno lo comanda ma tutti lo possono riconoscere, se vogliono, e tutti possono cominciare a vivere così. Ma non devono approfittare di questa conoscenza per umiliare o scandalizzare gli altri. Le cose vere e profonde si capiscono con pazienza: senza la pazienza il vento spazza via quello che costruiamo, come nella fiaba dei tre porcellini. Io mi sforzo per piacere a tutti in tutto senza cercare il mio interesse ma il bene di tutti, il bene comune, perché il più gran numero di persone possibile possano incontrare la loro felicità nel progetto originario. E' questa la strada che tutti sentiamo, nel nostro intimo, che è giusta. Percorretela con coraggio. State bene." (Riferimento *1Cor* 10)

Prima lettera ai Corinzi – Capitolo 11

[1]Diventate miei imitatori, come io lo sono di Cristo. [2]Vi lodo perché in ogni cosa vi ricordate di me e conservate le tradizioni così come ve le ho trasmesse. [3]Voglio però che sappiate che di ogni uomo il capo è Cristo, e capo della donna è l'uomo, e capo di Cristo è Dio. [4]Ogni uomo che prega o profetizza con il capo coperto, manca di riguardo al proprio capo. [5]Ma ogni donna che prega o profetizza a capo scoperto, manca di riguardo al proprio capo, perché è come se fosse rasata. [6]Se dunque una donna non vuole coprirsi, si tagli anche i capelli! Ma se è vergogna per una donna tagliarsi i capelli o radersi, allora si copra. [7]L'uomo non deve coprirsi il capo, perché egli è immagine e gloria di Dio; la donna invece è gloria dell'uomo. [8]E infatti non è l'uomo che deriva dalla donna, ma la donna dall'uomo; [9]né l'uomo fu creato per la donna, ma la donna per l'uomo. [10]Per questo la donna deve avere sul capo un segno di autorità a motivo degli angeli. [11]Tuttavia, nel Signore, né la donna è senza l'uomo, né l'uomo è senza la donna. [12]Come infatti la donna deriva dall'uomo, così l'uomo ha vita dalla donna; tutto poi proviene da Dio. [13]Giudicate voi stessi: è conveniente che una donna preghi Dio col capo scoperto? [14]Non è forse la natura stessa a insegnarci che è indecoroso per l'uomo lasciarsi crescere i capelli, [15]mentre è una gloria per la donna lasciarseli crescere? La lunga capigliatura le è stata data a modo di velo. [16]Se poi qualcuno ha il gusto della contestazione, noi non abbiamo questa consuetudine e neanche le Chiese di Dio.

"Mettiamoci tutti ad essere discepoli di Gesù. Conserviamo le tradizioni: questo è un principio sempre valido, anche se noi veniamo da una rottura contro una di queste tradizioni che era diventata una ideologia. Ma il principio della tradizione è sempre interessante perché porta una saggezza dal passato. L'essenza di una tradizione è che dal passato e da alcuni riti in esso contenuti si comunica una autorità autorevole e non dispotica, che trasmette il principio del progetto originario. Il principio del progetto originario si comunica sempre attraverso un principio di autorità non dispotica e di una tradizione non matrix. Inoltre, è molto interessante il fatto che emerge in Paolo la consapevolezza che, nel progetto originario, la donna e l'uomo sono perfettamente paritari e complementari, pur nella diversità dei ruoli. L'uomo è capo (cioè principio ordinatore e catalizzatore della potenza femminile, ma è al servizio della potenza femminile) della donna come Cristo è capo della chiesa, ma la chiesa è il suo corpo. E' vero che, come dice la *Bibbia*, la donna deriva dall'uomo, cioè dalla materia forgiata da Dio (*Adam*), ma è anche vero che l'uomo deriva dalla donna, perché nasce dal suo utero. Non ha, quindi, senso cercare di fondare una superiorità reciproca, perché entrambi derivano da Dio e svolgono un ruolo specifico nel mistero della vita. State bene". (Riferimento *1Cor* 11, 1-16)

Poi Paolo affronta tre problemi, tra cui, per primo, il problema del velo femminile: questa usanza, con le stesse motivazioni, la possiamo ritrovare tale e quale oggi nell'islam: le donne devono portare il velo per dimostrare la loro sottomissione all'uomo. Paolo mescola riferimenti biblici: la donna è stata fatta con una costola dell'uomo. Poi chiama a conferma la natura: "la lunga capigliatura della donna le è data a modo di velo". Giudicate voi la fondatezza di queste argomentazioni: Paolo qui dimostra tutta la sua debolezza dovuta alla mentalità maschilista che aveva assorbito nella vita precedente e che ha conservato anche nella vita nuova, perché le idee sono connessioni neuronali che non cambiano in un batter d'occhio e sono influenzate dall'inconscio. Dunque, noi dobbiamo sempre attenerci alla autorità, ma sempre appellandoci al pensiero critico che non può certo seguire questi errori culturali antichi.

[17]Mentre vi do queste istruzioni, non posso lodarvi, perché vi riunite insieme non per il meglio, ma per il peggio. [18]Innanzi tutto sento dire che, quando vi radunate in assemblea, vi sono divisioni tra voi, e in parte lo credo. [19]È necessario infatti che sorgano fazioni tra voi, perché in mezzo a voi si manifestino quelli che hanno superato la prova.

Il secondo problema trattato è, di nuovo, quello delle divisioni; ma qui Paolo introduce un nuovo elemento nella sua argomentazione: è necessario che sorgano delle divisioni perché si manifesti chi ha superato la prova, cioè chi ha vinto la tentazione. La perfetta unità senza nessun cenno di dibattito è strana e fa piuttosto pensare ad una cappa di terrore che domina sulla comunità, oppure ad una ideologia che addormenta tutte le coscienze e porta ad un conformismo generale.

[20]Quando dunque vi radunate insieme, il vostro non è più un mangiare la cena del Signore. [21]Ciascuno infatti, quando siete a tavola, comincia a prendere il proprio pasto e così uno ha fame, l'altro è ubriaco. [22]Non avete forse le vostre case per mangiare e per bere? O volete gettare il disprezzo sulla Chiesa di Dio e umiliare chi non ha niente? Che devo dirvi? Lodarvi? In questo non vi lodo! [23]Io, infatti, ho ricevuto dal Signore quello che a mia volta vi ho trasmesso: il Signore Gesù, nella notte in cui veniva tradito, prese del pane [24]e, dopo aver reso grazie, lo spezzò e disse: «Questo è il

mio corpo, che è per voi; fate questo in memoria di me». [25]Allo stesso modo, dopo aver cenato, prese anche il calice, dicendo: «Questo calice è la nuova alleanza nel mio sangue; fate questo, ogni volta che ne bevete, in memoria di me». [26]Ogni volta infatti che mangiate questo pane e bevete al calice, voi annunciate la morte del Signore, finché egli venga. [27]Perciò chiunque mangia il pane o beve al calice del Signore in modo indegno, sarà colpevole verso il corpo e il sangue del Signore. [28]Ciascuno, dunque, esamini se stesso e poi mangi del pane e beva dal calice; [29]perché chi mangia e beve senza riconoscere il corpo del Signore, mangia e beve la propria condanna. [30]È per questo che tra voi ci sono molti ammalati e infermi, e un buon numero sono morti. [31]Se però ci esaminassimo attentamente da noi stessi, non saremmo giudicati; [32]quando poi siamo giudicati dal Signore, siamo da lui ammoniti per non essere condannati insieme con il mondo. [33]Perciò, fratelli miei, quando vi radunate per la cena, aspettatevi gli uni gli altri. [34]E se qualcuno ha fame, mangi a casa, perché non vi raduniate a vostra condanna. Quanto alle altre cose, le sistemerò alla mia venuta.

Il terzo problema è quello della confusione che si è creata riguardo alla cena in comune e alla Cena del Signore: nel primo caso manca la carità e la delicatezza reciproca per cui alcuni affamati si tuffano sul cibo e trascurano gli altri che rimangono digiuni, altri sono presto ubriachi. Insomma, invece di essere un'*agape* diventa un disordine ed una degenerazione. Paolo distingue nettamente la cena in comune che deve avere un ordine per cui ci si dà un orario e ci si aspetta tutti per iniziare, dal rito della Cena del Signore, l'Eucarestia. Non bisogna confondere le due cene e bisogna partecipare alle due cose con atteggiamenti diversi: nella Cena del Signore bisogna riconoscere che quello che si mangia non è cibo materiale, ma è il cibo spirituale e, dunque, l'alimento essenziale del discepolo di Gesù che lo immette nel progetto originario. Se non si ha questa consapevolezza è meglio non partecipare a questa Cena, sennò diventa motivo di condanna. Invece, per l'altro tipo di cena, occorre rispetto per gli altri, puntualità e pazienza per iniziare quando ci sono tutti: sono semplici attenzioni verso il prossimo.

Prima lettera ai Corinzi – Capitolo 12

"Riguardo all'energia del Principio di Vita e di Conoscenza (Spirito = Principio di Vita e di Conoscenza), vi voglio rivelare che quando eravate nella matrix venivate manipolati dalle ideologie. Adesso, che siete nella comunità dei discepoli di Gesù, siete sotto l'azione del Principio di Vita e di Conoscenza, e questo vi fa riconoscere Lui come Maestro. Vi sono doni, funzioni, attività diverse, ma uno solo e il Principio di Vita e di Conoscenza. Ognuno partecipa in modo particolare a questi doni: linguaggi, guarigioni, miracoli, profezie, lingue e interpretazioni di queste. Come il corpo è unico e molte sono le membra, così è una la comunità di rinascita e di resistenza al potere: non importano le nostre origini o le nostre diversità, siamo sia diversi che unici, ma siamo uniti. La mano non dice al piede: "io non c'entro con te". Ogni membro ha una funzione e non c'è chi è più importante e chi meno. Nel progetto originario non c'è divisione nel corpo e così non deve essere nella comunità dei discepoli di Gesù: le membra devono avere cura le una delle altre. Se un membro soffre, tutti soffrono; se un membro gioisce, tutti gioiscono. Per questo alcuni sono insegnanti, altri panettieri, altri contadini, altri cuochi, altri camerieri: la società e la comunità sono come grandi organismi. Lingue, miracoli, previsioni, guarigioni: tutti questi doni sono al servizio del corpo della comunità come gli organi del corpo sono al servizio di tutto l'organismo. Ma la via più sublime è l'amore fraterno. State bene". (Riferimento *1Cor* 12, 1-31)

Prima lettera ai Corinzi – **Capitolo 13**

In questo capitolo Paolo trae tutte le conseguenze, piene di speranza di cambiamento, dal flusso di energia che proviene dal progetto originario e che egli chiama Principio di Vita e di Conoscenza. Questo cambiamento può investire tutta la società e trasformarla. Come esemplificazione, provo ad applicare questa trasformazione ad un segmento della società, come può essere quello della scuola in cui si educa, oltre che istruire. Applico, dunque, la traslazione linguistica del linguaggio lirico religioso di Paolo a quello pedagogico attuale.

"Se insegnassi in una scuola che insegnasse tutte le lingue del mondo, ma non sapessi educare, sarei come una campana incrinata o una chitarra scordata. E se avessi il potere della previsione del futuro, se conoscessi tutti i segreti della politica e della storia e se avessi tutta la conoscenza scientifica e se infondessi nei ragazzi una fiducia incrollabile, tanto da smuovere le scolaresche in tutti i progetti, ma non sapessi educare, non sarei nulla. E se anche facessi beneficenza alle cucine popolari fino a svenarmi e mi offrissi volontario per qualche missione umanitaria rischiosa, ma non sapessi educare, non mi servirebbe a nulla. L'Educazione rende i giovani persone dal cuore grande e dalla mente potente, l'Educazione li rende benevoli, modesti e senza vanagloria. L'Educazione non permette che si gonfino di orgoglio, che manchino di rispetto, li spinge a non ricercare sempre il proprio interesse, li educa ad indignarsi senza violenza, li aiuta a perdonare i torti ricevuti, reagisce all'ingiustizia ed opera per fare emergere la verità. E' disposta a comprendere ed a scusare se viene ammesso l'errore, sopporta fatiche ed incomprensioni, dà fiducia a chi la merita e spera nella positività delle persone.

L'Educazione è infinita, inesauribile, è un compito perenne, perché sempre ci sarà da aiutare i giovani a divenire se stessi. Il resto dell'istruzione potrà fare il suo tempo: ci saranno traduttori automatici in simultanea, previsioni precise e quasi perfette e conoscenza e scienza illimitata, ma l'educazione non verrà mai meno. E mentre tutta l'istruzione sarà obsoleta, l'Educazione sarà sempre attuale. Per adesso non è ancora questo l'orizzonte e la prospettiva nella quale si guardano le cose è ancora imperfetta, condizionata dalle matrix, confusa ed incerta. Ma quando l'Educazione potrà dispiegarsi liberamente e completamente, è tutto più chiaro e perfetto. Adesso siamo ancora come dei bambini e pensiamo ancora in modo infantile e rozzo, ma se l'Educazione si spiegherà, potremo diventare adulti e sviluppare la Mente Grande. Adesso conosciamo in modo imperfetto, nozionistico, performativo e competitivo. Ma quando l'Educazione avrà preso il sopravvento, potremo conoscere così come siamo veramente, secondo il progetto originario. L'Educazione è il bene più grande, più grande ancora della fiducia e della speranza. State bene". (Riferimento *1Cor* 13, 1-13)

Prima lettera ai Corinzi – Capitolo 14

In questo capitolo Paolo parla degli stati di coscienza alterati che molti raggiungevano durante le riunioni della comunità. Panorama agli antipodi di quello che accade oggi in cui, generalmente, si partecipa a riti soporiferi e monotoni. Allora era il contrario: le assemblee erano vulcani in eruzione, tanto che Paolo deve portare un po' d'ordine. Direi che l'intento sedativo delle gerarchie sacerdotali e il controllo dall'alto della attività ispiratrice e intuitiva sia stato conseguito ben al di là delle intenzioni di Paolo che non erano di bloccare il flusso degli stati di coscienza alterati, bensì di disciplinarli e renderli fruibili da tutti e per il bene comune.

"Aspirate agli stati alterati della Mente Grande. Desiderate intensamente elevarvi all'energia del Principio di Vita e di Conoscenza, soprattutto la profezia. Chi, infatti, parla sotto l'influsso della ispirazione (quella che Paolo chiama "dono delle lingue") non parla con il linguaggio sociale ma con il linguaggio del progetto originario poiché, mentre dice per ispirazione cose che appaiono misteriose a coloro che sono ancora nella caverna, nessuno comprende". (Riferimento *1Cor* 14, 1-3)

Qui occorre fare una precisazione riguardo al cosiddetto "dono delle lingue", cioè uno stato di coscienza alterato che caratterizza la comunità fin dall'origine e che ha molto influito sul suo successo, come ricordano gli *Atti degli Apostoli* a proposito della Pentecoste. Per Paolo il dono delle lingue è meno preferibile del dono della profezia. Di cosa si tratta? Affidiamoci ad un esperto: **"Il dono delle lingue consisteva nel pronunciare un inno, una lode a Dio, in una lingua non conosciuta dal glossolalo (colui che esercita la glossolalia), il quale pregava con lo spirito, ma non ne riceveva frutto per la mente non intendendo quanto stava pronunciando.** La lingua in cui il glossolalo si esprimeva veniva dall'azione dello Spirito, e non erano suoni armoniosi ma senza significato, ma erano un vero parlare che, come tale, anche il glossolalo era chiamato a comprendere, ma ciò poteva avvenire solo con l'ausilio del dono dell'interpretazione delle lingue. Ciò vuol dire che l'esperienza del glossolalo non era affatto un emettere suoni armoniosi, ma parole. Il glossolalo pronuncia parole che *"nessuno dell'assemblea comprende"*, quindi si rivolge a Dio, ma nulla giunge all'assemblea. A Corinto, circa la glossolalia, le cose non andavano del tutto bene perché c'era uno smodato desiderio di essere un glossolalo, perché il fenomeno colpiva l'attenzione dell'assemblea. Il risultato era che non sempre lo Spirito Santo agiva, ciò che spingeva era solo la voglia di comparire, per cui quello che usciva dal labbro di molti improvvisati glossolali era soltanto uno sfarfallare di suoni, e il tutto era aggravato dal fatto che si mettevano ad esibirsi contemporaneamente, rendendo definitivamente insolubile il problema di capire cosa dicevano. Occorreva perciò che parlassero *uno alla volta* (14,27) e ci fosse qualcuno che traducesse per verificare se quanto veniva pronunciato aveva un senso; era il dono *dell'interpretazione delle lingue"*. (http://www.perfettaletizia.it/bibbia/1corinzi.htm#uno12)

"Proseguendo il discorso iniziato, vi dico che chi profetizza, invece, parla un linguaggio comprensibile all'interno del linguaggio sociale per edificazione, esortazione e conforto della comunità. Chi parla secondo il dono delle lingue edifica se stesso, chi predice il futuro edifica la comunità. Vorrei vedervi tutti parlare con il linguaggio del dono delle lingua, ma preferisco che abbiate il dono della profezia. In realtà colui che profetizza è più grande di colui che parla con il dono delle lingue, a meno che le interpreti, perché la comunità ne riceve elevazione di coscienza". (Riferimento *1Cor* 14, 3-5)

Tecnicamente occorre spiegare anche in che consiste lo stato di coscienza alterato che Paolo riconosce nella profezia. Di che si tratta? Ecco una trattazione esauriente: **"Profezia non vuol dire necessariamente predizione del futuro, ma in genere si tratta di un messaggio di esortazione, d'incoraggiamento che Gesù vuole comunicare all'assemblea, o a qualche presente con problemi particolari che lo tengono in ansia.** Spesso accade che uno del gruppo si sente spinto a dire delle parole che non vengono dalla mente (non sono pensieri formulati precedentemente), ma delle frasi che gli piovono sulla lingua non si sa da dove. Vengono ad una ad una: man mano che il soggetto pronunzia a voce alta la prima, riceve la seconda, e così di seguito; ma in partenza egli non sa che cosa vuole dire, lo saprà solo alla fine quando avrà detto tutto il messaggio. Perciò è necessaria anche una buona dose di fede e coraggio. La "profezia" è in definitiva un carisma in virtù del quale la persona inspirata, in nome di Dio e mossa dallo Spirito, parla all'assemblea per edificarla, esortarla ed animarla (v. 3). E' un carisma che serve per edificare la Chiesa e, pertanto, è un dono per Il bene comune (v. 4b). La profezia serve, inoltre, per rivelare il mistero del disegno salvifico di Dio (*cfr. Ef* 3,5), manifestare la sua volontà nelle circostanze presenti e svelare i sentimenti più profondi del cuore per svegliare l'adorazione a Dio e riconoscere la sua presenza divina nella comunità (*cfr.* vv. 24-25)". (http:// diosalva.net/descrizione-carismi)

[6]E ora, fratelli, supponiamo che io venga da voi parlando con il dono delle lingue. In che cosa potrei esservi utile, se non vi comunicassi una rivelazione o una conoscenza o una profezia o un insegnamento? [7]Ad esempio: se gli oggetti inanimati che emettono un suono, come il flauto o la cetra, non producono i suoni distintamente, in che modo si potrà distinguere ciò che si suona col flauto da ciò che si suona con la cetra? [8]E se la tromba emette un suono confuso, chi si preparerà alla battaglia? [9]Così anche voi, se non pronunciate parole chiare con la lingua, come si potrà comprendere ciò che andate dicendo? Parlereste al vento! [10]Chissà

quante varietà di lingue vi sono nel mondo e nulla è senza un proprio linguaggio. ¹¹Ma se non ne conosco il senso, per colui che mi parla sono uno straniero, e chi mi parla è uno straniero per me. ¹²Così anche voi, poiché desiderate i doni dello Spirito, cercate di averne in abbondanza, per l'edificazione della comunità. ¹³Perciò chi parla con il dono delle lingue, preghi di saperle interpretare. ¹⁴Quando infatti prego con il dono delle lingue, il mio spirito prega, ma la mia intelligenza rimane senza frutto. ¹⁵Che fare dunque? Pregherò con lo spirito, ma pregherò anche con l'intelligenza; canterò con lo spirito, ma canterò anche con l'intelligenza. ¹⁶Altrimenti, se tu dai lode a Dio soltanto con lo spirito, in che modo colui che sta fra i non iniziati potrebbe dire l'Amen al tuo ringraziamento, dal momento che non capisce quello che dici? ¹⁷Tu, certo, fai un bel ringraziamento, ma l'altro non viene edificato. ¹⁸Grazie a Dio, io parlo con il dono delle lingue più di tutti voi; ¹⁹ma in assemblea preferisco dire cinque parole con la mia intelligenza per istruire anche gli altri, piuttosto che diecimila parole con il dono delle lingue".

Per comprendere la "politica" di Paolo nei confronti degli stati di coscienza alterati bisogna analizzare bene la struttura di questo brano e meditare attentamente su di esso. In questo primo brano la riflessione di Paolo si concentra sul "dono delle lingue" che abbiamo individuato per primo e che era il più acclamato nella comunità primitiva dei discepoli di Gesù.

1. "E ora, fratelli, supponiamo che io venga da voi parlando con il dono delle lingue. In che cosa potrei esservi utile, se non vi comunicassi una rivelazione o una conoscenza o una profezia o un insegnamento?": qui Paolo fa una distinzione fondamentale tra lo strumento di una rivelazione e il contenuto della rivelazione stessa. Lo strumento del messaggio non è il messaggio (anche se Mc Luhan la pensa all'opposto, paradossalmente). Il dono delle lingue è uno strumento di comunicazione di un messaggio che proviene dall'aldilà, ma non è il messaggio. Lo strumento non deve sostituirsi al contenuto. E' come se il telefono, da strumento diventasse contenuto, al posto del messaggio che dovrebbe trasmettere. Avremmo una inversione funzionale, un "carro davanti ai buoi" e una forzatura della natura, operazione, questa, tipica della matrix. Ovviamente, Paolo mette in guardia verso l'abuso di questo dono che potrebbe essere una trappola che, invece di liberare i discepoli di Gesù, li imprigiona dentro una nuova ideologia.

2. "Ad esempio: se gli oggetti inanimati che emettono un suono, come il flauto o la cetra, non producono i suoni distintamente, in che modo si potrà distinguere ciò che si suona col flauto da ciò che si suona con la cetra? [8]E se la tromba emette un suono confuso, chi si preparerà alla battaglia? [9]Così anche voi, se non pronunciate parole chiare con la lingua, come si potrà comprendere ciò che andate dicendo? Parlereste al vento!": un secondo problema che si evidenzia nell'uso dello stato di coscienza alterato chiamato "dono delle lingue" è la confusione stessa che si verifica nell'uso dello stesso strumento. Se prima abbiamo parlato della inversione funzionale tra contenuto del messaggio e strumento di questa comunicazione, qui stiamo parlando di un uso confuso di questo strumento. Giustamente, Paolo parla di strumenti musicali come esemplificazione: se lo strumento non è suonato bene secondo la tecnica adeguata che distingue i suoni con chiarezza, se è suonato in modo che le note risultino confuse e caotiche all'orecchio, abbiamo un malfunzionamento ed un uso scorretto dello strumento. Così, quando nelle assemblee le parole in lingua diversa vengono pronunciate male e lo strumento viene suonato in modo inadeguato, allora abbiamo una nuova "babele" e invece di procedere nella elevazione della assemblea, retrocediamo verso il *caos* dei linguaggi.

3. "Chissà quante varietà di lingue vi sono nel mondo e nulla è senza un proprio linguaggio. [11]Ma se non ne conosco il senso, per colui che mi parla sono uno straniero, e chi mi parla è uno straniero per me. [12]Così anche voi, poiché desiderate i doni dello Spirito, cercate di averne in abbondanza, per l'edificazione della comunità": qui Paolo afferma il principio linguistico fondamentale nella comunità dei discepoli di Gesù: tutto il messaggio può disperdersi nel nulla se il senso non può venirne afferrato. La chiarezza del senso di quello che dice è il principale requisito del discepolo di Gesù: "il vostro parlare sia sì sì, no no". "Nulla è senza un proprio linguaggio": Paolo individua il problema principale di ogni messaggio di liberazione dalla caverna: un problema di senso e di chiavi linguistiche, cioè di schemi interpretativi alternativi alle chiavi linguistiche che la matrix manipola dopo averle introdotte surrettiziamente ed imposte con la violenza sottile che agisce sull'inconscio tramite l'ideologia.

4. "Perciò chi parla con il dono delle lingue, preghi di saperle interpretare": Paolo sottolinea la struttura ermeneutica dell'esistenza: qualsiasi stato di coscienza alterato deve potere essere adeguatamente interpretato, perché, altrimenti, anche il più grande contenuto trasmesso diventa insignificante se non corredato dalle relative chiavi linguistiche adatte a riconoscerlo e capirlo.

5. "Quando infatti prego con il dono delle lingue, il mio spirito prega, ma la mia intelligenza rimane senza frutto. [15]Che fare dunque? Pregherò con lo spirito, ma pregherò anche con l'intelligenza; canterò con lo spirito, ma canterò anche con l'intelligenza": per essere discepoli di Gesù occorre che la propria intelligenza non solo non venga estromessa né diminuita, bensì deve esserne potenziata. Per pregare ho bisogno di comprendere quello che chiedo, per mettermi in relazione con l'aldilà bisogna che la mia intelligenza venga coinvolta pienamente. Dunque, gli stati di coscienza alterati devono essere stati di coscienza in cui la intelligenza è attiva e non devono diventare "stati di incoscienza".

6. "Altrimenti, se tu dai lode a Dio soltanto con lo spirito, in che modo colui che sta fra i non iniziati potrebbe dire l'Amen al tuo ringraziamento, dal momento che non capisce quello che dici? [17]Tu, certo, fai un bel ringraziamento, ma l'altro non viene edificato": questo è un esempio che Paolo porta, per cui il dono delle lingue apporta beneficio solo a chi lo riceve e non alla comunità, che è il vero destinatario. Lo strumento prenderebbe il sopravvento sul contenuto del messaggio. Chi suona lo strumento prende il sopravvento e il successo che persegue nelle sue intenzioni prende il posto della musica che viene suonata. E' un bell'esempio di inversione funzionale.

7. "Grazie a Dio, io parlo con il dono delle lingue più di tutti voi; [19]ma in assemblea preferisco dire cinque parole con la mia intelligenza per istruire anche gli altri, piuttosto che diecimila parole con il dono delle lingue": Paolo con la sua razionalità e il suo equilibrio preferisce andare cauto e rimanere con i piedi per terra: gli stati di coscienza alterati non sono strumenti di schiavitù, ma di liberazione. Bisogna vigilare attentamente e agire con prudenza. Ecco perché la gerarchia sacerdotale ha guardato sempre con una certa diffidenza verso gli stati di coscienza alterata nelle celebrazioni liturgiche.

8. "Fratelli, non comportatevi da bambini nei giudizi. Quanto a malizia, siate bambini, ma quanto a giudizi, comportatevi da uomini maturi. [21]Sta scritto nella Legge:In altre lingue e con labbra di straniero parlerò a questo popolo,ma neanche così mi ascolteranno, dice il Signore": Paolo raccomanda ai discepoli di Gesù di essere come bambini, esattamente come aveva fatto Gesù che aveva posto un bambino in mezzo a tutti ed aveva indicato in essi il progetto originario. Si vede chiaramente che il bambino è simbolo del progetto originario, vicino com'è alla vita intrauterina e caratterizzato, come gli animali, da una grande sensibilità verso ciò che è naturale. I bambini sono privi di malizia e ci rivelano lo stato originario dell'essere. Il giudizio è un'altra cosa: è la luce del progetto originario proiettata sulle cose che capitano. Dunque, essere discepoli di Gesù significa essere contemporaneamente "bambini" e "adulti": bambini nella tensione e nel desiderio verso ciò che è originario, adulti nel saperli applicare alle situazioni concrete, con lungo esercizio, con equilibrio, con esperienza, saggezza, maturità che si possono acquisire solo con grande lavoro su di sé. Questo è un altro criterio fondamentale da tenere presente quando si ha a che fare con i fenomeni di stati di coscienza alterati all'interno della comunità: bisogna accoglierli con grande prudenza, discernimento e con un giudizio che sia in armonia con il progetto originario. E Paolo non si esime dal portare, come sempre, un esempio negativo desunto dalla storia del popolo ebraico, in questo caso riferendosi ad un brano di *Isaia* 28, 11: "Con labbra balbettanti e in lingua straniera parlerà a questo popolo"), anche se modificato con una sua aggiunta: Dio ha cercato di parlare a questo popolo in tutti i modi, anche con lingue diverse e con la glossolalia, ma il popolo ebreo, neanche di fronte a questi doni, muterà il suo atteggiamento di chiusura nella propria bolla ideologica e nemmeno allora si aprirà alla conoscenza della verità.

9. "Quindi le lingue non sono un segno per quelli che credono, ma per quelli che non credono: [23]Quando si raduna tutta la comunità nello stesso luogo, se tutti parlano con il dono delle lingue e sopraggiunge qualche non iniziato o non credente, non dirà forse che siete pazzi?": Paolo, ora, dopo avere chiarito i criteri di approccio al fenomeno degli stati alterati di coscienza, ritorna ai due principali fenomeni presi in esame, il dono delle lingue e la profezia. Il dono delle lingue è il fenomeno più eclatante che sorprende di più coloro che non sono discepoli di Gesù e che appare loro come un segno prodigioso, frutto di una potente energia cosmica presente nella comunità che si riunisce in presenza del progetto originario ("Dove sono due o più riuniti nel mio nome io sono presente in mezzo a loro e quando due si accordano a chiedere qualcosa al Padre mio il Padre mio lo concederà perché sono in mezzo a loro": cfr *Mt* 18, 19-20). All'inizio, ad un estraneo non a conoscenza del fenomeno, sembrerà una riunione di pazzi e, dunque, apparirà una rivelazione clamorosa a chi non è dentro a questa forme di presenza del divino.

10. "Mentre la profezia non è per quelli che non credono, ma per quelli che credono. [24]Se infatti tutti profetizzano e sopraggiunge qualche non credente o non iniziato, verrà da tutti convinto del suo errore e da tutti giudicato, [25]i segreti del suo cuore saranno manifestati e così, prostrandosi a terra, adorerà Dio, proclamando: Dio è veramente fra voi!": Se, invece, un non credente o un non iniziato interviene mentre un gruppo di discepoli di Gesù profetizza, la cosa è totalmente diversa. Infatti, la profezia è un esprimere giudizi, come facevano i profeti, sulla matrix, sulla propria appartenenza ad essa, sulla ideologia che la caratterizza e sulla sua impermeabilità e ostilità al progetto originario. Se un non iniziato interviene all'interno di un gruppo che sta discutendo di questo, gli sembrerà molto meno strana la cosa e sarà piuttosto facilitato a rapportare a se stesso quello che le persone radunate stanno dicendo: dunque, sarà "fotografato" nella sua appartenenza alla matrix e, se sarà disposto a mettersi in discussione, potrà anche riconoscere che il progetto originario è all'opera all'interno del gruppo.

11. "Che fare dunque, fratelli? Quando vi radunate, uno ha un salmo, un altro ha un insegnamento; uno ha una rivelazione, uno ha il dono delle lingue, un altro ha quello di interpretarle: tutto avvenga per l'edificazione": Paolo estende anche ad altri stati di coscienza alterati le stesse considerazioni: tutto avvenga per la elevazione della coscienza di ognuno della comunità dei discepoli di Gesù: se uno ha l'ispirazione di creare canzoni sacre, se uno ha l'autorità di insegnare, se uno ha l'intuizione della rivelazione delle cose che stanno aldilà, se qualcuno ha il dono delle lingue e se qualcun altro ha il dono di interpretarle: tutto venga messo al servizio della crescita di tutti.

12. "Quando si parla con il dono delle lingue, siano in due, o al massimo in tre, a parlare, uno alla volta, e vi sia uno che faccia da interprete. [28]Se non vi è chi interpreta, ciascuno di loro taccia nell'assemblea e parli solo a se stesso e a Dio.": Poiché il dono delle lingue è il più delicato, perché è il più allettante ma anche il più ambiguo e rischioso, occorre che ci sia sempre la possibilità di comprendere quello che si sta comunicando: che parlino in due o al massimo in tre per volta e che ci sia sempre uno che sa interpretare le rivelazioni. Se non è così è meglio tenere per sé questo dono per non creare la confusione nella comunità dei discepoli di Gesù.

13. "I profeti parlino in due o tre e gli altri giudichino. [30]Ma se poi uno dei presenti riceve una rivelazione, il primo taccia: [31]uno alla volta, infatti, potete tutti profetare, perché tutti possano imparare ed essere esortati. [32]Le ispirazioni dei profeti sono sottomesse ai profeti, [33]perché Dio non è un Dio di disordine, ma di pace".: Anche nello stato di coscienza alterato della profezia occorre procedere con ordine e privilegiare la comprensione: parlare uno alla volta, o al massimo in due o tre. Tutto il resto della comunità sarà l'interprete e il giudice di questa comunicazione. Tutti possono profetare, ma la interpretazione e il giudizio sono sottoposti alla comunità, perché il progetto originario è ordine e pace e non *caos* e anarchia.

14. "Come in tutte le comunità dei santi, [34]le donne nelle assemblee tacciano perché non è loro permesso parlare; stiano invece sottomesse, come dice anche la Legge. [35]Se vogliono imparare qualche cosa, interroghino a casa i loro mariti, perché è sconveniente per una donna parlare in assemblea.": questo è un Paolo che non possiamo accettare, frutto di una interpolazione di qualche ecclesiastico che ha voluto abusare della autorità di Paolo per imporre il proprio potere maschilista, oppure residuo della sua mentalità maschilista da ex rabbino ebreo non ancora cambiata dal suo essere discepolo di Gesù. Residuo archeologico della sua appartenenza alla matrix maschilista ebraica. Gesù non avrebbe mai detto una cosa del genere e, dunque, questa uscita del "vecchio Paolo" ancora prigioniero di una odiosa ideologia maschiocentrica, oppure di un falso Paolo dietro il quale si nasconde un potere sacerdotale repressivo della potenza femminile, non appartiene al linguaggio del discepol0 di Gesù .

15. "Da voi, forse, è partita la parola di Dio? O è giunta soltanto a voi? [37]Chi ritiene di essere profeta o dotato di doni dello Spirito, deve riconoscere che quanto vi scrivo è comando del Signore. [38]Se qualcuno non lo riconosce, neppure lui viene riconosciuto. [39]Dunque, fratelli miei, desiderate intensamente la profezia e, quanto al parlare con il dono delle lingue, non impeditelo. [40]Tutto però avvenga decorosamente e con ordine". Paolo odiatore della Legge non tende ad imporre comandi se non per chiarire situazioni di *caos*: qui lo fa, ma intende dire che in lui parla il progetto originario, di fronte alla complessa questione degli stati di coscienza alterati presenti in quantità notevole all'interno della comunità dei discepoli di Gesù.

E' bene ricordare che gli stati di coscienza alterati sono oggetto di serissimi studi scientifici e che non sono patologici, ma stati di coscienza superiori altamente desiderabili, ovviamente con cognizione di causa, perché si parla di gradi di energia psichica e mentale estremamente elevati che permettono di connettere l'aldiqua con l'aldilà, come, ad esempio, fa l'intuizione artistica. Sono, dunque, stati che sopraggiungono quando la mente grande è all'opera e quando un certo processo di liberazione dalla matrix sta avvenendo. Infatti, la matrix opera sostanzialmente manipolando la mente piccola e, quindi, ha bisogno di neutralizzare il più possibile la Mente Grande. Dunque, la matrix materialistica cercherà di demonizzare, denigrare, oppure di manipolare a proprio vantaggio, ad esempio con la droga, gli stati psichici e mentali alterati. Invece, se ben usati, guidati e indirizzati, gli stati mentali alterati sono una potente fonte di energia psichica in forte connessione con l'energia cosmica e sono in grado di elevare tantissimo la persona e di renderla potentissima, libera e felice. Ecco, a conclusione di questo capitolo dedicato agli stati di coscienza alterati, una trattazione scientifica dell'argomento, alla luce della conoscenze attuali:

"Lo **stato di coscienza alterato** corrisponde ad uno stato di coscienza con caratteristiche e dinamiche diverse rispetto a quello di veglia lucida. Lo si può definire in opposizione a quest'ultima, considerando lo stato di veglia come quello ordinario, che il soggetto riconosce come "normale", perché corrispondente alle dinamiche psichiche e fisiche, di pensieri, sensazioni e sentimenti, con cui il soggetto stesso ha più confidenza o che ha sperimentato per la maggior parte nel corso della sua vita. L'uso del termine "alterato" potrebbe generare l'equivoco che si tratti di uno stato patologico, ma ciò è vero solo in alcuni casi; è stato pertanto proposto di usare la dizione **stato di coscienza non ordinario** o simili. «Noi chiamiamo lo stato normale "lucido", o di coscienza chiara. Questo stato di coscienza, normale o di veglia, corrisponde usualmente alla "percezione del Sé" e identificabile in un livello medio (relativo alla natura strettamente personale del soggetto) di autocoscienza, considerando un funzionamento metabolico regolare del soggetto stesso.» (Karl Jaspers, *Psicopatologia Generale*, 1964) (...) Gli stati alterati di coscienza, essendo influenzati da plurimi fattori, possono essere provocati da numerose cause o concause, e come per lo stato di veglia, corrispondere ad una vasta gamma di parametri / valori. Alcune di questi stati sono: Innamoramento, Ipnosi, Sonnambulismo, Stato onirico / Sogno, Stato di coma, Meditazione, Alterazione psichedelica dovuta a sostanze allucinogene (detta *trip*). (...)

Uno stato di coscienza alterato è solitamente caratterizzato da un *cambiamento qualitativo* nel modo di funzionare della mente, senza però implicare il concetto di patologia. Tale cambiamento coinvolge numerosi fattori, sia metabolici che non. Questi fattori possono essere soggetti a cambiamento solamente in certi di tipi di alterazioni, o restare invariati in altre tipologie. Alcuni fattori sono: la memoria, il tipo di ragionamento, la velocità di ragionamento, il senso d'identità, le facoltà motorie, percezione del tempo, percezione dello spazio, percezione del significato delle cose. Lo studio dell'alterazione degli stati di coscienza, in particolare nell'ambito dell'ipnosi, deve un grosso contributo, tra gli altri, alle intuizioni e le pubblicazioni dello psicoterapeuta/psichiatra Milton Erickson, e da quelle dello psicoanalista/neuroscienziato John Lilly". (https://it.wikipedia.org/wiki/Stato alterato di coscienza)

Prima lettera ai Corinzi – Capitolo 15

In questo capitolo Paolo passa ad affrontare il tema della resurrezione. E' uno dei temi che più ha creato fraintendimenti nella storia: nel cristianesimo, poi, questo tema ha creato un potentissimo "risucchio" verso un aldilà dopo la morte che ha tragicamente sviato dal presente miliardi di cristiani e li ha alienati, proiettati in un al di là dopo la morte facendo perdere al cristianesimo l'essenza del suo messaggio: il cambiamento radicale dell'aldiqua, qui ed ora e la liberazione dalla matrix sociale. Si capisce, quindi, come le varie matrix nella storia abbiano fortemente sostenuto questa trasposizione del cambiamento e della liberazione dalla matrix nel futuro in un aldilà dopo la morte, perché così con la testa fuori del mondo e fuori del tempo le masse si sarebbero totalmente disinteressate all'aldiqua, dove le matrix avrebbero potuto imperversare a proprio piacimento e indisturbate. E' fondamentale, quindi, chiarire il senso che in questo manuale di rinascita e di vita autentica Paolo vuole dare alla rinascita, se si vuole capirne la portata rivoluzionaria di liberazione che contiene al proprio interno.

Il punto di partenza di Paolo è l'avvenimento per eccellenza su cui si basa tutta la novità del messaggio cristiano, la resurrezione di Gesù. Senza questo fondamento ogni altra affermazione all'interno della comunità dei discepoli di Gesù è vuota e inutile. Il problema radicale è se questa realtà della resurrezione di Cristo esiste: tutto il resto è conseguenza. Vediamo, allora, come Paolo descrive questo fatto.

"¹Vi proclamo poi, fratelli, il Vangelo che vi ho annunciato e che voi avete ricevuto, nel quale restate saldi ²e dal quale siete salvati, se lo mantenete come ve l'ho annunciato. A meno che non abbiate creduto invano! ³A voi infatti ho trasmesso, anzitutto, quello che anch'io ho ricevuto, cioè che Cristo morì per i nostri peccati secondo le Scritture e che ⁴fu sepolto e che è risorto il terzo giorno secondo le Scritture ⁵e che apparve a Cefa e quindi ai Dodici. ⁶In seguito apparve a più di cinquecento fratelli in una sola volta: la maggior parte di essi vive ancora, mentre alcuni sono morti. ⁷Inoltre apparve a Giacomo, e quindi a tutti gli apostoli. ⁸Ultimo fra tutti apparve anche a me come a un aborto. ⁹Io infatti sono il più piccolo tra gli apostoli e non sono degno di essere chiamato apostolo perché ho perseguitato la Chiesa di Dio. ¹⁰Per grazia di Dio, però, sono quello che sono, e la sua grazia in me non è stata vana. Anzi, ho faticato più di tutti loro, non io però, ma la grazia di Dio che è con me. ¹¹Dunque, sia io che loro, così predichiamo e così avete creduto. ¹²Ora, se si annuncia che Cristo è risorto dai morti, come possono dire alcuni tra voi che non vi è risurrezione dei morti? ¹³Se non vi è risurrezione dei morti, neanche Cristo è risorto! ¹⁴Ma se Cristo non è risorto, vuota allora è la nostra predicazione, vuota anche la vostra fede. ¹⁵Noi, poi, risultiamo falsi testimoni di Dio, perché contro Dio abbiamo testimoniato che egli ha risuscitato il Cristo mentre di fatto non lo ha risuscitato, se è vero che i morti non risorgono. ¹⁶Se infatti i morti non risorgono, neanche Cristo è risorto; ¹⁷ma se Cristo non è risorto, vana è la vostra fede e voi siete ancora nei vostri peccati. ¹⁸Perciò anche quelli che sono morti in Cristo sono perduti. ¹⁹Se noi abbiamo avuto speranza in Cristo soltanto per questa vita, siamo da commiserare più di tutti gli uomini".

C'è poco da dire, da aggiungere e da commentare: se ciò che Paolo proclama non è vero, tutto quello che Paolo ha testimoniato diventa inutile e tutte le traversie a cui Paolo si è sottoposto per diffondere questa buona notizia si svuotano di senso. **Bisogna sottolineare con forza che ciò di cui parla Paolo non è proiettato al futuro, bensì è collocato nel passato, cioè è considerato da Paolo un fatto veramente e storicamente accaduto, i cui effetti sono attualmente verificabili nel presente.** Cioè quell'uomo è realmente risorto in un determinato passato, dopo essere stato fisicamente ucciso, e continua a vivere attualmente. La resurrezione, dunque, è intesa da Paolo in due modi, strettamente connessi: il primo è un fatto storico passato effettivamente avvenuto, per cui un uomo veramente morto è stato visto vivente da numerosi testimoni degni di fede; il secondo è che il termine resurrezione designa il fatto che quest'uomo morto e risorto continua a vivere anche attualmente ed è collegabile alla comunità dei discepoli di Gesù ed è presente in modo speciale al suo interno. Niente di quello che dice Paolo si può collegare al futuro, ma solo a due dimensioni: il passato e il presente. Chi nega la resurrezione da morte, come fanno alcuni esponenti della comunità di Corinto, nega *ipso facto* anche quella di Cristo. Per cui credere a Cristo ed essere discepoli di Gesù comporta necessariamente l'ammettere la possibilità di questa rinascita, almeno come congettura ipotetica. (Cfr. vv. 12-13) Se non si ammette questo, tutto cade, il cristianesimo per primo. Stabilito con chiarezza questo fondamento, Paolo passa a descriverne lo sviluppo di tutte le conseguenze per i discepoli di Gesù.

Prima di affrontare questo sviluppo occorre fare una chiarificazione terminologica e linguistica. Infatti, il termine "resurrezione" è un termine comune a tutte le religioni ed ampiamente usato da queste. Da questo termine, poi, sono derivati vocaboli e concetti analoghi come risorgimento, rinascimento, rinascita. Anche tutti questi termini hanno un riferimento al passato o al presente e non preannunciano affatto un evento futuro: il rinascimento italiano o il risorgimento sono eventi precisi del passato che continuano ad avere effetti nel presente, ma non si riferiscono affatto ad eventi che si svolgeranno nel futuro. La evidenza di questo ci permette di chiarire quale è il senso in cui Paolo parla di "resurrezione" e, in modo strettamente collegato ed opposto, di "morte": sempre in stretto rapporto a quello che è avvenuto a Cristo, Paolo parla di "resurrezione" come di un fatto del passato che ha effetti nel presente. In particolare, Paolo intende "resurrezione" uno stato di vita piena, totale, sovrabbondante, secondo le potenzialità insite nel progetto originario, esattamente come i testimoni e lui stesso hanno constatato nel Cristo risorto. "Resurrezione" sta ad indicare il godimento dello stato perfetto e originario della vita che è stato perduto nella storia sia individuale e collettiva e che Cristo è venuto a ripristinare con il suo sacrifico. Questo stato di vita piena e perfetta è contrapposto ad uno stato di vita apparente, diminuita, da *zombie*, di vita nella caverna, come si ha all'interno della matrix, secondo il progetto privato del potere sociale, cioè una vita che non è vita piena ma praticamente è una "morte".

Con resurrezione, dunque, si intende la vita piena secondo il progetto originario ripristinata da Cristo e a cui i discepoli di Gesù possono accedere, mentre per "morte" si intende la vita apparente all'interno della matrix. Se così stanno le cose ogni riferimento al futuro non è affatto riferito all'aldilà dopo la morte, bensì all'aldiqua prima della morte, situato in un punto intermedio, diverso per ognuno, tra una "morte" passata e una vita futura, dove per vita futura si intende l'incontro con questa rigenerazione, rinascita, ritorno alla vita piena del progetto originario, ma non dopo la morte, bensì nell'aldiqua, in un futuro ma "qui e ora", cioè quando il cambiamento sarà pieno e completo e la liberazione dalla matrix sarà compiuta. Resurrezione significa cambiamento che avviene nel presente con l'incontro con i discepoli di Gesù e nel futuro quando questo cambiamento sarà pieno essendo in divenire e perfezionabile. Il "dopo la morte" non c'entra, perché questa resurrezione avviene nel passato e nel presente e non nell'aldilà dopo la morte. C'è un autore, oggi che mette in evidenza un senso sbagliato di resurrezione, oggi molto diffuso, e un senso corretto di resurrezione, oggi molto negletto. Vale la pena riportare qualche brano di un libro da lui scritto sull'argomento che aiuta a chiarire questi due sensi della parola "resurrezione", che ci possono essere utili nell'approfondimento del testo paolino.

"Igor Sibaldi nel suo libro "*Resuscitare*" riporta in luce una tecnica di resurrezione che la nostra religione, oggi, ha dimenticato. La confronta con le più recenti teorie della fisica quantistica, e mostra come applicarla. Oggi la resurrezione è, per alcuni, un dogma e, per altri, un mito antico. Antica lo è di sicuro: i primi a immaginarla furono gli egizi, quattromilacinquecento anni fa. Ma non la immaginarono soltanto: scoprirono che esistono universi paralleli in cui ciò che è passato vive ancora, e spiegarono come giungere fin là, invertendo il corso del tempo. Tutto sta nel non rassegnarsi all'idea che il tempo sia irreversibile: allora, nemmeno la morte appare come un fatto definitivo ma come una sfida, un ostacolo da superare. Ci si lascia guidare, all'inizio, dal coraggio di ricordare chi e ciò che si è perduto: così si apre la via. Poi, mentre torna indietro nel tempo, la mente cambia, si amplia, si libera da limiti che non sapeva di avere, fino al momento in cui due dimensioni - il presente e il passato - entrano e rimangono in contatto, in quello che i fisici contemporanei chiamano un varco spazio-temporale e che duemila anni fa si chiamava "eternità".

Lì incomincia la resurrezione. "Credere nell'immortalità dell'anima è sempre stato facile, come un capriccio. I capricci non richiedono particolare intelligenza: solo tenacia e sordità alle obiezioni. Tanto, nessuno può provare che una qualche versione dell'aldilà non sia vera.

Perciò sono così numerose. Almeno una per ogni religione, più altre fornite da mistici d'ogni genere. Credendoci, ci si sente in accordo con miliardi di persone. E - cosa che ha avuto anche questa il suo peso - nessuna autorità ha da ridire. Anzi, alle autorità torna utile, perché quanto più la gente dà importanza all'aldilà, tanto meno ne dà all'aldiqua e sopporta meglio le condizioni in cui la si obbliga a vivere. Perfino i ribelli, quando sperano in una ricompensa ultraterrena si lasciano sconfiggere più rapidamente, perché in loro la voglia di morire diventa più forte della voglia di vincere. Così, la fede nell'immortalità ha sempre risolto più problemi di quanti ne creasse. Per le resurrezioni, invece, vale il discorso opposto. Sono problematiche, innanzitutto perché riportare in vita qualcuno è sempre un atto sovversivo. È riaprire conti già chiusi. A sentirne parlare come di una possibilità, qualsiasi re avrebbe temuto che si resuscitassero i suoi predecessori o gli avversari che aveva fatto uccidere.

E se si trovasse il modo di far risorgere anche soltanto un periodo della vita, qualsiasi persona perbene vi vedrebbe un pericolo per le carriere, per le famiglie. Resuscitare in una dirigente di banca il suo talento di attrice, soffocato durante l'adolescenza per volere dei genitori? Resuscitare in un nonno la sua passionalità di quand'era ragazzino? Che guai ne verrebbero. Il presente è tanto più solido quanto più è certo di aver ucciso il passato. Così, anche dove la gente crede nella resurrezione (ebrei, cristiani, islamici) ben pochi la vogliono. Si preferisce pensare che sia toccata solo a qualche essere divino, salito poi rapidamente in cielo. O che tutti saranno resuscitati, semmai, alla fine del mondo. Non prima. Fino ad allora, si vuole che nel ragionare sul passato valgano due regole definitive: una è: il passato rimane indietro, mentre noi possiamo soltanto andare avanti e l'altra: ciò che è nel passato non si cambia. Appunto perché non possiamo più raggiungerlo. Queste due regole non impediscono di credere che dopo la morte si viva ancora, ma si direbbero fatte apposta per escludere la resurrezione. Ma il fatto stesso che queste due regole ci siano, così perentorie, fa pensare che nascondano qualcosa d'importante. Qualcosa che si desidera tanto." (https://www.ilgiardinodeilibri.it/libri/resuscitare-igor-sibaldi-libro.php)

20Ora, invece, Cristo è risorto dai morti, primizia di coloro che sono morti. 21Perché, se per mezzo di un uomo venne la morte, per mezzo di un uomo verrà anche la risurrezione dei morti. 22Come infatti in Adamo tutti muoiono, così in Cristo tutti riceveranno la vita. 23Ognuno però al suo posto: prima Cristo, che è la primizia; poi, alla sua venuta, quelli che sono di Cristo. *²⁴Poi sarà la fine, quando egli consegnerà il regno a Dio Padre, dopo avere ridotto al nulla ogni Principato e ogni Potenza e Forza. ²⁵È necessario infatti che egli regni finché non abbia posto tutti i nemici sotto i suoi piedi. ²⁶L'ultimo nemico a essere annientato sarà la morte, ²⁷perché ogni cosa ha posto sotto i suoi piedi. Però, quando dice che ogni cosa è stata sottoposta, è chiaro che si deve eccettuare Colui che gli ha sottomesso ogni cosa. ²⁸E quando tutto gli sarà stato sottomesso, anch'egli, il Figlio, sarà sottomesso a Colui che gli ha sottomesso ogni cosa, perché Dio sia tutto in tutti. ²⁹Altrimenti, che cosa faranno quelli che si fanno battezzare per i morti? Se davvero i morti non risorgono, perché si fanno battezzare per loro? ³⁰E perché noi ci esponiamo continuamente al pericolo? ³¹Ogni giorno io vado incontro alla morte, come è vero che voi, fratelli, siete il mio vanto in Cristo Gesù, nostro Signore! ³²Se soltanto per ragioni umane io avessi combattuto a Èfeso contro le belve, a che mi gioverebbe? Se i morti non risorgono, mangiamo e beviamo, perché domani moriremo. ³³Non lasciatevi ingannare: «Le cattive compagnie corrompono i buoni costumi». ³⁴Tornate in voi stessi, come è giusto, e non peccate! Alcuni infatti dimostrano di non conoscere Dio; ve lo dico a vostra vergogna.*

²⁰"Ora, invece, Cristo è risorto dai morti, primizia di coloro che sono morti. ²¹Perché, se per mezzo di un uomo venne la morte, per mezzo di un uomo verrà anche la risurrezione dei morti. ²²Come infatti in Adamo tutti muoiono, così in Cristo tutti riceveranno la vita. ²³Ognuno però al suo posto: prima Cristo, che è la primizia; poi, alla sua venuta, quelli che sono di Cristo.": come è avvenuta la rinascita? (vv. 20-23) Paolo spiega che quello che è avvenuto a Cristo è avvenuto anche a noi, perché Egli è primizia di coloro che sono passati dalla morte della vita dimezzata, della vita dentro la matrix, alla vita piena. Simbolicamente, la religione ebraica ritiene che la perdita della condizione paradisiaca sia avvenuta a causa della trasgressione di Adam: dunque, Adam è, in pratica, l'iniziatore del progetto di vita privato che si distacca dal progetto originario. La morte è, dunque, la rinuncia al progetto originario e la scelta sostitutiva di un progetto privato. Adam è il simbolo di questo processo che possiamo fare ognuno di noi. La resurrezione, resa possibile da Gesù, è disponibile anche per noi discepoli di Gesù e non è altro che il ripristino del progetto originario e, quindi, della "vita" al posto della "morte". Anche qui non si parla di aldilà dopo la morte nel futuro, ma di aldilà nel presente e nel recente passato, cioè una vita nuova che sostituisce la mezza vita ("morte") dentro la matrix e che segue alla liberazione da questa. Ovviamente, noi possiamo farlo seguendo Cristo e diventando suoi discepoli: prima Cristo primizia e poi noi dopo la sua figura, dietro la sua persona, cioè seguendo quello che è successo a Lui e quello che ha detto ai suoi discepoli.

[24]**"Poi sarà la fine, quando egli consegnerà il regno a Dio Padre, dopo avere ridotto al nulla ogni Principato e ogni Potenza e Forza. [25]È necessario infatti che egli regni finché non *abbia posto* tutti *i nemici sotto i suoi piedi.* [26]"L'ultimo nemico a essere annientato sarà la morte, [27]perché *ogni cosa ha posto sotto i suoi piedi.* Però, quando dice che ogni cosa è stata sottoposta, è chiaro che si deve eccettuare Colui che gli ha sottomesso ogni cosa. [28]E quando tutto gli sarà stato sottomesso, anch'egli, il Figlio, sarà sottomesso a Colui che gli ha sottomesso ogni cosa, perché Dio sia tutto in tutti.".**: qui Paolo delinea il "regno" ideale, cioè il potere rimesso nella giusta (originaria) posizione (vv. 24-28): la matrix si oppone a tutto ciò, perché essa ha creato il proprio potere privato sostituendosi a quello originario di Dio. Con questo fatto di cui stiamo parlando, c'è la resurrezione, ogni matrix comincia a barcollare, perché il suo potere viene messo in discussione e sempre nuovi discepoli di Gesù iniziano a liberarsi da essa. In questo modo, il progetto originario riprende ad occupare la sua giusta e legittima posizione. Paolo immagina simbolicamente ciò come un regno o dei *clientes* che si sottomettono all'imperatore. Il ripristino del progetto originario avverrà per Paolo gradualmente, mano a mano che le varie matrix saranno annientate e che un numero sempre maggiore di persone si libererà. Quando questo avverrà, allora la morte (cioè la vita nella matrix) sarà annientata, non esisterà più. Questo è un evento futuro, ma che ha già avuto inizio nel presente. Tutto è destinato a tornare all'origine, come era nel progetto iniziale.

[29]**"Altrimenti, che cosa faranno quelli che si fanno battezzare per i morti? Se davvero i morti non risorgono, perché si fanno battezzare per loro?"**: è una delle frasi più difficili di tutta la Bibbia e sulla sua interpretazione è stata scritta una bibliografia immensa. Propongo la traduzione che ho trovato più convincente e plausibile, rispettosa della lingua greca e trovo, infine, che sia la prova inoppugnabile del senso autentico in cui si intende "resurrezione".

"Il significato più consono alla domanda che Paolo pone con l'intento di far ragionare i Corinti sulla questione ci sembra "ottenere": "Che cosa otterranno / produrranno / acquisiranno per se stessi"? Ecco allora la traduzione completa:

Ἐπεὶ τί ποιήσουσιν οἱ βαπτιζόμενοι ὑπὲρ τῶν νεκρῶν
Epèi ti poièsusin òi baptizòmenoi üpèr ton nekròn
Infatti cosa otterranno i facentisi immergere a favore dei morti

εἰ ὅλως νεκροὶ οὐκ ἐγείρονται, τί καὶ βαπτίζονται ὑπὲρ αὐτῶν
èi òlos nekròi uk eghèirontai ti kài baptìzontai üpèr autòn
se affatto morti non risorgono perché anche vengono immersi a favore loro

Messo in bell'italiano: "Infatti, cosa otterranno a favore dei morti coloro che si fanno battezzare? Se i morti non risorgono, perché allora si fanno battezzare?". La parte finale, "a favore loro" (*üpèr autòn*), crediamo che appartenga alla frase successiva. Ma andiamo con ordine. Iniziamo da quell'"infatti" con cui si apre il versetto. La congiunzione Ἐπεὶ (*epèi*) ha il senso di "siccome", "stando così le cose". Paolo sta portando una dimostrazione di qualcosa che ha appena detto. Dobbiamo quindi entrare nel contesto di *1Cor* 15. (...) Il problema di alcuni corinti era che avevano smesso di credere nella resurrezione (v.12). Da qui tutto il discorso di Paolo: Se la resurrezione non avviene, neppure Yeshùa è resuscitato e la vostra fede non serve a nulla. Poi conferma che la resurrezione c'è e spiega come devono avvenire le cose: Yeshùa è resuscitato, ma occorre attendere il proprio turno. La morte sarà sconfitta, ma intanto Yeshùa regna in attesa che tutto gli venga sottoposto. Dopo queste argomentazioni dottrinali, Paolo fa leva *su di loro direttamente*. Ecco allora Ἐπεὶ (*epèi*): "Infatti"... "Infatti, cosa otterranno a favore dei morti coloro che si fanno battezzare? Se i morti non risorgono, perché allora si fanno battezzare?". – V. 29 (traduzione dal greco). La parte finale del v. 29 ("a favore loro", ὑπὲρ αὐτῶν, *üpèr autòn*) appartiene alla frase successiva (v. 30):

ὑπὲρ αὐτῶν τί καὶ ἡμεῖς κινδυνεύομεν πᾶσαν ὥραν
üpèr autòn ti kài emèis kindünèuomen pàsan òran
a favore loro perché anche noi corriamo pericolo ogni ora

"Infatti, cosa otterranno a favore dei morti coloro che si fanno battezzare? Se i morti non risorgono, perché allora si fanno battezzare? È così che si può spiegare il tanto discusso passo paolino. Perché anche noi corriamo pericolo per loro ogni ora?". – *1Cor* 15, 29,30, traduzione dal greco. Poi Paolo spiega: "Ogni giorno sono esposto alla morte; sì, fratelli, com'è vero che siete il mio vanto, in Cristo Gesù, nostro Signore. Se soltanto per fini umani ho lottato con le belve a Efeso, che utile ne ho? Se i morti non risuscitano, 'mangiamo e beviamo, perché domani morremo'". – *1Cor* 15, 30-32. Il passo così diventa chiaro. Quei corinti devono credere alla resurrezione: se la resurrezione non avviene, è inutile che si battezzino ed è inutile che Paolo metta a rischio la sua vita per loro. In questa versione ogni parola conserva il suo esatto senso e valore. Si tratta di persone vive "che si fanno battezzare", come suggerisce il participio presente βαπτιζόμενοι (*baptizòmenoi*), che indica un'azione continuativa: si facevano cioè battezzare al tempo in cui Paolo scriveva e continuavano a farsi battezzare". (biblistica.it/wordpress/?page_id=3535)

"Infatti, cosa otterranno a favore dei morti coloro che si fanno battezzare? Se i morti non risorgono, perché allora si fanno battezzare?": è così che si può spiegare il tanto discusso passo paolino". Se ci si distacca da una mentalità ancorata alla matrix, si comprende che la morte di cui si parla non è innanzitutto la morte fisica, perché non ci si può fare battezzare in favore di un morto, ma è la morte spirituale, cioè la vita dimezzata all'interno della matrix. Allora la frase di Paolo si capisce perfettamente: cosa possono ottenere quelli che si fanno battezzare a favore di quelli che vivono nella caverna-matrix se non fosse possibile risorgere, cioè uscire dalla caverna? Ha senso farsi battezzare se è possibile uscire dalla matrix attraverso la discepolanza di Gesù ed ha senso anche per Paolo incorrere in tutti quei pericoli di cui parla nei versetti immediatamente successivi: lo fa perché quanti più possibile possano uscire dalla caverna della vita inautentica (morte) ed entrare nella vita autentica portata da Gesù. I Corinti probabilmente, essendo molto pratici e concreti intendono negare la resurrezione proiettata nell'aldilà *post mortem* e Paolo ne approfitta per fare capire la necessità di una resurrezione nell'aldiqua, senza negare quella futura *post mortem*. Infatti, il senso della resurrezione lo dà Gesù quando dice "voi distruggerete questo tempio ed io lo ricostruirò in tre giorni": parla della morte del suo corpo, certo, ma parla anche della ideologia della matrix che cerca di opporsi al progetto originario che Lui è venuto a ripristinare. Riuscirete solo per tre gironi a fare prevalere il vostro progetto ma dopo, resuscitando, io porterò la vittoria del progetto originario. Così succede anche in chi crede in me: potrà anche essere morto (cioè dentro la matrix) ma dopo un po', dopo tre giorni, seguendo il mio insegnamento, risorgerà, cioè rinascerà a vita nuova. Ma tutto questo avviene all'interno del discepolato di Gesù: altrimenti non ha senso battezzarsi e non ha senso incorrere in tutti i pericoli di cui parla Paolo. Il senso che Gesù dà alla resurrezione è sempre riferito al presente dei discepoli e al passato di sé e quando si riferisce al futuro è sempre riferito ad un futuro prima della morte in cui dovrà avvenire il cambiamento di mentalità e la fuoriuscita dalla caverna della matrix, cioè dalla non-vita, dalla vita inautentica.

[30]"E perché noi ci esponiamo continuamente al pericolo? [31]Ogni giorno io vado incontro alla morte, come è vero che voi, fratelli, siete il mio vanto in Cristo Gesù, nostro Signore! [32]Se soltanto per ragioni umane io avessi combattuto a Èfeso contro le belve, a che mi gioverebbe?": ecco la prova: se non c'è la possibilità di riportare fuori dalla caverna quanti più possibile, che vantaggio ne viene per Paolo dall'affrontare tutti questi pericoli? Paolo non lo fa certo per una ricompensa *post mortem*, perché è troppo sproporzionato il travaglio presente in confronto con un bene futuro incerto e discutibile, visto che i Corinzi lo contestano. E' l'argomento della scommessa di Pascal: non ha senso scommettere un bene certo per un bene incerto. Ha senso scommettere se c'è qualche certezza e questa è il vivere autenticamente nel presente, che è già una vittoria. Le ragioni umane per cui Paolo ha combattuto sono le motivazioni sociali in mano alla matrix: se avesse combattuto solo per queste e non per una vita totalmente diversa e fuori dalla matrix, il sacrificio e i pericoli di Paolo sarebbe inutili, mentre Paolo rivendica un senso e un giovamento per tutti questi rischi. Non può essere che la garanzia di questa utilità sia solo in un futuro *post mortem* se non è anche una vittoria nel presente. Questa uscita dalla matrix, infatti, un pegno visibile e presente di un bene futuro e sperato, cioè la resurrezione *post mortem* che non è altro che quello che tutti speriamo, cioè il ritorno nel progetto originario..

"Se i morti non risorgono, *mangiamo e beviamo, perché domani moriremo.* [33]Non lasciatevi ingannare: «Le cattive compagnie corrompono i buoni costumi». [34]Tornate in voi stessi, come è giusto, e non peccate! Alcuni infatti dimostrano di non conoscere Dio; ve lo dico a vostra vergogna.": se l'uscita dalla matrix non è possibile, se la vita nuova alla luce del progetto originario è una bufala, allora hanno ragione gli edonisti, i beoni e i crapuloni. Ma Paolo ci dice di non farci fuorviare dall'edonismo, ma nemmeno dai negazionisti della possibilità di rinascere, sia nel senso di uscire dalla matrix nell'aldiqua prima della morte, sia in una vita *post mortem*. E questa è la mentalità di Dio, il suo modo di vedere la vita, che egli vuole seminare nei discepoli di Gesù.

[35]Ma qualcuno dirà: «Come risorgono i morti? Con quale corpo verranno?». [36]Stolto! Ciò che tu semini non prende vita, se prima non muore. [37]Quanto a ciò che semini, non semini il corpo che nascerà, ma un semplice chicco di grano o di altro genere. [38]E Dio gli dà un corpo come ha stabilito, e a ciascun seme il proprio corpo. [39]Non tutti i corpi sono uguali: altro è quello degli uomini e altro quello degli animali; altro quello degli uccelli e altro quello dei pesci. [40]Vi sono corpi celesti e corpi terrestri, ma altro è lo splendore dei corpi celesti, altro quello dei corpi terrestri. [41]Altro è lo splendore del sole, altro lo splendore della luna e altro lo splendore delle stelle. Ogni stella infatti differisce da un'altra nello splendore. [42]Così anche la risurrezione dei morti: è seminato nella corruzione, risorge nell'incorruttibilità; [43]è seminato nella miseria, risorge nella gloria; è seminato nella debolezza, risorge nella potenza; [44]è seminato corpo animale, risorge corpo spirituale. Se c'è un corpo animale, vi è anche un corpo spirituale. Sta scritto infatti che [45]il primo uomo, Adamo, divenne un essere vivente, ma l'ultimo Adamo divenne spirito datore di vita. [46]Non vi fu prima il corpo spirituale, ma quello animale, e poi lo spirituale. [47]Il primo uomo, tratto dalla terra, è fatto di terra; il secondo uomo viene dal cielo. [48]Come è l'uomo terreno, così sono quelli di terra; e come è l'uomo celeste, così anche i celesti. [49]E come eravamo simili all'uomo terreno, così saremo simili all'uomo celeste. [50]Vi dico questo, o fratelli: carne e sangue non possono ereditare il regno di Dio, né ciò che si corrompe può ereditare l'incorruttibilità.

Paolo ora dà una visione evolutiva del processo di rinascita, basandosi su elementari osservazioni sperimentali e naturali.

[35]"Ma qualcuno dirà: «Come risorgono i morti? Con quale corpo verranno?». [36]Stolto! Ciò che tu semini non prende vita, se prima non muore. [37]Quanto a ciò che semini, non semini il corpo che nascerà, ma un semplice chicco di grano o di altro genere. [38]E Dio gli dà un corpo come ha stabilito, e a ciascun seme il proprio corpo".: il problema della resurrezione spostato nel futuro è un problema mal posto: Paolo dice che la vita eterna e la rinascita non opera come ricostituzione di corpi dissolti e spariti nel nulla dopo la morte, bensì opera come i germi vitali, i semi della vita, cioè principi evolutivi di crescita, di elementi potenziali che si sviluppano successivamente crescendo. Paolo imposta la rinascita in modo evolutivo: è la evoluzione stessa della vita e della natura che dà un corpo a questi semi e l'essere discepoli di Gesù è mettere questi semi nella mente e nella vita delle persone che divengono tali. Si tratta non di resurrezione nel futuro ma di un processo già iniziato nel passato: il seme è già stato messo nei corpi e Dio lo fa crescere con la energia vitale che ha infuso nella natura, così fa anche con voi immettendovi nel terreno fertile della comunità dei discepoli di Gesù.

[39]Non tutti i corpi sono uguali: altro è quello degli uomini e altro quello degli animali; altro quello degli uccelli e altro quello dei pesci. [40]Vi sono corpi celesti e corpi terrestri, ma altro è lo splendore dei corpi celesti, altro quello dei corpi terrestri. [41]Altro è lo splendore del sole, altro lo splendore della luna e altro lo splendore delle stelle. Ogni stella infatti differisce da un'altra nello splendore. Questa visione evolutiva della rinascita è posta da Paolo in una prospettiva cosmica che è la più autenticamente secondo il progetto originario. Bisogna uscire dalla ristretta visione del mondo della caverna, del mondo delle ombre e collocarsi nella prospettiva dle progetto originario che è anche quello della creazione in cui ogni creatura ha un posto nel cosmo. Questo è il senso della resurrezione cosmica: il ritorno di tutto nella prospettiva originaria, ma questo è attivo già da ora nella rinascita che avviene nella comunità dei DDG fin dall'inizio della predicazione di Paolo.

[42]"Così anche la risurrezione dei morti: è seminato nella corruzione, risorge nell'incorruttibilità; [43]è seminato nella miseria, risorge nella gloria; è seminato nella debolezza, risorge nella potenza; [44]è seminato corpo animale, risorge corpo spirituale".: la resurrezione è un processo evolutivo: da un piccolo seme un grande cambiamento. Il seme è posto nella situazione di matrix (chiamata da Paolo: corruzione, miseria, debolezza, corporeità animale) in cui si trova il discepolo di Gesù e produce in lui il cambiamento della rinascita, cioè della rigenerazione alla vita autentica (chiamata da Paolo: incorruttibilità, gloria, potenza, corporeità spirituale). Corporeità spirituale significa proprio la unione di spirito e corpo che era in origine e che viene restituita nella prospettiva di vita nuova che si ha nel progetto originario. Questo cambiamento avverrà totalmente *post mortem* ma viene anticipato già nella vita nuova dei discepoli di Gesù.

"Se c'è un corpo animale, vi è anche un corpo spirituale. Sta scritto infatti che [45]il primo uomo, Adamo, divenne un essere vivente, ma l'ultimo Adamo divenne spirito datore di vita. [46]Non vi fu prima il corpo spirituale, ma quello animale, e poi lo spirituale. [47]Il primo uomo, tratto dalla terra, è fatto di terra; il secondo uomo viene dal cielo.": il punto di partenza è sempre da una situazione di matrix e di caverna, non fosse altro per il fatto che anche Adamo, prima di essere vivificato dallo spirito divino era fatto di materialità. Ma dopo la comunicazione dello spirito vitale di Dio divenne un essere vivente: prima era "morto" e poi divenne vivente. Il nuovo Adamo che è Gesù, l'ultimo, cioè il definitivo: il modello originario dell'umano è lui stesso, come spirito datore di vita. Non accade l'inverso, bensì dalla materialità senza vita, senza energia si arriva alla rigenerazione: questo è il percorso evolutivo della rinascita.

[48]"Come è l'uomo terreno, così sono quelli di terra; e come è l'uomo celeste, così anche i celesti. [49]E come eravamo simili all'uomo terreno, così saremo simili all'uomo celeste. [50]Vi dico questo, o fratelli: carne e sangue non possono ereditare il regno di Dio, né ciò che si corrompe può ereditare l'incorruttibilità".: l'uomo terreno è quello che ragiona in termini di matrix, cioè di progetto privato; l'uomo celeste è quello che ragiona in prospettiva cosmica e, quindi, è predisposto alla rigenerazione perché lascia fluire attraverso di sé l'energia cosmica che proviene dal divino. Il corpo chiuso in se stesso all'interno della matrix non può ricevere questa energia cosmica e questa trasformazione, ma se si apre ne viene rinnovato e rinasce.

[51]"Ecco, io vi annuncio un mistero: noi tutti non moriremo, ma tutti saremo trasformati,": questa conclusione sì che parla del mistero della morte finale: esprime il pensiero di Paolo sull'aldilà *post mortem*. Per Paolo la morte non è la fine di tutto, ma una trasformazione. Ovviamente, quando Paolo dice "non moriremo" non parla di immortalità fisica, ma parla di una trasformazione, perché è ovvio che la morte fisica è inevitabile. Niente si distrugge, tutto si trasforma: anche noi faremo parte di questa trasformazione inserendoci nel grande flusso di trasformazione del cosmo, tra materia ed energia.

[52]"in un istante, in un batter d'occhio, al suono dell'ultima tromba. Essa infatti suonerà e i morti risorgeranno incorruttibili e noi saremo trasformati.": Paolo parla della trasformazione definitiva annunciata da quelle ebraiche, di Noè e di Mosè, liberazioni dalla matrix del diluvio

(confusione) e dalla matrix del Faraone (schiavitù), annunciate dalle trombe (esisteva una festa ebraica delle trombe che ricordava queste liberazioni). Alle trombe di questa festa si riferisce Paolo nella esortazione finale. Dove parla della resurrezione finale che non sostituisce quella della conversione ma ne è il completamento; e la rinascita della discepolanza di Gesù non è altro che l'anticipo e il pegno di quella futura e definitiva.

"*Nm* 10, 1-2: "L'Eterno parlò ancora a Mosè, dicendo: «Fatti due trombe d'argento; le farai d'argento battuto; le userai per convocare l'assemblea e per far muovere gli accampamenti. Così pure nei vostri giorni di gioia, nelle vostre feste stabilite e al principio dei vostri mesi, suonerete le trombe in occasione dei vostri olocausti e dei vostri sacrifici di ringraziamento; ed esse vi faranno ricordare davanti al vostro Dio. Io sono l'Eterno, il vostro Dio».: Dio ordinò a Mosè di fare delle trombe di argento battuto: l'argento, nella *Scrittura,* rappresenta la redenzione e il fatto che doveva essere battuto significa che non solo abbiamo bisogno di essere redenti dal Signore, ma necessitiamo anche del sacrificio per cambiare. Durante le feste, quindi, si suonavano le trombe, si facevano sacrifici di ringraziamento, si offrivano olocausti e Dio si ricordava del popolo".   (*http://www.paroladellagrazia.it/it/sermon/il-rapimento-e-la-festa-delle-trombe/*)

La festa delle trombe rievoca sia la creazione di Adamo, sia la rigenerazione dell'umanità dopo il diluvio e sia la nascita di Israele dopo il passaggio del Mar Rosso, la Pasqua Ebraica, ricelebrata in modo nuovo da Gesù. La tromba era suonata per convocare l'assemblea, per iniziare un viaggio e per cominciare una battaglia. "Il primo giorno di Tishri in cui c'è il capodanno, è molto importante per gli Ebrei perché secondo la loro tradizione Adamo fu creato in questo giorno, quindi la festa delle Trombe è anche il compleanno della razza umana. Nella prima creazione c'è stato un giudizio che si è compiuto con il diluvio. Dio avvisò Noè una settimana prima che iniziasse la pioggia che durò 40 giorni e 40 notti e Noè fece un coperchio impermeabile per l'arca cosicché l'acqua non potesse entrare. *Genesi 8, 13: "Nell'anno seicentouno di Noè, nel primo mese, nel primo giorno del mese, le acque si erano prosciugate sulla terra; e Noè scoperchiò l'arca, guardò, ed ecco che la superficie del suolo era asciutta".* Fu proprio nel primo giorno di Tishri, cioè nella futura festa delle Trombe non ancora rivelata, che Noè scoperchiò l'arca; questo ci fa comprendere come la Terra ebbe il suo nuovo inizio nel giorno di Rosh HaShanah. *(…)* 1*Corinzi 15:* *[51]"Ecco, io vi dico un mistero: non tutti morremo, ma tutti* *saremo mutati in un momento,* [52] *in un batter d'occhio, al suono dell'ultima tromba; la tromba infatti suonerà, i morti risusciteranno incorruttibili e noi saremo mutati".* Quando la tromba suonerà i nostri corpi risusciteranno incorruttibili, ciò significa che non si ammaleranno più e non ci sarà più stanchezza né dolore. **Paolo parla dell'ultima tromba perché nell'ultimo giorno della festa, venivano fatti cento squilli di tromba e l'ultimo suono chiudeva la festa".** *(http://www.paroladellagrazia.it/it/sermon/il-rapimento-e-la-festa-delle-trombe/)*

[53]**"E' necessario infatti che questo corpo corruttibile si vesta d'incorruttibilità e questo corpo mortale si vesta d'immortalità".** Che il corpo corruttibile si vesta di immortalità è proprio una grande novità che rivoluziona le antiche concezioni basate sulla divisione tra corpo e anima: il corpo muore e si corrompe, l'anima, che è immortale, gli sopravvive e se ne va nel luogo delle anime (paradiso, Campi Elisi, Walallha, ecc…). Che il corpo si vesta di immortalità e di incorruttibilità è una necessità portata da un fatto che mai le religioni precedenti avrebbero potuto immaginare: quello che Gesù ha fatto del suo stesso corpo. Lui stesso ha rivestito il suo corpo di immortalità e di incorruttibilità. Ciò significa che per i discepoli di Gesù il corpo ha una dignità, una energia e una potenza che è ben più grande di quelle che conferisce ad esso la concezione religiosa in generale di tutta l'antichità e ben più potente di quelle che assegna oggi il materialismo ideologico praticato da medici, scienziati e psicologi in generale. L'immortalità è la vera veste del corpo, non il vestito sociale che la matrix appiccica addosso ad esso: il corpo è fatto per l'immortalità e si nutre di immortalità. Non c'è dualismo corpo-anima, ma divenire e trasformazione. L'unico dualismo è quello che impone la matrix e di cui Paolo parla subito dopo. Paolo segue alla lettera il modello del corpo di Cristo che è stato rivestito di immortalità dopo essere morto, subito, in un istante, non alla fine dei tempi.

La morte non distrugge, ma trasforma e rende il corpo rivestito di immortalità subito, in un istante, come quello di Cristo. I "morti risorgeranno incorruttibili e noi saremo trasformati": i morti, quando muoiono, risorgono incorruttibili e si vestono di immortalità. "Quando suonerà la tromba" della festa delle trombe: questa immagine è stata proiettata nella mentalità comune diffusa dalla matrix ecclesiastica in un futuro oltre la storia, alla fine dei tempi. Ma Paolo non pensava alla fine del mondo, ma alla realizzazione piena delle promesse di Gesù nel presente, qui ed ora. Ci deve essere, dunque, un destino energetico immortale e incorruttibile del corpo accessibile subito, già da ora, già nel momento in cui la morte fisica sopraggiunge, per cui la parte energetica del corpo trasmigra e si trasforma, tornando nella condizione in cui era fin dall'origine, tornando al suo progetto originario. E' necessario che il corpo si vesta di incorruttibilità come era nel progetto originario.

E' interessante lo scivolamento linguistico operato da Paolo: egli passa da "i morti risorgeranno incorruttibili al suono dell'ultima tromba", a "noi saremo trasformati" a, infine, "questo corpo corruttibile si veste di incorruttibilità". Dall'universale al particolare: dal modello universale realizzato da Gesù, si passa alla resurrezione operata in questa vita nella discepolanza di Gesù, fino ad arrivare alla trasformazione completa e totale di "questo corpo", il mio che ho qui davanti, che "indosso" in questo momento, che si veste di immortalità. Il grave errore è stato di pensare tutto questo solo come una immagine proiettata nel futuro *post mortem*, quando, invece, ha una direzione ben diversa: dal modello della trasformazione avvenuta in Gesù al modello della trasformazione avvenuta nella discepolanza di Gesù, a quello che accade al mio corpo ora, quando inizia la festa della piena realizzazione del progetto originario in cui viene rivestito di immortalità. Dobbiamo solo concentrare la meditazione su questo e non farci fuorviare da false immagini favorite dalla matrix che ha tutto l'interesse a sviare l'attenzione dal presente e proiettarlo in un futuro impalpabile, affinché il suo dominio sulla società sia totale ed indisturbato.

[54]"Quando poi questo corpo corruttibile si sarà vestito d'incorruttibilità e questo corpo mortale d'immortalità, si compirà la parola della Scrittura: La morte è stata inghiottita nella vittoria.[55]Dov'è, o morte, la tua vittoria? Dov'è, o morte, il tuo pungiglione?": Alberto Maggi spiega molto bene che la vittoria sulla morte non è la sparizione della morte fisica, ma è la vita piena e totale che si sperimenta quando si diventa discepoli di Gesù secondo il suo vero insegnamento e si vive su di sé, quindi, la sua resurrezione.

"Gesù partirà dall'idea farisaica di resurrezione, ma ne cambierà profondamente e sostanzialmente il contenuto. Questo è importante perché come dicevo all'inizio, purtroppo ancora per noi le idee della resurrezione sono più quelle ebraiche o quelle della filosofia greca, che quelle di Gesù. Gesù quando deve parlare agli ebrei parla di resurrezione;

quando Gesù parla ai pagani non parla mai di resurrezione. Gesù adopera due tipi di linguaggio: per gli ebrei adopera dei concetti che loro possono capire, ma cambiandone i contenuti; quando parla ai pagani non adopera mai termini ebraici, ma sempre termini che i pagani possono comprendere. Quindi quando parla ai pagani parla di una vita capace di superare la morte. *Chi perde la propria vita per causa mia e del Vangelo la conserverà.* La grande novità che porta Gesù è che la vita eterna non è più un premio futuro, per una buona condotta mantenuta nel presente, ma una realtà nel presente. Gli ebrei credevano: comportati bene su questa terra che poi dopo morto Dio come premio ti darà la vita eterna. Ebbene Gesù, ogni qualvolta parla della vita eterna, non ne parla mai adoperando dei verbi al futuro, non dice credi e avrai la vita eterna, comportati bene e avrai la vita eterna, ma Gesù ne parla sempre con verbi al presente. Chi crede ha la vita eterna. Chi mangia il mio corpo e beve il mio sangue ha la vita eterna. Gesù porta questa straordinaria novità: la vita eterna non è un premio da attendere per il futuro, ma una realtà da vivere nel presente. Cioè quella qualità di vita, di pienezza di vita,che la morte non può scalfire che è tipica di coloro che sono passati attraverso la morte, Gesù dice: perché aspettare dopo la morte per averla? Voi già qui e adesso potete avere la pienezza di vita che è quella eterna. Per cui i cristiani non credono che avranno la vita eterna: o ce l'hanno già o non ce l'avranno più. Ecco perché c'è qualcosa di strano nelle lettere di Paolo, qualcosa che a noi può sembrare paradossale. I primi cristiani non credevano che sarebbero resuscitati dopo la morte, ma credevano già di vivere la condizione dei resuscitati. Paolo in una sua lettera dice: «..noi che siamo già resuscitati», come sarebbe a dire, noi che siamo già resuscitati? Ma non si resuscita dopo la morte? No, o si resuscita su questa terra o dopo morti non si resuscita più. O si ha in questa esistenza una vita di una qualità tale che è capace di superare la morte o altrimenti dopo la morte non c'è più niente. Quindi i primi cristiani non credevano che c'era la vita, la morte e poi la resurrezione, ma credevano che già in questa vita avevano la condizione dei risorti. S. Paolo ne parla tante volte: noi che siamo già resuscitati, noi che siamo addirittura nei cieli con il Signore. L'attesa del cristiano non è quella di andare in cielo: o ci siamo già nei cieli, i cieli significa la sfera di Dio, o non ci andremo mai. Quindi non è da credere che i morti resusciteranno, possono resuscitare soltanto i vivi, i morti non resuscitano. Gesù parla della vita eterna come di una vita di una qualità tale che quando essa si incontra con il fatto della morte è capace di scavalcarla. Nel cap. 8 del Vangelo di Giovanni Gesù dice « ...se uno pratica la mia parola non vedrà mai la morte». Ma che cosa significa questo, di non vedere la morte, perché la morte è un'esperienza che capita a tutti quanti? Nei Vangeli e nel Nuovo Testamento si parla di due morti: si parla anche della morte seconda. Qual è questa morte seconda? Nel Vangelo di Matteo e poi anche nell'Apocalisse troviamo il concetto delle due morti. Gesù dice «... non temete chi vi può uccidere il corpo, ma non può nulla alla vostra vita, temete piuttosto colui che può far perire la vita e il corpo nella Gheenna» (*Mt* 10,28)." (https://www.studibiblici.it/ Conferenze/ Vita eterna Maggi.pdf)

[56]**"Il pungiglione della morte è il peccato e la forza del peccato è la Legge"**: qui c'è la definizione della morte per Gesù e per i suoi discepoli: il contrario della resurrezione, il contrario della vita eterna è questa tenaglia ideologica che chiude nella morsa tesa dalla matrix l'uomo e lo istiga a scegliere il progetto privato (Mammona, il denaro, il mercato): la tenaglia tra la trasgressione (peccato) e la proibizione (la Legge), che è la forza del peccato. Paolo non parla dei peccati al plurale, ma del peccato al singolare: il peccato è uno solo, la trasgressione che non è altro che sostituire il progetto originario con il progetto privato. E ciò che dà forza ad esso è proprio la legge, cioè le regole, i divieti e gli obblighi. E' costruire su questa dialettica la vita che costituisce il contrario della vita, cioè la morte, mentre si è ancora nell'aldiqua, prima della morte fisica. Si è vivi, ma, dal punto di vista della vita autentica, si è *zombie*, cioè morti che camminano.

[57]**"Siano rese grazie a Dio, che ci dà la vittoria per mezzo del Signore nostro Gesù Cristo!** [58]**Perciò, fratelli miei carissimi, rimanete saldi e irremovibili, progredendo sempre più nell'opera del Signore, sapendo che la vostra fatica non è vana nel Signore"**: se si vuole capire cosa è la resurrezione autentica non bisogna riferirsi né alla concezione ebraica della resurrezione dei morti, né a quella greca della immortalità dell'anima: la concezione di Gesù è differente sia dall'una che dall'altra. La concezione ebraica è che risorgeranno solo i giusti e i martiri, quindi, non le persone normali, in un futuro imprecisato dopo la morte fisica, e che non si risorge ora. La concezione greca è che solo l'anima è immortale e non il corpo e che l'anima si stacca dal corpo; inoltre, non ci sarà una resurrezione futura dei corpi, ma una reincarnazione dell'anima in un altro corpo. La concezione di Gesù e la sua esperienza, che vuole che anche i suoi discepoli facciano, non ha niente a che fare né con l'una né con l'altra. Invece, nel cristianesimo superficiale, che è quello più diffuso, la resurrezione è concepita come un misto della concezione ebraica e di

quella greca: cioè, è proiettata nel futuro dopo la morte e non ora prima della morte e comporta prima una separazione dell'anima dal corpo e, poi, una rigenerazione generica del corpo che si è nel frattempo disgregato. Nessuna delle due concezioni parla di resurrezione come di vita divina presente in noi, ora, dal momento in cui si crede in Gesù; e di trasformazione, che inizia ora, della nostra vita mortale nella vita divina e che procede anche attraverso la morte fisica e che ci colloca all'interno della vita divina fin da subito sia prima che dopo la morte fisica. Quando parla di "ultimo giorno", in questo senso, Paolo intende l'ultimo giorno della resurrezione ebraica (è una concessione a quella mentalità, per farsi capire), ma attenzione, tutto il resto è già avvenuto e, quindi, anche l'eventuale ed enigmatico ricongiungimento del corpo con l'anima può avvenire in accordo con la teoria ebraica, ma per tutti i credenti in Gesù e non solo per giusti e martiri; ma soprattutto, tutto è già avvenuto prima per chi ha creduto in Gesù, cioè che Lui è la resurrezione stessa e la vita stessa.

Padre Alberto Maggi mette a confronto la concezione ebraica di resurrezione e quella di Gesù, così come si evidenziano nell'episodio che precede la resurrezione di Lazzaro, nel dialogo, cioè, tra Gesù e Marta. In questo dialogo si manifesta la vera concezione che Gesù aveva della resurrezione che è la stessa che Paolo esprime nella sua *Lettera ai Corinzi* e l'unica che possiamo abbracciare anche noi oggi.

"Quindi, Marta risponde: «so che risusciterà, ma nell'ultimo giorno!». Cos'è questo ultimo giorno? Il mondo ebraico, all'epoca di Gesù, credeva che ci fosse un inizio della vita, poi la morte e, dopo la morte, tutti, buoni e cattivi, si finiva nel soggiorno dei morti, in questa caverna sotterranea; poi, nell'ultimo, ipotetico giorno, che non si sapeva quando, ci sarebbe stata la risurrezione dei giusti e dei martiri, soltanto per costoro. Quindi, Marta risponde «So che risusciterà, ma l'ultimo giorno», quindi, che mi vieni a dire che mio fratello risusciterà, a me manca adesso! Ed ecco l'importante affermazione di Gesù che è la chiave di comprensione di tutto l'episodio e che l'Evangelista cura in maniera particolare, perché vuole mostrare il cambiamento radicale a questa comunità che si rifà all'insegnamento tradizionale ebraico e non ha compreso la novità di un Dio che non è il Dio dei morti ma è il Dio dei vivi. «Gesù le disse: Io sono» Non è la rivendicazione dell'esistenza ma è il nome di Dio. Marta si era rivolta a Gesù «qualunque cosa chiederai a Dio», quindi, sei un mediatore. Gesù dice «Io sono». Quando Mosè, nell'episodio conosciuto del roveto ardente, si rivolge a Dio e dice: «Dimmi il tuo nome», Dio non risponde dando il nome, perché Dio non ha nome, Dio risponde non con la sua identità ma con un'attività che lo renda riconoscibile, e dice: «Io sono colui che sono», e da sempre la tradizione ebraica ha commentato questa affermazione dicendo «Io sono colui che sono», significa il Dio che è sempre vicino al suo popolo. «Io sono»nella spiritualità ebraica, era passato ad indicare il nome di Dio, quindi, a Marta che si rivolge a Gesù considerandolo un mediatore, Gesù dice «Io sono», cioè Gesù rivendica la condizione divina. «Io sono la risurrezione e la vita». Gesù è la risurrezione, non c'è da aspettare la risurrezione all'ultimo giorno, Gesù è la risurrezione perché lui è la vita. E poi, ecco l'importante indicazione che dà l'Evangelista rivolto alla Comunità «Chi crede in me, anche se muore, vivrà». Il verbo credere (*pisteuo*), come è adoperato dagli Evangelisti, non indica accettare delle verità di fede, ma significa dare adesione a qualcuno e al suo messaggio. Allora, Gesù dice: chi crede in me (se qualcuno mi dà adesione) anche se muore, continua a vivere. Gesù si rivolge alla comunità che piange uno dei suoi componenti morto, lo piange come un cadavere. Gesù dice: se questo individuo, per il quale adesso siete nel lutto e piangete, ha creduto in me, cioè mi ha dato adesione, anche se adesso lo vedete morto, vedete un cadavere, credete che continua a vivere. Se la morte giunge quando l'individuo è pieno d'amore, è pieno di energia vitale, Gesù ci assicura che non ne fa l'esperienza. Il tragico sarebbe che, quando arriva la morte, la morte biologica, trovasse un corpo svuotato di energia vitale, una persona che a forza di rifiutare sistematicamente le offerte di vita chiudendosi nel proprio io narcisista, non è cresciuta. Allora fa esperienza della morte, della distruzione, dell'annientamento totale della persona. Non come un castigo da parte di Dio, ma come una conseguenza delle scelte negative compiute dall'individuo. In ognuno di noi c'è una energia vitale che ha bisogno di esprimersi attraverso l'amore e la donazione agli altri, chi sistematicamente rifiuta questo, chi toglie vita agli altri, finisce per soffocare fino a spegnere questa energia vitale; quindi, quando arriva la morte, è la morte definitiva della persona. Allora, Gesù dice: chi crede in me, anche se muore continua a vivere. E alla comunità che è viva, fa questa affermazione: «Chiunque vive» - quindi tutti noi che siamo vivi - «e crede in me, non morirà mai»." (https://www.studibiblici.it/Conferenze/Vita_eterna_Maggi.pdf)

La *Prima Lettera ai Corinti* è, come si può constatare, un vero "manuale" di fuoriuscita dalla caverna e di liberazione dalla matrix: con Paolo noi possiamo veramente rigenerarci e "rinascere dall'alto", secondo l'espressione di Gesù rivolta a Natanaele. Questo processo crea in modo naturale e spontaneo anche una comunità di resistenza al potere e di rinascita spirituale quando i vari discepoli di Gesù si uniscono e condividono la loro esperienza di resurrezione come vita nuova presente. Questo "manuale" si può, dunque, perfettamente inserire nel nostro percorso sulle peripezie del progetto originario, in quanto tutto l'insegnamento di Paolo è una lettura del presente e dei suoi problemi, generati dalla invadenza ideologica della matrix, alla luce, appunto, del progetto originario stesso.

Vedremo ora, nel capitolo successivo, un altro esempio di vita presente e dei suoi problemi, generati dalla invadenza della matrix, a confronto con il progetto originario. Questa volta, però, si tratta di una vera e propria lettura della *politeia* alla luce del progetto originario: ci collochiamo, cioè, sul piano delle relazioni con gli altri secondo il punto di vista, come direbbe Hannah Arendt, della "*politeia* ritrovata".

Capitolo tredicesimo

Una affascinante visione della società e del potere dal punto di vista del progetto originario: l'utopia sociale dei Diggers

In questo capitolo possiamo considerare un tentativo di giudicare la situazione sociale e politica del presente (siamo a metà del XVII secolo in Inghilterra) alla luce del progetto originario: un'altra delle sue famose peripezie, questa volta particolarmente pertinente alla società ed alla politica e che, quindi, si confronta con l'espressione massima della matrix. L'occasione è ghiotta, perché c'era stata una rivoluzione che aveva soppiantato una matrix (la monarchia) per introdurne un'altra (il Parlamento) e questo era avvenuto in nome di un principio totalmente anti-matrix: l'uguaglianza. Ma, in realtà, i rivoluzionari non intendevano l'uguaglianza originaria, universale e valida per tutti, ma intendevano semplicemente di portare il proprio progetto privato, con i propri interessi economici e sociali, quelli della borghesia, a sostituire quello della matrix precedente: una sostituzione, quindi, di sottomatrix, che lasciava intatto il sistema. A questo punto si inseriscono i Diggers, una formazione politica nata all'interno dello schieramento del Parlamento, che non si accontenta di questa sostituzione di matrix e cerca di proporre l'uguaglianza del progetto originario. Vediamo come si sono svolti i fatti.

La Rivoluzione Inglese aveva appena abbattuto la Monarchia e la testa del re era caduta (30 gennaio 1649): i Diggers chiedono ai soldati: "perché avete combattuto?", ma questi non sanno rispondere. Allora Gerrard

Winstanley cerca di portare dalla parte del popolo la rivoluzione iniziata dal Parlamento. Se abbiamo fatto metà dell'opera, pensa, la completiamo: portiamo l'uguaglianza. La loro intenzione non è abolire la proprietà privata: lo sanno bene che i proprietari della Terra sono potentissimi e che è stata una parte di essi a fare la rivoluzione e a sostenerla. Volevano, allora, almeno, frenare il flusso delle privatizzazioni della terra, chiamate recinzioni ("*Enclosures*"), che andavano avanti da cento anni. Esse erano basate, secondo i Diggers, su una ingiustizia originaria, su un furto primordiale: l'appropriarsi di qualcosa che è di tutti e che è, invece, un bene comune. E' quello che continuano impunemente a fare le multinazionali anche oggi. Le recinzioni rendevano privato quello che è bene comune, le terre comuni. E' il *vulnus* originario al progetto iniziale delle cose e del mondo: fare diventare progetto privato quello che era il progetto originario. Nella parabola del grano buono e della zizzania, raccontata da Gesù nel vangelo, rappresenta l'opera del Nemico che ha seminato la divisione e la privatizzazione di ciò che è comune. E' il modello delle due città di sant'Agostino.

I Diggers propongono che almeno le terre comuni, adibite da secoli ad uso comune (oggi diremmo beni demaniali, statali, foreste, fiumi, laghi, beni presenti nel sottosuolo, l'acqua, ecc...) vengano lasciate al popolo e non si continui nel processo di privatizzazione. Ovviamente, tutto inutile, e sappiamo come è andata e come vanno le cose: è un inutile piagnisteo che la classe dominante non ascolterà mai, quello del popolo e dei Diggers. Ma al di là del loro fallimento storico, causato dalla debolezza del popolo rispetto alle classi dominanti, è molto interessante la "mente" con cui i Diggers si sono mossi e che viene espressa nei documenti scritti in quei 12 mesi in cui sono apparsi nella storia. In essi vi è descritto un "viaggio" incredibilmente affascinante nel progetto originario, non chiuso in se stesso ma esteso alle sue applicazioni sociali e storiche. La base ideale di questo progetto è contenuta nel metodo dei primitivi discepoli di Gesù, contenuta negli *Atti degli Apostol*i: *At* 4, 32-35

"La moltitudine di coloro che erano venuti alla fede aveva un cuore solo e un'anima sola e nessuno diceva sua proprietà quello che gli apparteneva, ma ogni cosa era fra loro comune. Con grande forza gli apostoli rendevano testimonianza della risurrezione del Signore Gesù e tutti essi godevano di grande simpatia. Nessuno infatti tra loro era bisognoso, perché quanti possedevano campi o case li vendevano, portavano l'importo di ciò che era stato venduto e lo deponevano ai

piedi degli apostoli; e poi veniva distribuito a ciascuno secondo il bisogno".

I Diggers sono gli autori di un testo bellissimo. Ecco l'antefatto: "Nel suo libro *The New Law of Righteousness* (*La nuova legge di giustizia*, 1649), Gerrard Winstanley riferì che non molto tempo prima, durante una "trance" mistica, aveva sentito la voce di Dio dirgli: "Lavorate insieme. Mangiate il pane insieme". Winstanley decise di annunciare il messaggio ricevuto sia a voce che affidandolo alla stampa e si propose anche di metterlo in pratica. Il 1º aprile 1649 alcuni uomini dei dintorni, insieme a Winstanley e ad un ex soldato di nome William Everard, si misero a coltivare in comune le terre a Saint George's Hill. Al Consiglio di Stato giunse presto una lettera che invitava a intervenire per scacciarli. Il generale Fairfax, cui fu dato l'incarico di far sloggiare gli occupanti, inviò il capitano John Gladman a vedere cosa stava succedendo. Gladman riferì che non vi era nulla di pericoloso, e che Everard, che agli inizi sembrava più che Winstanley il leader della comunità, era solo un matto e che, comunque, i portavoce dei Diggers si sarebbero recati dal generale per esporre le loro ragioni. Il 20 aprile, infatti, Everard e Winstanley si presentarono da Fairfax per sostenere la causa dei Diggers. In base al loro principio per cui tutti gli uomini sono uguali in quanto fratelli nella Creazione, i due rifiutarono di togliersi il cappello in segno di deferenza verso il generale. In questi giorni venne pubblicato il *True Levellers Standard Advanced*, una sorta di manifesto dei Diggers, sottoscritto da 15 persone, tra le quali Winstanley, Everard e un tale John Taylor che firmò anche la presentazione di questo opuscolo, datata 20 aprile 1649. Nel libretto, i Diggers dicevano che Dio aveva fatto la terra perché fosse un tesoro comune per tutti e che "non una parola era stata detta in principio sul fatto che una parte dell'umanità dovesse dominare su un'altra". L'introduzione della proprietà privata e della compravendita delle terre, secondo i Diggers, disonorava la Creazione e toglieva la libertà ad alcuni, costretti a lavorare per i proprietari delle terre. La rivoluzione aveva deposto il re, ma non aveva ancora tolto l'oppressione. L'Inghilterra sarebbe stata un paese veramente libero solo quando coloro che non avevano terre avessero avuto a disposizione le terre comuni (*commons*) per coltivarle e vivere di esse come i proprietari terrieri potevano fare con le loro terre recintate (*inclosures*). Lo scopo dei Diggers era liberare la Creazione dalla schiavitù impostale dalla proprietà privata e intendevano raggiungere questo obiettivo, seguendo l'esempio degli Apostoli di Gesù

(*At 4, 32-35*), non con le armi o con i tumulti, ma solo con il loro lavoro". (https://it.wikipedia.org/wiki/Diggers)

E' la proposta del progetto originario sulla società, sulla umanità, sulla cittadinanza. Si sviluppa come un bellissimo racconto che provo a rievocare, apportando qualche necessario aggiustamento alla traduzione di un inglese antico del XVII secolo. Il testo inizia in modo solenne come se fosse l'inizio della *Genesi* o il *Prologo* del *Vangelo di Giovanni*:

1. All'inizio del Tempo, la grande "Ragione Creatrice", fece della Terra un Tesoro Comune, per preservare quattro tipi di esseri viventi: gli Animali che popolano la Terra, gli Uccelli che popolano il cielo, i Pesci che popolano il mare e l'Uomo, il signore che doveva, nel progetto originario, governare questa Creazione. Dunque, la Ragione Creatrice aveva dato all'Uomo il Dominio sugli Animali, sugli Uccelli e sui Pesci, ma all'inizio non fu pronunciata una sola parola, sul fatto che un settore dell'umanità avrebbe dovuto dominare su un altro. E la ragione è questa: ogni singolo uomo, maschio o femmina, è una creatura perfetta in se stessa; e lo stesso Spirito che ha creato il Globo, abita nell'uomo per governare il Globo; così che il corpo dell'uomo sia soggetto alla Ragione sua Creatrice, la abbia come sua Maestra e Sovrana interiore.

2. Per questo, quindi, l'uomo non ha bisogno di correre dietro, all'esterno di se stesso, a qualsiasi Maestro e Sovrano sopra di lui, perché non ha bisogno che nessuno gli insegni nulla, perché la stessa ispirazione che governava nel Figlio di Dio, gli insegnava tutte le cose.

3. Ma da quando l'uomo (quel che doveva essere il re degli Animali), spinto dal progetto privato, iniziò a deliziarsi con gli oggetti materiali della Creazione, più che con la Ragione e la Rettitudine dello Spirito, che si manifesta e abita nei Cinque Sensi (Udito, Vista, Gustare, Olfatto, Tatto), cadde nella cecità della mente e nella debolezza del cuore, e si rivolse all'esterno per avere un Maestro e un Sovrano.

4. E così le immaginazioni egoistiche presero possesso dei Cinque Sensi e governarono come se fossero un Re nella stanza della Ragione, lavorarono con Cupidigia, così che un uomo prese ad insegnare e dominare su un altro; e, quindi, lo Spirito fu ucciso, e l'uomo fu ridotto in schiavitù, e divenne lo schiavo più grande nel suo genere, come gli Animali del campo erano per lui.

5. E in seguito, la Terra (che fu fatta per essere un tesoro comune di sostegno per tutti, sia Bestie che Uomini) fu coperta dalle recinzioni da parte degli intellettuali e dei sovrani, e gli altri uomini furono fatti Servi e Schiavi: e quella Terra che è all'interno di questa Creazione venne resa un comune magazzino per tutti, venne acquistata, venduta e tenuta nelle mani di pochi, per cui il grande Creatore viene così gravemente disonorato, come se fosse una divinità che disprezza il genere umano, come se si deliziasse nel vedere alcuni che si sostentano agevolmente e si rallegrasse della miserabile povertà e delle ristrettezze degli altri.

6. Ma all'inizio non è stato così. Questa caduta in Schiavitù da parte dell'uomo, si può chiamare "A-dam", perché questi poteri di dominio (i governanti) e di insegnamento (gli intellettuali) sono senza "argine", sono senza limiti. Questi fanno morire lo Spirito di Pace e Libertà, e ciò avviene prima di tutto nel cuore dell'uomo, che si riempie di paure schiave degli altri.

7. In secondo luogo, questi domini dei governanti e degli intellettuali fanno sì che il corpo di ognuno sia imprigionato, punito ed oppresso da un potere esterno esercitato da parte di un altro, messo sopra all'uomo.

8. E questo male è stato portato tra di noi a causa della tua stessa Cupidigia (rivolto a Cromwell, il *leader* della rivoluzione), a causa della quale l'uomo è accecato e reso debole, così che non vede la Legge della Giustizia nel suo cuore, che è la pura luce della Ragione, ma la cerca all'esterno, nella matrix sociale. Accade, quindi, che la Creazione viene così gettata sotto la schiavitù e la maledizione, e che il Creatore stesso venga ingannato, prima dagli Intellettuali e dai Sovrani che si sistemano nella stanza della ragione, per insegnare e governare, dove lui stesso è il solo Re.

9. In secondo luogo dal popolo, che rifiuta lo Spirito per essere istruito e governato da creature sue pari e compagne; e questo è quello che si chiama il "Peccato di Israele", che consisteva nel ribellarsi al Signore e nell'imitare il tradimento di Saul, che era uno come loro e che venne proclamato loro re, quando, in realtà, tutti avevano lo stesso Spirito della ragione e del governo in se stessi, come aveva stabilito Dio nel progetto originario: progetto che, invece, hanno abbandonato, sottomettendosi al progetto privato.

10. Ma, ad un certo punto della sua storia, Israele respinge gli intellettuali e i sovrani (che avevano abbandonato il progetto originario) per ri-abbracciare il Signore e per essere tutti istruiti e governati da quel giusto Re: è questa la profezia, che Geremia annunciava, che indica Dio come Colui che governerà nei nuovi Cieli e nella nuova Terra negli ultimi giorni e che sarà la loro Liberazione dalla schiavitù. (*Ger* 23, 5-6)

11. Ma, arrivando allo stato attuale del vecchio mondo, vediamo che oggi esso sta andando in rovina come una pergamena che si consuma nel fuoco e constatiamo che l'orgoglioso Nemico, il capo del progetto privato, che è paragonabile all'astuto serpente tentatore di cui parla la *Genesi*, si eleva sugli uomini e stabilisce che alcuni abbiano il dominio per governare sugli altri, costringendo, così, una parte dell'uomo della Creazione ad essere schiava di un'altra; in questo modo, quindi, lo Spirito viene ucciso in entrambi.

12. L'uno considera se stesso come un maestro e un sovrano, e così è elevato con orgoglio nei confronti della stessa Creatura, mentre l'altro considera se stesso come imperfetto, e così viene frustrato nel suo spirito e guarda colui che lo governa, che è una Creatura come lui, come se fosse un Signore sopra di lui.

13. E così Esaù, che rappresenta l'uomo che sceglie il progetto privato, che è pieno di Cupidigia e di Orgoglio, uccide Jacob, che rappresenta lo Spirito di mansuetudine e il giusto governo alla luce della Ragione, secondo il progetto originario e lo sostituisce con il proprio progetto privato.

14. E così la Terra, che era stata fatta come un tesoro comune a disposizione di tutti per vivere comodamente, è finita per diventare, attraverso numerose e ingiuste azioni compiute una dopo l'altra, per essere un luogo in cui qualcuno tormenta un altro.

15. Noi, i cui nomi sono sottoscritti, parliamo in nome di tutti i poveri oppressi in Inghilterra: vi dichiariamo che definiamo voi stessi signori di manieri e signori della terra; che grazie al re della giustizia, il nostro creatore, i nostri cuori sono stati illuminati così chiaramente, da vedere, che la terra non è stata creata appositamente per voi, per esserne Signori e per noi, per essere vostri Schiavi, Servi e Mendicanti; ma fu fatta per

essere un sostentamento comune per tutti, senza discriminazione di nessuno.

16. Dichiariamo che i vostri acquisti e vendite di Terra, e dei suoi frutti, l'uno verso l'altro, sono una cosa maledetta, e sono stati introdotti attraverso la Guerra, che ha generato e continua a generare omicidi e furti, affidando la Terra stessa nelle mani di alcune classi di uomini che dominano sugli altri.

17. Questa cosa è il più grande fardello del progetto privato e del potere ingiusto, sotto il quale la Creazione geme: il potere di dividere la Terra e farla diventare una proprietà privata.

18. Questo potere fu portato nella Creazione dai tuoi Antenati attraverso la Spada combattendo e facendo guerra per prima cosa alle Creature e agli Uomini loro simili, e, dopo aver saccheggiato o rubato la loro Terra, la hanno lasciata successivamente a voi, attraverso i loro figli.

19. E quindi, sebbene voi personalmente non abbiate ucciso qualcuno, ciononostante conservate nelle mani quella cosa maledetta che è la proprietà privata della Terra, con il potere della Spada; e così giustificate le azioni malvagie dei vostri Padri; e quel peccato dei vostri padri, ricadrà sul vostro capo e sui vostri figli, fino alla terza e quarta generazione, e anche più a lungo, fino a quando il vostro potere sanguinario e terrificante non sarà sradicato dalla terra.

20. E inoltre, riguardo al Re della Giustizia, Egli ci ha resi sensibili nei confronti dei nostri fardelli, e attraverso di noi le grida e i gemiti dei nostri cuori sono arrivati fino a lui. Lo prendiamo come una testimonianza d'amore da parte sua che i nostri cuori inizino a essere liberati dalla schiavizzante paura di uomini come siete voi e che trovino in noi il coraggio delle decisioni fondate sulla legge interiore dell'Amore, gli uni verso gli altri, per scavare e arare le Terre Comuni e non sprecarle in Inghilterra. Confermiamo che la nostra convinzione sarà così irremovibile, che le tue Leggi non potranno più raggiungerci per opprimerci, a meno che tu non sparga il sangue innocente che scorre nelle nostre vene.

21. Sebbene tu e i tuoi antenati abbiate ottenuto la vostra proprietà per mezzo di furti sopra furti, e la manteniate con lo stesso potere contro di noi, che abbiamo un uguale diritto alla Terra come voi, secondo la giusta

Legge della Creazione, ciononostante noi non abbiamo intenzione di litigare (mentre voi lo fate) su quel diavolo inquietante, chiamato proprietà privata: perché la Terra, con tutti i suoi Frutti di Mais, Bovini e simili, è stata fatta per essere un comune magazzino di sostentamento per tutti gli Uomini, amici e nemici, senza eccezioni.

Una riflessione su questo testo profetico sul progetto originario riguardante la terra e la sua proprietà

Le 21 proposizioni in cui si può suddividere quella parte della Dichiarazione sulla quale mi sono concentrato e che, nell'insieme, è ancora più lunga, sono, a loro volta, suddivisibili in tre grandi gruppi di pensieri: il primo gruppo descrive la situazione del progetto originario; il secondo gruppo descrive le peripezie accadute all'uomo ed alla Terra a partire da quando un progetto privato si è impossessato del progetto originario facendolo degenerare; infine, il terzo gruppo comprende le proposizioni nelle quali consiste la Dichiarazione che la delegazione di Diggers pronuncia per dare inizio al cambiamento sociale che dovrà riportare la situazione al progetto originario. Esaminiamo un po' più in dettaglio questi tre gruppi di principi che sono tra le primissime affermazioni nella storia moderna dell'uguaglianza sociale.

1° gruppo: affermazioni sul progetto originario (vi appartengono le proposizioni 1, 2, 10, 14a, 15)

Quello che è interessante in questo gruppo di principi è che nel progetto originario dell'uomo, egli consiste in una essere pienamente compiuto e completo in se stesso. Ciò determina la conseguenza che egli, nel progetto originario, non abbia bisogno di uscire da se stesso per cercare sia maestri esterni a sé che lo istruiscano su quello che deve fare, sia governanti esterni a lui, che lo dirigano stando sopra di lui. Essendo completo in se stesso, l'uomo non ha bisogno di alcun principio esteriore che lo guidi e lo governi. Ciò deriva dal fatto che, per i Diggers, nell'uomo si riflette pienamente la Intelligenza divina: questo fa sì che l'uomo abbia pienamente al suo interno le facoltà per dominare tutte le altre categorie di esseri sui quali il Creatore Intelligente ha stabilito che si debba esercitare il suo dominio.

2° gruppo: affermazioni che descrivono l'affermarsi del progetto privato (vi appartengono le proposizioni 3, 4, 5, 6, 7, 8, 9, 11, 12, 13, 14b)

In realtà, questo progetto originario è stato sostituito con un progetto privato che si è originato dal fatto che l'uomo ha cominciato a provare piacere "con gli oggetti materiali della Creazione, più che con la Ragione e la Rettitudine dello Spirito, che si manifesta e abita nei Cinque Sensi": cioè, l'uomo ha cominciato a non seguire più la legge scritta nel suo corpo (cinque sensi) ma a provare piacere dal godimento puramente materialistico delle cose (edonismo e materialismo). Questo ha fatto sì che le tracce del divino che erano dentro di lui (Ragione e Spirito) si offuscassero e, dunque, spingessero l'uomo a cercare all'esterno quella guida e quel governo che non trovava più in se stesso. Praticamente, l'uomo, materializzandosi, si rendeva dipendente dalle cose e non era più autonomo in se stesso e connesso al divino che c'era in lui. Così facendo, si rendeva dipendente dall'esterno e, quindi, doveva cercare fuori di sé i principi che lo istruissero (gli intellettuali e i maestri) e che lo dirigessero (i governanti). L'uomo, che era una creatura pensata in origine per essere pienamente se stessa, autosufficiente, libera ed autonoma, perché aveva tutti i principi al proprio interno, comincia a perdere questa autonomia e a diventare una creatura dipendente dall'esterno, bisognosa di qualcuno che si elevasse sopra di lui per istruirlo e dirigerlo. Questo ha originato una classe dominante, formata da intellettuali e governanti alleati, che si pongono all'esterno e al di sopra dell'uomo quale doveva essere secondo il progetto originario, usurpando sopra di esso. Da qui origina la schiavitù attuale, per cui una parte dell'umanità è sottomessa ad un'altra, numericamente molto inferiore. Lo stesso accade per la Terra che da comune diventa suddivisa e proprietà di pochi: la proprietà privata e la compravendita delle terre comuni sono il simbolo di questa schiavitù e sottomissione che è all'origine di tutte le ingiustizie e che si basa sulla disuguaglianza e sulla appropriazione privata dei beni comuni. Infatti, mentre il progetto originario prevedeva l'esistenza di beni comuni, invece, il progetto privato privatizza questi beni comuni e li subordina all'interesse privato.

3° gruppo: dichiarazione del cambiamento che i Diggers vogliono introdurre (vi appartengono le proposizioni 16, 17, 18, 19, 21, 21)

Come è successo nell'antico Israele, nel quale una profezia ha preannunciato la fine di questa disuguaglianza, così anche al giorno d'oggi (aprile 1649) un gruppo ispirato da Dio insorge e decide di coltivare le terre comuni. Dichiara che inizia il grande cambiamento della uguaglianza, dopo che la rivoluzione lo aveva promesso e che tanti vi avevano aderito proprio nella speranza che si realizzasse la giustizia sociale. I Diggers non voglio abbattere l'*élite* che ha preso il potere in Inghilterra, né vogliono abolire la proprietà privata, perché sanno benissimo che la matrix sociale, che su di essa si è costruita fin dai tempi più antichi, non ha nessuna intenzione di cambiare atteggiamento e di accettare di rivoluzionare i rapporti di forza nella società; essi si accontentano di avere la facoltà di lavorare e di guadagnarsi da vivere con il proprio lavoro sulle terre comuni incolte perché le rivendicano come eredità del progetto originario e come pegno dell'uguaglianza tra gli uomini, come "test", potremmo dire, del progetto originario.

Quello che hanno fatto e scritto questi uomini ha un grandissimo valore e potenziale simbolico, nel senso di creare un codice di liberazione dalla matrix e di ricerca del progetto originario. Il primo grande merito consiste nell'avere avuto il coraggio di enunciare apertamente il progetto originario al di là di tutte le astuzie e le peripezie che la matrix impone ai discepoli di questo progetto che, in questo caso, sono impersonati dai Diggers. Essi hanno avuto il coraggio di pensare diversamente da quello che la matrix, vincitrice della rivoluzione, imponeva a tutti di pensare, hanno avuto il coraggio di porre un principio diverso da quello gradito alla matrix: cioè di partire da sé, dalla propria essenza, dalla propria potenza autonoma di cui si rendono coscienti e di rifiutare quella coscienza diminuita e dipendente dall'esterno che la matrix vorrebbe imporre loro. Essi individuano la via di uscita e di liberazione da questa matrix oppressiva: creare delle comunità di resistenza al potere e di rinascita spirituale di discepoli del progetto originario. Questo rende irriducibili, invincibili e felici. La matrix, certo, li spazza via come organizzazione sociale, ma la loro energia non si è affatto dispersa: essi si sono trasformati e la loro potente energia anima ora, tale e quale, tutti quelli che oggi si connettono a questa energia.

Conclusione

Dodici *password* o codici per la liberazione dalla matrix e la ricerca del progetto originario

Come si vede, le possibilità di uscire dalla matrix e di ricercare il progetto originario per diventare pienamente liberi e felici certo non mancano. Questo è importante. Ma sono altrettanto importanti i codici. Pensiamo alla nostra vita quotidiana: per ogni attività che facciamo dobbiamo entrare nel web. Ma per fare qualsiasi cosa occorrono delle password di accesso: senza di esse non vai da nessuna parte. Pensate che tutto questo sia avvenuto casualmente? Benvenuti nel mondo dei balocchi! Oppure, vi rendete conto che tutto questo è programmato dalla matrix? "Benvenuto nel mondo reale" dice Morpheus a Neo, quando questi entra nel mondo della resistenza. La matrix usa costantemente i codici, le *password*, per custodire i suoi segreti e par farvi accedere chi vuole e come vuole lei. Le *password* sono i codici della matrix, che stabiliscono chi è connesso e chi no. Perdere la propria *password*, dimenticarla, oppure subirne il furto, equivale ad una tragedia: perdi l'identità, perdi l'accesso, perdi la connessione, perdi la proprietà dei tuoi dati che possono venire sottratti, spiati, manipolati... Un incubo, una ossessione. Avete visto che non si usa più il libretto degli assegni? E da cosa è stato sostituito? Dalle *card*: sempre di più queste nuove chiavi e identità economiche saranno affiancate dalla rubrica promemoria delle *password*.

Quello che ho cercato di decifrare in questo testo non sono altro che dei codici che permettano di uscire dalla matrix e di connettersi al progetto originario. Questo testo è una agendina promemoria per le *password* dimenticate, per non dimenticarle ulteriormente e per averle subito disponibili non appena servano per connettersi con il progetto originario. E' una ciambella di salvataggio per quando si sta per naufragare nella matrix. Proviamo ad individuare alcuni di questi codici.

1. Il primo codice che mi viene incontro è quello evocato dalla tecnica dall'esicasmo degli eremiti delle Isole Solovki. Esso è una tecnica di meditazione. Essa è una "procedura" per uscire dalla Procedura; è, pertanto, una procedura *sui generis*, una tecnica, cioè, per isolarsi dalla matrix, per entrare in contatto con se stessi neutralizzando la mente piccola per entrare in risonanza con la Mente Grande. In questo modo ci si collega con il cosmo e ci si connette alla energia superiore che è disponibile purché si abbia il codice per connettersi. Senza una adeguata meditazione non si può mettere in moto la Mente Grande ed entrare in risonanza con il cosmo e con il divino.

2. Il secondo codice è quello della comunità: ogni volta che qualcuno esce dalla matrix ed accede al punto di vista universale, da una parte si isola dal mondo della matrix e, quindi, entra in una dimensione di solitudine salutare, di isolamento benefico di cui non deve avere paura; dall'altra, cerca, e presto trova, una sintonia con tutti quelli che hanno la stessa domanda, che cercano la stessa cosa e ai quali cerca di comunicare la stessa passione per il progetto originario e le cose appena scoperte riguardo a questo. E', dunque, il codice della condivisione: esso entra in azione quando si comunica con qualche persona la passione per il progetto originario. La solitudine, dunque, rispetto alla matrix, si ribalta subito in legami nuovi e profondi di condivisione con qualcuno dello stesso sentire. E' quello che Pauli e Jung chiamano principio di sincronicità psichica. "Quest'ultimo concetto, che giusto in quegli anni Jung stava formulando e che farà la sua prima apparizione proprio in un'opera scritta a due mani con Pauli (*Naturerklarung und Psiche*, 1952; tr. it. *L'interpretazione della Natura e della Psiche*, Adelphi, Milano, 2006), ipotizza l'esistenza di una relazione acausale tra eventi apparentemente indipendenti, non necessariamente simultanei, che tuttavia l'individuo avverte come in qualche modo collegati da un nesso significativo sul piano esistenziale, aprendo la strada alla possibilità che possa darsi un'intima corrispondenza tra il piano fisico e quello psichico della realtà".

3. Il terzo codice può essere considerato la possibilità, anzi la facilità del viaggio tra aldiqua e aldilà, non confinabile al *post mortem*: gli artisti e i poeti lo fanno costantemente questo viaggio e i mistici orientali, lo stesso. Anzi, ogni volta che mettiamo in azione la Mente Grande noi facciamo questo viaggio. E' sorprendente quanto sia facile l'accesso a questo aldilà e quanto poco sia utilizzato. Complice la mentalità materialistica della matrix che impone un concetto di materia senza energia o separato da essa, per cui tutto viene ridotto ad un concetto molto poco evoluto di spazio e di tempo. Se si acquisisce questa famigliarità con il viaggio di andata e ritorno tra aldiqua e aldilà, allora anche tutti gli altri viaggi degli stati alterati di coscienza, compreso quello della trasformazione che avviene con la morte, diventano una dimensione normale del proprio io e della sua Mente Grande in azione.

4. Un altro codice di accesso al livello superiore di esistenza è quello che potremmo definire il "codice alimentare": con quale "cibo" andremo ad alimentare questa esistenza superiore, da dove attingeremo le energie spirituali? Con quali elementi "sottili" andremo a rifornire continuamente di energia un processo vitale che chiede costantemente di trasformare la materia in energia e l'energia in materia? Questo problema del rifornimento energetico di una vita di livello superiore di esistenza se lo pone uno dei più potenti codici dell'antichità, il *Vangelo di Giovanni* e, in particolare, il sesto capitolo. Vi si parla di un "pane soprasostanziale" che va richiesto quotidianamente al cosmo e al divino. La matrix ne ha orrore. Non ammette perentoriamente che noi andiamo a rifornirci di questa energia "sottile" alle fonti che la erogano, bensì pretende che ci alimentiamo esclusivamente di energia "spessa" (la distinzione tra "spesso" e "sottile" è di Paracelso) presso le sue fonti, cioè che facciamo il pieno unicamente di materialismo. Ovviamente, il discepolo del progetto originario che vuole alimentarsi di una energia propria e non di quella che alimenta la sua dipendenza dalla matrix non si sottomette a questa dittatura e, disobbedendo, si connette, tramite i suoi codici, a questo alimento "supersostanziale", come e quando decide lui.

5. Un ulteriore codice è quello che potremmo definire della "scientificità": tutto questo discorso fatto finora viene categoricamente classificato come non scientifico e relegato nella "discarica" che contiene tutto ciò che non è materialisticamente scientificizzato. In realtà, il problema non è affatto

questo, come cerca subdolamente di convincerci la matrix, bensì è la ristrettezza o meno del paradigma interpretativo che si utilizza per comprendere la nostra relazione con il cosmo. La scienza attuale ci fornisce tutti gli elementi di supporto e di validazione scientifica di quello che stiamo cercando, cioè di risalire al progetto originario di tutto. Teorie come la *"Oneness"* fondate sulle più avanzate conoscenze in campo fisico quantistico applicate al mondo della vita (come, ad esempio, la scienza denominata "biofisica") forniscono tutti questi elementi di validazione scientifica. Il cercatore del progetto originario, nonostante le peripezie a cui lo sottopone la sua uscita dalla matrix, può continuare la sua ricerca senza paura perché è in buona compagnia: non sarà certo l'ignoranza il suo compagno di viaggio alla ricerca del progetto originario.

6. Detto questo, abbiamo bisogno ora di un "frullatore quantistico" o di un "tunnel di trasformazione", come è stato per anni il luogo magico di Neumarkt. A cosa serve questo "frullatore" o questo "tunnel"? Sapete cosa è la Bertha? E' una gigantesca scavatrice meccanica che a Seattle, qualche anno fa, si è bloccata perché un pezzo di ferro di 30 cm l' ha mandata in *tilt*. E poiché questa matrix poteva solo andare avanti, hanno dovuto scavare un'altra galleria per estrarla e per aggiustarla. E' l'immagine della matrix che può solo andare avanti in un'unica direzione e in un unico verso. Bene, cosa abbiamo fatto a Neumarkt? Abbiamo detto: "o la Bertha o la vita". Quelli che vi hanno partecipato hanno scelto la vita e hanno accettato di entrare in questo "frullatore cosmico" che è il castello di Neumarkt nel quale si mescolano in un mix potentemente energetico 25 adolescenti + le quattro alfabetizzazioni (bellezza, cittadinanza e diritti umani, natura e cosmo, corpo ed emozioni) + i Maestri interiori + il protagonismo dei giovani e la *peer education* e molto altro), agitate energicamente e *voilà* la magia del cambiamento e della trasformazione: "Neumarkt mi ha cambiato la vita", dicono tutti alla fine. Ecco cosa è il "tunnel quantistico di trasformazione" di Neumarkt, una specie di modello o di prototipo di educazione secondo il progetto originario, una specie di scuola del futuro (ma molto futuro) oggi, ma molto "oggi" e molto "qui". Ovviamente, per chi ha occhi per vedere e orecchi per udire, cioè per chi non è del tutto frastornato dalla matrix.

7. Chi esce da "frullatori quantistici" come Neumarkt o la Summer School, si accorge di possedere poteri sciamanici: vale a dire si rende conto di avere una tale enorme potenza da fare in modo che i suoi stessi desideri desiderino di realizzarsi per lui. Effettivamente, il potere sciamanico dei

discepoli di Neumarkt si manifesta esattamente in questo: che le forze ostili, che sono potentissime e molto arrabbiate contro quello che stanno facendo questi ragazzi per liberarsi dalla matrix, vengono da loro capovolte in energia positiva per produrre cambiamento e per realizzare il progetto originario. Proprio là dove si creano potenti energie convogliate verso il progetto originario, le forze ostili scatenate dalla matrix, cercano di riportare queste energia al livello più basso possibile, scatenandosi contro di loro. Ma qui avviene il bello: i poteri sciamanici dei discepoli di Neumarkt fanno sì che queste forse ostili diventino per loro la fonte di energia positiva per la rinascita. Esattamente come è successo a Firenze nel 1349: dopo la peste Boccaccio scrive il *Decamerone* che è la grande metafora di questa rinascita e il vero e proprio inizio del Rinascimento. La riflessione sui poteri sciamanici di Antonio di Padova offre i codici di interpretazione sui poteri di rinascita che i discepoli del progetto originario acquisiscono.

8. La più grande fonte di potenza della matrix è il suo possesso sulle chiavi linguistiche che dominano sulla società: le *élites* sono i padroni del linguaggio. La liberazione dalla matrix non può avvenire se non con un nuovo linguaggio, esattamente come accaduto per Noè che costruisce l'arca (nuovo linguaggio) per sopravvivere al diluvio (confusione). Antonio di Padova è un potente creatore di nuovo linguaggio che riesce a rendere comprensibile il messaggio di Francesco a tutti. Il suo segreto (di un successo strepitoso) è, oltre al suo potere sciamanico di realizzare i desideri più inconsci, imprevisti e rari, è quello di illuminare le parole della matrix con una luce rivoluzionaria capace di ri-orientarle verso il progetto originario, cioè ricondurle al loro significato primordiale. Così, anche il discepolo del progetto originario si approvvigiona di queste nuove sorgenti linguistiche ed è pienamente attrezzato per affrontare le peripezie del suo viaggio di uscita dalla matrix verso il progetto originario.

9. Abbiamo ancora tre codici da illustrare: il codice del "novellare", quello degli "stati alterati di coscienza" e della trasformazione totale e, infine, il codice del cittadino del progetto originario. Il primo codice si trova nel *Decamerone* di Giovanni Boccaccio. Il *"novellare"* è l'atto con cui i dieci giovani decidono di cambiare il mondo e di scrivere la storia, secondo il loro desiderio e non secondo il progetto privato della matrix. Mettendo in moto la loro immaginazione, la loro intuizione e il loro pensiero libero e divergente, cioè, in una parola, la loro Mente Grande, i dieci giovani sottraggono la storia dalle mani del potere, se ne appropriano e la

riscrivono secondo la potenza del loro desiderio, decidendo loro di cosa parlare, secondo il proprio linguaggio e ponendo la "fantasia al potere", accompagnandola con una grande vena critica e satirica nei confronti delle storture della matrix. Aggiungo che tale potere di creare un mondo nuovo a partire dal decidere di quale narrazione debba nutrirsi la loro mente, è una derivazione della potenza femminile, perché, secondo Boccaccio, questa energia di rinascita proviene soprattutto dalle immense forze vitali presenti nella potenza femminile ed è rivolta alla sua totale valorizzazione. A buon intenditor poche parole.

10. Paolo di Tarso, tra le tante cose di cui parla, nel suo codice di rinascita rivolto alla sua amata comunità di resistenza di Corinto, ci aiuta a comprendere due importantissimi codici: quello dell'uso degli stati di coscienza alterati e quello della trasformazione totale. Il primo è la comprensione di quello che accade quando, imparando ad usare la Mente Grande, il discepolo del progetto originario accede agli stati di coscienza alterati, tra cui la meditazione e la profezia. Non deve spaventarsi e non deve, però, vantarsene per scandalizzare ed umiliare gli altri che non possiedono ancora questo potere. Gli stati di coscienza alterati sono un importante strumento per uscire dalla matrix, vanno vissuti in regime di condivisione anche se sono doni personalissimi, vanno giudicati insieme e messi al servizio della comunitò di resistenza al potere e di rinascita spirituale. Una cosa è certa: gli stati di coscienza alterati sono uno strumento potentissimo di liberazione dalla matrix e di connessione con il progetto originario. *Enjoy responsably*.

11. La trasformazione totale è un atteggiamento nuovo di fronte alla morte: nel cosmo nulla si crea e nulla si distrugge, tutto si trasforma. E' la danza di Shiva. Nella visione di Paolo la rinascita non è nel futuro, ma è un fatto presente: è l'uscita dalla matrix e l'entrata nel progetto originario. In questa visione, la resurrezione è un fatto del passato già avvenuto i cui effetti sono attivi nel presente (come l'aoristo greco): dunque, non c'è resurrezione dei morti, ma se uno è dentro la prospettiva del progetto originario è già risorto e se è ancora nella matrix è già morto. Quando avverrà la morte fisica (questo è l'unico discorso rivolto al futuro) la resurrezione già avvenuta farà in modo che la vita non sia affatto tolta ma trasformata. E' questa l'unica resurrezione dei morti che Paolo conosce e coincide con la vittoria sulla morte che consiste nella liberazione dalla matrix della Legge e del suo alleato, il peccato (che è il pungiglione della morte), che trae forza proprio dalla Legge. Paolo, il grande liberatore dalla

Procedura, una delle maschere più potenti della matrix, è uno dei Maestri Interiori più vicini al povero cercatore del progetto originario coinvolto nelle peripezie a cui la matrix lo sottopone.

12. Infine, i Diggers suggeriscono il codice del cittadino del progetto originario. Chi conosce i Diggers alzi la mano! Nessuno. Appunto, troppo bello il loro manifesto del cittadino originario. In questo codice viene descritta l'origine della matrix che avviene per appropriazione di ciò che è di tutti, cioè il bene comune che c'è a disposizione di tutti nel progetto originario, e la sua sostituzione con il progetto privato e con l'interesse individuale della borghesia. Come liberarsi? Creando comunità di resistenza al potere e di rinascita spirituale, come quelle della chiesa primitiva, condividendo la proprietà e costruendo insieme la polis. Ovviamente, sono stati spazzati via in un anno (1650) e pensare che avevano capito che la rivoluzione inglese era una occasione preziosa per uscire dalla matrix, tornare alle origini e contribuire alla rinascita della *politeia* perduta del progetto originario.

Ognuno prenda come buoni per sé i codici che preferisce e ne faccia scorta per il suo viaggio, l'importante è partire nel viaggio della ricerca del progetto originario con qualcuno di questi amici. Buona avventura e buona rinascita.

Indice